名人故居的时代印记与文化新辉煌

中国博物馆协会名人故居专业委员会
2023年年会论文集

黎洪伟 主编

上海人民出版社

本书编委会

目录

馆长论坛

空间与展陈

实践与发展

教育与探索

文旅与创新

藏品与利用

馆长论坛

文化传承：打铁还需自身硬

聂　勇

刘少奇故里管理局（刘少奇同志纪念馆）是全国最大的刘少奇文物资料收藏研究中心和思想宣传阵地。自1988年开放以来，累计接待来自100多个国家或地区的观众超过6 000万人次，年均游客接待量400万人次。近年来，刘少奇同志纪念馆深入贯彻落实习近平总书记关于博物馆与文化建设系列重要讲话指示精神，强化责任担当，坚持守正创新，以“打铁还需自身硬”的清醒夯实红色文化根基，贡献赓续历史文脉的博物馆力量，取得了较好效果。

一、学术强基，把文化内涵挖掘好

刘少奇同志纪念馆将学术研究视为强馆之基，以建设全国最大的刘少奇研究重地的目标为引领，深耕学术研究，加大成果转换力度。近几年，纪念馆以学术委员会为推手，谋规划、搭平台、强合作，推动学术研究工作较好较快发展。

一是精炼主题，推进书籍出版。先后与中央文献出版社、中共党史出版社、中央编译出版社等合作，出版《“刘少奇故里与风范”丛书》《党风楷模刘少奇》《我的父亲刘少奇》《“追寻刘少奇足迹”丛书》等书籍，推出了《他们所知道的刘少奇》《历史的沉思——刘少奇研究文集》《刘少奇文物故事》等研究成果。

二是扩大影响，加快论文发表。2019年以来，在《中国文物报》

《百年潮》《博物院》等期刊发表有关刘少奇思想生平、中共党史等主题的研究论文 100 余篇。《刘少奇与中国共产党》等十余篇成果被“学习强国”平台采用。

三是搭建平台，做好馆刊发行。每年精心编辑出版馆刊四期。馆刊得到北京大学、中国社会科学院、武汉大学等科研院所和高校教授的稿件支持，反映了馆刊的学术影响力，成为刘少奇思想生平研究和博物馆学研究的重要平台。

四是深化合作，融合学术优势。近年与湖南省委党史文献研究院合作编写《刘少奇与湖南》；与湖南省档案馆合作编纂《党和国家领导人与湖南》（刘少奇卷）。2023 年在湖南省委党校、长沙市委党校专家支持下，打造“少奇馆里的思政课”品牌，自主研发 10 堂公共“党课”，为全方位构造“大思政课”体系提供有力支撑。

二、文物固本，把红色基因传承好

革命博物馆、纪念馆是党和国家的红色基因库。近年来，坚持文物是立馆之本理念，以建设最全备的刘少奇文物收藏保护中心为目标，加大红色资源保护力度，高起点、高标准、高品位推进红色资源保护和利用工作。

一是把革命文物保护好、管理好。完成馆藏预防性保护项目，建设现代化的文物库房和临展厅，达到国家一级防护标准；建设位于湖南省前列的纸质文物修复实验室、仿制实验室、鉴赏室等，并配套先进的设备设施，满足文物修复、鉴定、仿制等需求；加大专业技术人才引进力度，不断增强文物保护修复能力，近两年修复馆藏珍贵文物及藏品近 40 件/套。

二是把红色文物征集好、鉴定好。每年通过接受捐赠和按计划征集藏品，年均征集各类藏品近 2 000 件。2022 年年初，在刘少奇家属的支持下，赴北京将刘少奇和王光美相关文物遗存近 7 000 件运回馆内收藏保管，极大提升了馆藏文物种类和数量。坚持小规模鉴定和集中鉴定相结合，做好文物定级工作，至 2023 年馆藏文物总数 17 551 件/套，文物藏品合计 29 915 件/套。

三是把文物资源研究好、宣传好。坚持研究与文物双线合一，编撰了《刘少奇同志纪念馆馆藏珍贵文物图览》。在“花明楼景区”微信公众号原创“花明楼赏文物”栏目，以每月两期的频率推送文物研究成果，充分发挥红色文物资源的资政育人作用。

三、“修养”为媒，把精神家园打造好

近年来，依托《论共产党员的修养》，致力于将刘少奇同志纪念馆塑造为共产党人提高修养的“精神家园”。

一方面，谋划以“修养”为核心的文化工程。策划了全国书法名家书写刘少奇《论共产党员的修养》作品征集活动。以此为基础，2021 年建设了《论共产党员的修养》书法作品碑刻长廊，2023 年又对碑刻进行拓印，并精心整理编辑《〈论共产党员的修养〉书法碑刻拓片集》，将文物资源、书法艺术、碑刻艺术、拓印艺术有机融合，为我馆增添新的文化景观。

另一方面，开发以“修养”为主题的文化产品。深入挖掘，加强研究，打造“修养”主题文化产品。一是开发《解读〈论共产党员的修养〉》《刘少奇与〈论共产党员的修养〉》《〈论共产党员的修养〉是探索“两个结合”的经典之作》等专题党课、微党课；二是策划《论共产党员的修养》专题展，在 2023 年国际博物馆日对外展出；三是开发“修养”系列文创产品 100 余件，进一步丰富我馆的文创内涵，受到游客的喜爱与好评。

习近平总书记在文化传承发展座谈会上强调“以守正创新的正气和锐气，赓续历史文脉、谱写当代华章”，为做好新时代博物馆文化传承工作指出了方向。刘少奇同志纪念馆在红色文化传承方面的系列举措，得到社会各界广泛认可，先后被评为全国爱国主义教育示范基地、国家一级博物馆、全国廉政教育基地、国家 5A 级旅游景区、全国中小学生研学实践教育基地、全国人文社科普及基地、全国职工爱国主义教育基地、全国青年文明号等，连续十年被评为中国十大红色经典景区。刘少

奇同志纪念馆将继续坚持守正创新，聚焦主责主业，推动文化和旅游深度融合发展，把红色文化挖掘好、传承好、展示好，为强国建设提供更为强大的精神动力。

（聂勇，刘少奇故里管理局局长、
刘少奇同志纪念馆馆长）

以文旅融合促进红色文化传承弘扬的初步探索

范伟成

读万卷书、行万里路，文旅融合体现了中华优秀传统文化道法自然、注重实践的基因传承。当下，我们如何立足本职，以文旅融合推动红色文化传承弘扬，需要在实际工作中不断探索。

一、立足时代方位，担当文化使命

十八大以来，中国特色社会主义进入新时代，是我们工作的基本历史方位；在新的起点上继续推动文化繁荣，建设文化强国，建设中华民族现代文明，是我们的文化使命。

作为社会主义文化重要组成部分的红色文化，在为国家立心、为民族立魂的工作中，越来越发挥出至关重要的作用。习近平总书记强调，“共和国是红色的，不能淡化这个颜色”，要“把红色江山世世代代传下去”。所以，立足时代方位，更好地履行文化使命，就需要激发爱国热情、凝聚人民力量、弘扬民族精神、传承红色基因，这也是我们以文旅融合推动红色文化传承弘扬的出发点和落脚点。

二、根植城市发展，打造文化品牌

习近平同志在上海工作期间概括了“海纳百川、追求卓越、开明睿智、大气谦和”的上海城市精神；2018 年，习近平总书记指出，“开放、创新、包容”已成为上海最鲜明的品格。2021 年 6 月，中共上海第十一届市委第十一次全会通过了《中共上海市委关于厚植城市精神彰显城市品格　全面提升上海城市软实力的意见》，明确提出“打响上海文化品牌”，“使红色文化、海派文化、江南文化在交相辉映中激发创造活力”。

陈云纪念馆位于上海青浦区练塘镇，地处长江三角洲，具有典型的江南水乡风貌。从历史沿革、地理方位、文化底蕴等方面考量，陈云纪念馆、练塘镇都是红色文化、海派文化、江南文化交相辉映的良好场域。

作为全国唯一系统展示陈云生平业绩的纪念馆，我们根据上海市委宣传部的工作部署，结合自身实际，着力打造文旅融合系列品牌项目。**一是打造“三色”文化体验品牌**。推出“红色 + 绿色 + 古色”的三色文化体验项目，即“陈云纪念馆主馆 + 文物馆 + 若干专题展”红色文化体验、“陈云家乡青浦水乡”江南绿色文化体验、“陈云故居练塘古镇”海派古色文化体验。**二是打造社会化宣教品牌**。依托“社会美誉大课堂”、校外联基地、“文化场馆三公里文化服务圈”等，推出系列主题活动和精品展览，整合多方资源做强“初心教育大课堂”“革命精神大学堂”“红色故事大讲堂”，以此为窗口，更好展示伟人风范，更多吸引群众来馆参观，带动周边旅游。**三是打造评弹艺术体验品牌**。依托练塘老街的历史文化内涵，推出“江南雅韵——评弹艺术展”。围绕“陈云与评弹”主题，进一步完善“评弹茶馆”等空间设施。利用听曲品茗的深度文化体验，打造主题性文化展示空间。**四是打造“名人家书展”品牌**。通过挖掘名人类故居纪念馆的展陈特色与展示精神，联合专委会会员单位及国内部分名人类纪念馆共同推出“此致，近你——名人家书展”。同时，基本完成位于练塘老街的名人家书馆的建设。家书纸短，家国情长。希望以家书为载体，助力群众学习名人名家的品格风范，感受家书中承载的暖暖亲情、蕴含的信仰力量，也推动形成古镇新的文化看点。**五是打造“文明与文化同行”志愿服务品牌**。纪念馆与街道、村居和共建帮扶单位等开展“新时代文明实践志愿行”等活动，合力提升馆内及周边文明风貌，营造良好的文旅体验环境。

上述项目，正在结合纪念陈云同志诞辰 120 周年系列重点工作同步提质升级。

三、聚焦伟人精神，深化文创研学

纪念馆紧紧围绕陈云坚守信仰的精神、党性坚强的精神、一心为民的精神、实事求是的精神、刻苦学习的精神，丰富宣教形式、打造精品展陈、用好各类资源，尤其是进一步加强了文创研学的探索和实践。我们积极用好上海市文创试点工作机制，推动研学工作深入开展。由馆长带队，调研策划，组织实施，从课程设计、讲师团组建、研学路线精选、运行模式优化、激励措施探索、效果评估完善等多个方面着手，将特色党课、仪式教育、沉浸式体验活动和系列专题展览等资源系统梳理、重点加强并整合利用，推出分众化、菜单式的主题研学系列产品，探索以文旅融合推动红色文化传承弘扬的良好途径。

研学开展两个月，已有来自 8 个省份 152 批次的 5 800 余人参加学习体验。

四、筑牢安全防线，守好精神家园

新形势下，面对多元文化交流交融交锋，面对可能出现的风高浪急甚至惊涛骇浪，名人故居纪念馆作为宣传思想文化战线的重要阵地，还是要继续绷紧意识形态安全这根弦。“以文促旅”，“文”是根本；“以旅彰文”，“旅”是手段。要注意防止出现泛商业化、泛娱乐化和唯流量、唯市场、唯营利的倾向。同时应加强对各类展示内容的把关。陈云纪念馆每年年中、年末召开意识形态工作专题会，定期开展意识形态督查，制定《陈云纪念馆学术委员会工作制度》，围绕展陈、出版、讲解、党课、研学等方面加强意识形态管理。

总之，让我们共同努力，发挥自身独特优势，推动文旅融合健康发展，推动红色文化更好传承弘扬，为强国建设、民族复兴注入强大精神力量！

（范伟成，陈云纪念馆副馆长）

名人故居纪念馆文化传承与文旅融合

王　巍

文化是旅游价值的内核，旅游是实现文化价值的途径，文化与旅游的融合发展是现实要求。纪念馆承担着文化传承的使命，文旅融合也离不开红色文化的传承。孔繁森同志纪念馆牢牢把握红色文化旅游的主题，推动文化和旅游公共服务深度融合，把纪念馆打造成弘扬孔繁森精神、传承红色文化的首选之地。2021 年 7 月 1 日，孔繁森精神教学基地建成并投入使用，旨在打造富有聊城特色、在山东省具有示范意义、在全国具有较大影响力的党性教育培训基地，与纪念馆共同承担起赓续红色基因、讲好中国故事的文化使命。

一、创红旅品牌，串起红色文化旅游连线

聊城具有厚重的历史和红色文化资源，做好文化传承与文旅融合这篇大文章可以说是天时地利、水到渠成。**一是打造“四孔（孔繁森同志纪念馆、孔繁森故居、孔繁森纪念园、孔繁森旧居）”现场教学专线**。将聊城革命老区众多红色资源连点成线，以孔繁森同志在莘县事迹陈列馆（马西林场）、中共鲁西北地委旧址纪念馆、中共山东省委重建纪念馆、中共冀鲁豫（平原）分局旧址、鲁西第一个党支部纪念馆、刘邓大军强渡黄河战役纪念馆、杜立芝党代表工作室、“鲁西小寿光”茌平区贾寨镇耿店村等 10 个现场教学点为支撑，以马本斋烈士陵园、临清三

和集团、东昌府区检察院“白云热线”等现场教学基地为依托，打造红色文化教育“聊城样板”。**二是激发乡村红色旅游动力**。充分发挥孔繁森精神教学基地辐射带动作用，推动繁森故里（堂邑镇五里墩村）及周边乡镇村庄的发展，综合带动非遗传承、文创开发、乡村旅游，将红色文化与乡村振兴相结合。2021 年孔繁森同志纪念馆的红色旅游发展被国家发展改革委列为红色旅游助力乡村振兴典型案例，入选首批“致敬 100 · 向远方”山东红色旅游景点打卡地，山东省红色研学基地。**三是定制“红+绿”旅游专线**。为整合红色资源，打造孔繁森爱国主义红色文化旅游线路，作为聊城市首条红色文旅公交专线，“繁森号”定制公交把繁森故里（五里墩村）和孔繁森同志纪念馆两地及沿途有关的红色资源有机地串联、整合起来。

二、搭共建平台，实现红色文化资源共享

文旅融合要实现社会资源的大融合，不断提升纪念馆的公共服务能力，充分利用自身优势，加大各项资源的利用，用共建搭起文旅融合发展的新平台。**一是密切展览交流**。我馆基本陈列《人民公仆　大爱无疆——孔繁森生平事迹陈列》入围国家文物局 2022 年度“弘扬中华优秀传统文化、培育社会主义核心价值观”主题展览推介名单。2023 年和九江市博物馆、吉林四平纪念馆、红西路军安西战役纪念馆、抗美援朝纪念馆、铁人纪念馆、张澜纪念馆、内蒙古阿拉善博物馆、滁州博物馆等多家博物馆纪念馆进行交流展出，收到良好的宣教效果。**二是丰富主题临展**。在重要纪念日、传统节日等时间节点，精心策划主题性临展，如反映党风廉政内容的《陈云同志生平业绩展》、纪念毛泽东诞辰的《毛泽东诗词手迹墨宝展》、纪念周恩来诞辰的《周恩来家风图片展》与《改革开放的总设计师邓小平——庆祝改革开放 40 周年专题展》，以及《百年岁月　光辉历程——中共聊城地方历史展览》《雷锋精神专题展》《榜样的力量：焦裕禄》主题展等都被列入中共聊城市委主办的专题性纪念活动。**三是加强合作交流**。深化英雄模范文化“六进（进机关、进军营、进学校、进社区、进企业、进乡村）”活动，通过举办讲座、报

告、临展等方式，搭建互动交流平台，拓展红色文化宣教范围。**四是实现馆校结合**。接待青少年观众近千万人次，与近百家大、中、小学校建立共建关系，成为青少年学生赓续革命传统、传承红色基因、树立理想信念、陶冶道德情操的生动课堂。

三、推宣传教育，提升红色文化影响力

2021 年，孔繁森精神入选第一批中国共产党人精神谱系，成为共和国的集体记忆，这是对孔繁森精神的又一次肯定。纪念馆把挖掘红色文化与弘扬红色精神相结合，采取多种形式不断深入挖掘、阐释、宣传孔繁森精神的文化内涵。**一是提供教育阵地**。聊城市制定新提拔任职干部“践行孔繁森精神”专题学习班制度，要求新提拔的市管干部、新录用的公务员、新入职的事业编人员，任职后都要到孔繁森同志纪念馆接受一次触及灵魂的党性教育，上好到岗任职的“第一堂课”。**二是开展文学创作**。组织编写《庆祝建党百年·孔繁森精神研讨会资料汇编》和《孔繁森同志促进民族团结事迹资料汇编》两册教材；充分利用口述资料和文物资料分别组织编写《我心中的孔繁森——口述孔繁森采访实录（阿里编）》《口述孔繁森采访实录（拉萨编）》和《媒体眼中的孔繁森》三本书籍，扩宽对孔繁森精神的宣传学习渠道。**三是打造精品课程**。设计开发孔繁森精神“力量”系列精品网络课程。“孔繁森精神系列课程——‘清贫’的力量”“信仰的力量”“孔繁森的境界感”入选中组部全国基层干部培训优秀网络课程。党课“绽放在雪域高原的格桑花——孔繁森”在央视 App 中播出，播放量达 110 万次。**四是开发文创产品**。依托馆藏资源，汲取和融入文物文化元素，开发出包括笔记本、观山杯、充电宝、U 盘等在内的多种文创产品，大幅提升了纪念馆知名度和品牌影响力。文创产品“繁森尺”获第三届山东省精品旅游文创设计大赛一等奖。

孔繁森同志纪念馆建立以来已接待观众包括港澳台同胞、国际友人 2 400 多万人次，2023 年上半年接待量达 45 万余人，高峰月份参观人数能达到每日 4 000 多人次。未来，孔繁森同志纪念馆将继续发挥全国爱

国主义教育示范基地、全国青少年教育基地和全国红色旅游经典景区的功能、作用，围绕落实习近平总书记“把红色资源利用好、把红色传统发扬好、把红色基因传承好”的重要指示精神，把孔繁森这一独有的政治文化优势和红色品牌，培育为聊城市旅游经济发展的新优势。

（王巍，中共聊城市委党校副校长、
聊城市孔繁森精神教学基地服务中心主任、
孔繁森同志纪念馆馆长）

名人纪念馆的品牌建设与形象提升

毛雅琴

名人是一个城市独特的文化基因和人文积淀的重要载体，本身具有天然的品牌影响力。要做好名人纪念馆的品牌建设与形象提升，要从四个方面入手：

一、品牌自信

要打响名人文化品牌，对这个名人所属时代的文化内涵、历史地位、社会贡献、影响力要有一个清晰的认知。例如丁玲，与鲁迅、茅盾、巴金等同列中国现当代十大文学名家，被毛泽东誉为“昨天文小姐，今日武将军”。她的作品是20世纪20年代至40年代中国文学发展和演变的一个范例。要了解中国革命史、中国革命文学史，就离不开丁玲。当我们对这个人物有了全面的认知和坚定的品牌自信，这个文化品牌才有可持续性发展的可能。

二、品牌定位

只有找准了定位，品牌才有生命力。丁玲纪念馆根据丁玲“革命文学家”的特质定位，在建设发展方向上，以文学名家特质开辟文学场所，着力体现它的文学属性；以优秀党员特质打造初心课堂，凸显她坚定的政治信仰、价值观念，尽心竭力的共产党员风范和人民公仆情怀。

三、品牌宣传

对于名人纪念馆而言，非常重要的是名人和纪念馆的知名度、呈现给大众的品牌形象、提供给社会的品牌价值以及大众对名人和纪念馆的认同感。让名人成为地域文化的主导元素，才能更好地发挥文化名人在旅游业中的效应，发挥它的品牌价值。因此，丁玲纪念馆在品牌宣传上采取了两个策略。一是业务未动，宣传先行；二是宣传先行，实干为本。

四、品牌战略

丁玲纪念馆于2016年9月成立。刚成立时一共只有6个人（3个正式编制人员，3个临聘人员）。部室怎么设置、怎么分工、工作怎么开展、怎样做长远规划才能让这个名人纪念馆获得可持续性发展，才能在全国文博领域快速打响？宣传阵地必不可少，品牌规划必不可缺。因此，在2016年年底完善基础设施建设、内控制度等一系列内部事务之后，纪念馆做的第一件事就是注册官网、建立官微，打造自己的宣传阵地，面向全国发布丁玲纪念馆的LOGO征集信息（点击率近3 000人次）。有了宣传阵地，就要让它的作用发挥最大化。之后，我们先后举办“永远的丁玲”“我与丁玲纪念馆的那些事”等征文活动；“丁玲家园美如画”“遇见丁玲”“丁玲书法美术作品”等书画、摄影大赛；推出“名家讲坛”“名家荐好书”“经典品读”“故事里的丁玲”“聆听·丁玲”等品牌专栏；举办“暑期夏令营”“红领巾讲解员大赛”“语言艺术大赛”等品牌活动；打造以声音、舞蹈、影像等方式呈现的思政课程。以实干为本，加快官微、官网内容的传播，增加官微、官网的关注人次和点击率。

（毛雅琴，常德市丁玲纪念馆馆长）

不断拓展阵地对外宣传的广度和深度

——以左联会址纪念馆2022年宣传工作为例，探索爱国教育基地的研究与实践

何　瑛

中国左翼作家联盟会址纪念馆位于上海多伦路201弄2号，是以展示中国共产党领导的第一个革命文学团体——中国左翼作家联盟成立及其发展和影响为主要内容的纪念馆。

一、左联会址纪念馆概况

（一）中国左翼作家联盟

中国左翼作家联盟简称“左联”，是中国共产党直接领导的，以鲁迅为旗手的第一个革命文学组织。1930年3月2日，在上海窦乐安路（今多伦路）中华艺术大学宣告成立。左联在继承五四新文学传统、介绍与传播马克思主义文艺理论、倡导无产阶级革命文学、培育进步文艺队伍、创作反映时代精神的文艺作品、粉碎国民党反革命文化“围剿”等方面都取得了巨大的成就，在我国现代文学史、革命史上谱写了光辉的篇章。

（二）中国左翼作家联盟会址纪念馆

中国左翼作家联盟会址纪念馆由夏征农题写馆名。1980年8月，左联会址被列为上海市文物保护单位。2000年，上海市虹口区人民政府对旧址进行全面复原修缮。2001年12月8日，纪念馆正式对外开放。

2003 年 1 月，被列为上海市爱国主义教育基地。2005 年 3 月，被列为上海市红色旅游基地。2013 年 3 月，被列为上海党史教育基地。

二、阵地宣传与实践

（一）云端展示，扩大影响

1. 清明祭英烈系列活动

清明期间，场馆以特殊的方式缅怀先烈，通过“云祭扫”“云答题”“云观展”“云讲堂”四个活动，追思英烈，传承精神。清明节期间，左联会址纪念馆在“云端”推介展示，在微信公众平台发布相关左翼文化宣传短片、活动视频等资源，加大了红色文化宣传。

2. “博物馆的力量”主题系列活动

国际博物馆日期间，左联会址纪念馆推出包括“囡囡讲”“馆长说”“云上展”三大板块的“博物馆的力量”主题系列活动。其中“馆长说”，邀请“虹博汇”联盟各兄弟场馆馆长讲述馆藏背后的文物故事，开设 21 场，受众 900 余人次。“云上展”推出线上展览“开启新征程 博物馆的力量——文化名人与时代同行”。“囡囡讲”中，小女孩们化身左联会址纪念馆小小讲解员，讲述左联的故事。

3. “艺术与人民在一起——左翼文艺与延安文艺”系列活动

2022 年 5 月，延安文艺座谈会召开 80 周年，左联会址纪念馆联合延安文艺纪念馆以云纪念、云讲座及云展览形式开展“艺术与人民在一起——左翼文艺与延安文艺”系列活动，受众 9 000 人次。文化和自然遗产日，左联会址纪念馆与延安文艺纪念馆联合打造的“中国文化的生力军——从左翼文艺到延安文艺”在延安开展。

4. 文化和自然遗产日活动

文化和自然遗产日期间，左联会址纪念馆以“艺起前行”为主题，邀请了“速写上海”团队策划了战“疫”宣传展示活动，举办线上战“疫”作品展，以建筑、战“疫”为题材，通过水彩画、漫画、创意画等形式，创作出有信心、暖人心、聚民心的艺术作品，用艺术作品凝聚强大的精神力量。

5. 虹口文化名人讲座

2022 年 6 月 11 日起，重新开办虹口文化名人讲座，通过腾讯会议、左联会址纪念馆视频号进行线上直播，扩大爱国主义党史学习教育宣传阵地。2022 年，先后邀请上海科技馆、上海自然博物馆自然史研究中心王晓娟教授，上海社会科学院历史研究所马军研究员，中共上海市委党史研究室吴海勇处长等专家学者作了《自然博物之花开有时》《“二战”后“上海法庭”死亡日本战犯之谜》《中共中央在上海的奋斗历程（1921—1933）》等 11 场主题讲座，受众逾 15 万人次。

（二）牵手囡囡，传承红色基因

为响应“双减”政策，丰富青少年文化活动，2022 年 1 月起，左联会址纪念馆与上海市演讲与口语传播研究会组织举办了鲁迅小道“囡囡讲”系列活动。通过走鲁迅小道，读鲁迅文章，写鲁迅小道，说鲁迅小道，演鲁迅作品，引导青少年感悟红色文化精神，共有 300 余名中小学生参与线上线下活动，活动受众接近 15 万人次。

2 月 12 日，举办鲁迅小道“囡囡讲”线下成果展示活动，新华社、上观新闻、《文汇报》《新民晚报》等多家媒体报道。

5 月 29 日，在线上开展“守望　相护　迎六一”——左联会址纪念馆囡囡小剧场启动直播活动，十多位囡囡进行才艺表演，11 000 余人次观看直播。

暑假期间，“囡囡读书会”如火如荼开展，10 场直播吸引了 10 万余人次的观看。

8 月 27 日，“囡囡小剧场——囡囡讲丁玲”线上线下直播活动，孩子们用童言童语讲述了丁玲故事，选读了丁玲文学作品，11 000 余人次观看直播。

10 月 22 日，在“鲁迅小道文化小使者”颁奖仪式上，24 名小朋友脱颖而出成为首届文化小使者。鲁迅文化基金会会长、鲁迅长孙周令飞先生为获奖的孩子颁奖。

（三）共建合作，挖掘史料活化文物

1. 与上海鲁迅纪念馆合作让“文物活起来”

2022 年是丁玲首次到沪 100 周年、加入中国共产党 90 周年、长篇小说《太阳照在桑干河上》获苏联斯大林文艺奖70周年。在中国共产党第二十次全国代表大会即将召开之际，为纪念丁玲在中国左翼文学运动中的杰出贡献，同时加强文物资源的共享，推进左翼文学的宣传和研究，与上海鲁迅纪念馆联合将上海鲁迅纪念馆珍藏的丁玲的《梦珂》《莎菲女士的日记》《暑假中》三种小说手稿完整地予以影印，出版了《丁玲小说手稿三种（影印本）》。8月27日，“从丁玲手稿看丁玲的小说创作——《丁玲小说手稿三种（影印本）》出版座谈会”以线上会议形式在上海鲁迅纪念馆及中国左翼作家联盟会址纪念馆举行。同时，还推出《斯人如虹——丁玲相关文献微展》，受众达2 400余人次。

2. 携手兄弟场馆参加“鲁迅文化周”

2022年10月19日至25日虹口区举办第五届鲁迅文化周之际，左联会址纪念馆继续携手兄弟馆推出系列微视频《馆长说》，邀请绍兴鲁迅纪念馆、北京鲁迅博物馆、广州鲁迅纪念馆、上海鲁迅纪念馆、延安文艺纪念馆的馆长通过短视频形式带人们寻觅馆藏文物背后的鲁迅故事。2022年10月25日上午，由中共上海市虹口区委宣传部、鲁迅文化基金会指导，中国左翼作家联盟会址纪念馆、鲁迅文化基金会上海代表处主办，延安革命纪念馆、延安文艺纪念馆、鲁迅美术学院协办的“左翼文艺与延安文艺”对话会举行，主会场在北外滩“世界会客厅”演播大厅，两个分会场分别设在延安文艺纪念馆、鲁迅美术学院。来自上海、延安等地的15位左翼文艺和延安文艺研究专家学者参与对话会。与会专家学者围绕左翼文艺与延安文艺的传承关系、鲁迅与延安文艺、文艺大众化等话题展开精彩的研讨。

3. 与复旦大学望道研究院共同探讨“陈望道文艺美学思想”

为纪念陈望道先生逝世45周年，进一步推动陈望道研究，同时加大虹口历史文化宣传，2022年11月26日与复旦大学望道研究院、复旦大学档案馆联合举办“陈望道文艺美学思想学术研讨会”。座谈会上，来自复旦大学、华东师范大学等高校与党史研究部门及“中共二大会址纪念馆”“中共四大纪念馆”“左联会址纪念馆”等红色场馆的10多位专家研究学者围绕“陈望道文艺美学思想”主题，交流各自最新的研究成果。会议采用“线上 + 线下”同步直播的方式进行。直播当天观看人数达 28 900 余人次。

三、展望未来

2023 年是中国左翼作家联盟成立 93 周年。为纪念左联成立，打响左翼文化品牌，探究红色文艺之源，纪念馆会开展各类线上线下主题活动。

（一）深入场馆品牌建设

推动各类文化品牌建设。定期开展“文化名人讲座”“鲁迅小道囡囡讲”等品牌活动，进一步提升“虹博汇”的影响力。

围绕“左联成立日”“学雷锋纪念日”“清明祭扫”“国际博物馆日”“中国文化与自然遗产日”“烈士纪念日”等时间节点开展红色文化宣传展示活动。

利用寒暑假，积极开展青少年假期社会实践，结合学校师资力量，将思政、历史等课程与纪念馆现有资源相结合，开发相关校外课程，打造学校的“第二课堂”。

（二）深入党史专题研究

继续推进左翼文化研究。2023 年会围绕左联盟员相关手稿、书信等左联纪念馆现有资源，进行梳理分析，力求形成一定成果。

聚焦节点开展党史学习教育。以“远东反战大会”为主题，出版相关研究书籍。联合上海鲁迅纪念馆举办纪念冯雪峰诞辰 120 周年学术座谈会。

推出红色主题党课。围绕左联主题，推出主题党课，同时推动相关党课进学校、进企业、进社区等。

结合左联会址纪念馆展陈内容，围绕左翼文化设计主题展览，并将展览引入多个文化艺术空间、共建单位、学校等，提升红色文化影响力。

（何瑛，左联会址纪念馆馆长）

红色铸魂，党建引领，促进名人故居高质量融合发展

付华文

李立三是中国共产党的优秀党员、无产阶级革命家、中国工人运动的杰出领导人。曾任中共中央政治局常委兼秘书长、宣传部部长，全国人民防空委员会秘书长，中华全国总工会副主席等职。

李立三同志故居位于湖南省醴陵市阳三石街道立三村，是全国唯一一家展陈李立三同志革命事迹的纪念馆。1899 年 11 月 18 日李立三诞生，并在此度过了少年和青年时代。此后，他参与领导了安源路矿工人大罢工、上海五卅运动、南昌起义等重大历史事件，推进了工人运动的胜利进程，为中国共产党领导的早期工人运动，作出了卓越贡献。李立三同志故居是芋园文化旅游景区的核心组成部分，景区游览面积 42 000 平方米。2018 年以来投入近 1.5 亿元，新建、改建了故居陈列馆、宣教中心、互动体验景观区以及相关旅游服务配套设施，年均游客接待量超过 50 万人次。

李立三同志故居先后被列为全国重点文物保护单位，全国红军小学爱国主义教育基地、湖南省爱国主义教育基地，湖南省文明风景旅游区，湖南省中小学生研学实践基地，国家 4A 级旅游景区，湖南省党员教育培训现场教学点。近年来，李立三同志故居陈列馆深入挖掘李立三同志宝贵的革命精神，以立三同志生平事迹为主线，加强与各地革命场馆的交流合作，以党的二十大报告“以文塑旅、以旅彰文，推进文旅深

度融合发展”为指引，逐渐发展为湘赣边红色旅游创新示范区内传承革命精神、追寻工运轨迹的红色旅游主阵地。

一、弘扬红色文化，打造红色研学课程

醴陵位于湖南省东部，是一片红色的热土。大革命时牺牲的醴陵籍烈士有5万多人，从这里走出了李立三、左权、耿飚等老一辈无产阶级革命家，产生了诸多国共两党的将军，被学者称为“中国近代半湖南，湖南近代半醴陵”。称李立三为“半个朋友”的毛泽东曾六次来到醴陵，并以此为重点写出了《湖南农民运动考察报告》。故居以李立三等醴陵这片热土上的仁人志士英雄事迹为原型，深入挖掘，开发创造了《“坦克车”李立三》《蔡升熙——生命中最后的要求》《人民的战士——耿飚》《左权：烽火岁月家国情》等十余个红色微宣讲故事和系列红色研学课程，组建了芋园红色故事宣讲团，面向来醴陵参观游览、党建研学的团体（个人）讲述红色故事，传承红色基因。据统计，故居年均接待党建、研学团队超过30万人次。三年间，年均红色故事微宣讲达一千场以上。

二、编排原创演艺节目，打造沉浸式体验项目

1921年，李立三从法国留学归国，在毛泽东的指派下来到安源，投身领导工人运动的革命洪流中，从此开启了他辉煌的人生。这段史实可歌可泣，具有很强的教育意义和故事性。陈列馆组建专人专班，深入研究各类史料，赴湘潭、安源、长沙等地实施调研，详细了解当年那段风云岁月。几易其稿，最终创编了《烽火芋园》《工人领袖李立三》等红色演艺剧目。剧目以李立三的出生地芋园为背景，再现了大革命时期湘赣边区和湘东地区的历史事件，以及一批革命历史人物早期的光辉事迹。

三、融合本土文化，研发红色文创产品

醴陵是千年古邑、山水洲城，是“中国陶瓷之都”和“中国花炮之

乡”。我们依托具有本土特色的陶瓷产业文化，与陶瓷企业合作研发具有红色文化元素的陶瓷保温杯、茶杯、冰箱贴、加湿器等红色文创产品，在全国各类文旅产业博览会上展销并获大奖。同时，开发了“芋园”油纸伞、“主席去安源，纸伞伴前程”文创笔记本、“清廉家书”釉下五彩瓷板画；设计发布了纪念邮简，极具收藏纪念价值，受到游客青睐。近年来，芋园文创产品年均营业创收近 20 万元。

四、完善景区配套，提升旅游服务水平

一是持续完善游客服务中心、停车场、厕所等旅游基础配套设施建设。二是加强周边环境整治，确保景区天际线、地面线和游览线的和谐统一。三是完善要素配套，引进社会资本，落地“湘赣红”品牌餐饮，极大解决景区餐饮接待容量小的问题，为所有游客特别是大型研学及党建等旅行团队提供优质的旅游体验。

未来，陈列馆计划延伸加强工人运动主题纪念馆之间的合作，联合在湘赣边区域培育一个工会研学的红色旅游片区，促成韶山馆、少奇馆、立三馆省际交流至安源馆、南昌起义馆等，以馆际交流实现资源共享，提升共同影响力和知名度。

（付华文，李立三同志故居陈列馆支部书记、馆长）

文学博物馆的使命与担当

周立民

在新的历史形势下，面对社会的迅猛发展，文学博物馆如何肩负使命，发挥自己的优势，更好地服务社会和公众？下面结合博物馆（名人故居）的业务工作，谈几点粗浅的体会：

一、对于文化使命、担当使命的认识。以我的理解，博物馆（也包括图书馆、文化馆等面向服务于公众的各种文化场所）在中华民族优秀文化传承中具有重要作用。我们必须从文脉传承的高度，从文化创造性转化的高度，来认识博物馆在社会生活中的价值。

从当今的社会发展来看，这十多年来，博物馆不再是高不可攀的神秘殿堂，也不再仅仅是一个文物仓库，而已经走入中国人的日常生活。有两组数据可以作为参考：第一个是据不完全统计，2023 年五一假期，中国 6 000 座博物馆接待了 5 000 万人的参观者。第二个是上海博物馆“从波提切利到梵高——英国国家美术馆珍藏展”，历时 98 天，每张 100 元的门票，参观总人数突破了 42 万人次，线下文创销售额超过 2 400 万元。有数据显示，在观众之中，有 60%来自外省市，15%看过两次以上，有的观众甚至一个月参观了 12 次。其间，博物馆还加开了 50 次夜场。这些放在二十年前也是不可想象的，以往即便免费参观，还要组织观众，现在是观众在抢着预约。这证明，博物馆等文化场所在人们生活中占有的位置越来越重要，已经成为日常文化消费的重要部分。与此同时，公众对博物馆的期待和要求也相应提高了。博物馆从业者的使命感、担当感必须增强，博物馆不是社会文化中的一个点缀，而是服务社会和公众的前沿阵地。

承担这样的神圣使命，博物馆要发挥它的优势和作用，“转化”是关键。转化，至少包含三方面的内容：第一，历史资源向现代需求的转化，也可以说是藏品如何转化为展品。第二，学术研究向服务社会转化，即高端的学术研究如何转化为公众可以接受的普遍知识。第三，参与、交流向创新、发展转化。即参观，利用博物馆资源，其获得的应当是改变和提升自我，从而再造社会文明。总之，博物馆不是孤岛，做好这样的转化，它才能实现自己的价值，成为开放的平台、文化的聚集点、文明再造的出发地。

二、面对优秀的经典文化，要做好收藏、研究和挖掘的工作。这是对博物馆工作的基本要求。在此过程中，作为直接服务大众的文化机构，探索和做好传播工作，适应新形势，是继承和发展中的核心问题。做好传播，才能实现转化，才有传承和发展。在传播工作中，既要考虑到新的社会环境、公众需求的变化和特点，又要正本清源、坚持导向，不能庸俗化、娱乐化。对于文学博物馆而言，应当牢牢抓住经典作家和经典作品本身，传播其中的基本价值和核心精神。研究和探索在社会和公众中的新的传播方式、方法，不能离开根本。这个根本就是引导公众阅读经典作品，在这样的阅读中实现文化的教育、心灵的养育、审美的培育。

在传播中，博物馆具有特殊的优势。博物馆（名人故居、纪念馆）的藏品和文化现场都是独一无二的资源，它们也是经典文学教育的宝贵财富。比如，作家的手稿、来往书信、生活用品等，是了解这个作家和开启作品的钥匙；作家的故居、生活环境等，则是文学遗迹和文学事件的发生现场。文物资料的特殊性和生活环境的现场感，是学校和其他教育渠道不可能拥有的。一个现代的博物馆，还是社会公众的聚焦点，来自不同群体的公众汇聚于此。从文学教育的影响面而言，较之单纯的学生群体，它要广泛得多。因此，它应当发挥自己独特的优势，承担人文精神传承、文学经典教育的使命，并在其中扮演重要角色。

三、亲近经典。中国文学博物馆（名人故居）在实践、在探索，也取得了一定的经验和方法。以巴金故居为例，2016年以来，巴金故居以微信公众号为抓手，决定打造中国现当代作家赏读平台，实现与公众线上和线下的同步交互。它包括原创的微信专题、线下线上的憩园讲坛、展览和朗诵会等多种文化活动，乃至与共建单位和更多读者的即时交流等多项内容，以现当代作家和作品为核心，直面经典，亲近经典，让经典更有温度更有热度，进一步走入公众的日常生活。其中常见的是，利用各种社会资源，请一流的专家讲大众话题，引导公众阅读现当代作家的作品。

平台的主要工作是“汇聚”和“打通”。“汇聚”是利用名人故居作为公共文化平台的优势，聚集社会各方面力量，从高校、研究机构到街道、社区，从演艺界到医院、银行，各方面的文化资源和文化需求都能汇聚到故居这个文化现场。故居再根据整个社会和公众的需要，将各种资源整合起来，打造新的文化项目和服务点。“打通”是更好地转化和传播的一个重要手段。各种资源汇聚在此，能够向社会输出和传播，需要拆除各方面之间的藩篱，由此实现更平等的交流。新一代的接受群体，是受过相当良好教育、有着不错的文化基础的群体。针对这个群体，以往灌输式的教导方式和简单“通俗化”的形式是不为他们接受，甚至还会遭到拒斥的。对于文学博物馆而言，必须正视他们的真实需求和传播中的新特点，来调整和提升自己的服务内容和形式。对于当今的接受群体而言，需要有内容有质量的文化服务，需要分层次有针对性的服务，更需要交互性的入心服务。这必然要求我们在策划和实施文化项目时，不能以单方面的意志为标准，而是要打通、融汇各方面的需求，从而形成共同交流、相互感染、不断提高的文化氛围。巴金故居微信公众平台，近年来在这些方面作了不少探索。比如选择的话题，可能是前沿的学术话题，只有这样才能吸引公众来关注，而不是网上搜索一下即可得的信息。发起和推动这个话题的也可能是本领域一流的学者。而且，我们对学者的要求则是大众化的讲述方式，而不是学院里给研究生上专业课的方式。

经过这几年的探索，尤其是在传播国学的平台比较多，而传播现当代作家作品的平台比较少的情形下，巴金故居的微信公众平台有着自己独特的价值，受到公众的欢迎，得到专家的关注。我们相信中国文学博物馆在传承中华民族优秀文化的过程中，一定会改变原有的思维定式，承担起自己的使命，做出自己的贡献。有一个值得赞赏的例子：中国现代文学馆在 2023 年春天推出的“文学馆之夜”的系列策划，就是面向社会、改变服务公众方式的一种积极有力的探索和实践。

（周立民，巴金故居常务副馆长）

利用革命文物资源，构建大思政育人体系

——以常州三杰纪念馆为例

唐茹玉　单歆祎

常州是一座有着悠久历史的文化名城，这里传统文化底蕴深厚、革命文化资源丰富、社会主义先进文化兴旺发达。这里是“常州三杰”故里，2014年习近平总书记考察江苏时，列举了四位从江苏大地走出来的优秀共产党人，除了周恩来以外，其他三位就是“常州三杰”。“常州三杰”中的瞿秋白、张太雷出生于常州，少年时代都曾在常州府中学堂求学；恽代英出生在湖北，但祖籍在常州，深受常州人文的影响。“常州三杰”的成长之路，离不开常州历史文脉的传承，离不开常州人文基因的赓续。

名人故居是常州弥足珍贵的文化资源，常州三杰纪念馆不断挖掘文物资源，创新宣教模式，并致力于探索将革命文物活化利用融入大思政课体系，培养担当民族复兴大任的社会主义建设者和接班人。瞿秋白故居、纪念馆更是常州最为宝贵的红色文化IP。1996年，瞿秋白故居由国务院核定公布为第四批全国重点文物保护单位。瞿秋白故居包括出生地（天香楼）和寄居地（瞿氏宗祠）。瞿氏宗祠是少年瞿秋白的居住之所，见证了瞿秋白少年时期的成长历程。为纪念瞿秋白就义50周年，1985年瞿氏宗祠经修复对外开放。1999年，紧邻瞿氏宗祠东侧新建瞿秋白纪念馆，共同构成常州市的红色标识地。2020年，开展常州市名人

故居提升工程，对瞿秋白纪念馆进行整体改造提升，深入挖掘文物资源，加强革命文物活化利用，形成一个历史与时代共振的红色文化场，在新时代赓续传承建党精神。

一、加强馆址融合，让革命旧址活起来

（一）从“空间”到“时间”，将革命旧址保护利用串起来

瞿秋白纪念馆与瞿氏宗祠馆址融合，相互呼应，推进一体化的展示利用。在纪念馆与宗祠的门前设置一座长达 20 米的石刻文化墙，还原一百年前瞿秋白居住此处的街景风貌，将馆址之间的外部空间串联起来；在纪念馆与瞿氏宗祠内部设置整体的展陈流线，采用场景化的展示方式，展现瞿秋白光辉的一生，让革命故事可亲、可感。在这些场景中均选取一张“书桌”为主景，有代表瞿秋白少年时代的书桌、有代表“八七会议”的会桌、有代表瞿秋白在狱中的桌子，巧妙地用一张张“书桌”将馆址之间的展陈空间连通起来、融为一体，展现书生革命家瞿秋白毕生的奋斗足迹。

（二）从“静态”到“动态”，让革命旧址保护利用活起来

纪念馆、瞿氏宗祠在传统的“图片 + 文字 + 实物”静态展陈方式的基础上，深度结合纪念馆、宗祠的场景，开展“纪念馆小剧场”，打造“又见少年阿霜”沉浸式演出品牌，生动演绎瞿秋白与家人、同伴、友人相处的场景和细节。采用这种情景再现、角色模拟的方式，营造了浓厚的历史现场感，让参观者变成体验者，由“灌输式教育”转为“体验式教育”，让观众身临其境地了解、感受瞿秋白在不同人生阶段的重要经历。“纪念馆小剧场”是年轻受众喜闻乐见的方式和手段，以亲民和现代化的表达方式，综合运用文学、戏剧、歌曲等多种艺术形式，把常州历史名人精神转化为火热的文字、鲜活的表演、美妙的旋律、生动的画面，让人们深深体会到深植于常州这片土地的红色基因的力量。2023 年 7 月，瞿秋白纪念馆小剧场作为常州首届戏剧节参演节目，在 2023“水韵江苏 · 这里夜最美”璀璨夏夜主题活动启动仪式上向大众进行了推介。

（三）从“请进来”到“走出去”，让革命旧址保护利用动起来

除了通过旧址陈列展览方式吸引观众外，纪念馆分别采取了请进来和走出去的方式，开展红色文化宣传教育活动。讲解员走入校园课堂，凭借“5G＋VR/AR红色纪念馆”的科技手段，给学生带去沉浸式情景剧《又见少年阿霜》；志愿者到学校给学生讲述“五四运动”和瞿秋白英勇就义的故事。依托常州市委党校“秋白讲坛”名师资源，走进瞿秋白纪念馆录制云端课程。课程由《歌声嘹亮》《高山流水》《父爱如山》《信仰不灭》四个篇章组成，以情景再现、口述历史、实境课堂等多种形式讲述瞿秋白短暂光辉的一生。多样化的活动提高了社会对瞿秋白故居及纪念馆的认知度，更为广泛地传播了瞿秋白的革命事迹，弘扬了伟大建党精神。

二、开发实境思政课，构建大思政育人体系

“红色1＋N”实境思政课是常州三杰纪念馆推动新时代革命文物工作与学校思政课改革创新融合的一项重要举措，由“纪念馆里的思政课”与“行走的思政课”两部分组成。“1”是指以常州三杰纪念馆为轴心，全力深耕场馆内的线路，增强观众体验感；“N”就是辐射周边，将红色景区、历史文化地标深度融合，结合学校思政教学，打造“一核多元、集群共创”的“红色＋”实境思政课堂。

（一）“纪念馆里的思政课”主要内容

“纪念馆里的思政课”依托场馆革命文物资源，创新拓展讲解模式，升级参观体验，三条学习线路分别为瞿秋白纪念馆的“觅渡·追光”、张太雷纪念馆的“惊雷·回声”、恽代英纪念馆的“利群·奋进”，与传统展馆讲解不同的是，重互动，多体验。这三堂“纪念馆里的思政课”成功打造为江苏省“青年学习社”线路。

“觅渡·追光”学习线路旨在跟随秋白足迹，共同追寻他一生所觅的国家之“渡”、民族之“渡”，追寻他想开辟的“光明之路”，引领大家在革命历史和红色文化中追寻初心、坚定理想。其中包含“瞿秋白与国际歌”微党课、热血歌唱、沉浸式表演等特色环节。

“惊雷·回声”学习线路围绕张太雷“超级学霸”“屡创第一”“大忙人”“敢于斗争”等个性化标签，深度挖掘张太雷鲜为人知的成长经历与奋斗故事。其中包含跨越时空的对话、皮影小剧场等互动环节。

“利群·奋进”学习线路通过穿越式的情景问答与创新的廉洁教育模式，以“信仰”“力行”“正身”“无畏”四大主题，让观众感受恽代英廉洁自律的崇高品质和薪火相传的革命精神。其中包含穿越时空的问答、廉洁留印、利群书社等特色环节。

（二）“行走的思政课”主要内容

“行走的思政课”最鲜明的特征是整合利用革命文物资源、传统文化资源，讲好文物故事，凸显常州文化特色。至 2023 年，已开发“红色 + 名人文化”“红色 + 工业之城”“红色 + 美丽乡村”“红色 + 安全教育”等红色旅游路线十余条。

1.“重走秋白上学路”主题游径

清代诗人龚自珍曾以“天下名士有部落，东南无与常匹俦”来赞美常州文风之盛。瞿秋白在故乡常州度过了童年、少年时光，常州崇文重教、博学善思的地方文化，滋养了瞿秋白这颗“读书种子”。此游径以“秋白上学路”为主线，将瞿秋白在家乡留下成长印迹的私塾、小学堂和中学堂旧址、瞿氏宗祠以及沿途文物、遗址资源连珠成串，讲一路故事，播一颗种子，树一种信仰，育一代新人。

游径线路：庄氏塾馆—秋白母校觅渡桥小学—瞿秋白故居—瞿秋白纪念馆—黄仲则故居—常州方志馆—藤花旧馆—秋白母校江苏省常州高级中学。

2.“寻根孟河”主题游径

恽代英的祖籍孟河镇，历史悠久，底蕴深厚，是齐梁故里，也是中医“孟河医派”的发源地。走进千年古镇孟河，寻访毗陵恽氏遗迹，感受古镇历史文化，寻味江南诗意田园之美，传承革命先烈红色精神。

游径线路：孟河镇恽代英广场—小河中心小学恽代英纪念室—代英书院—中草药科普园—南兰陵村—孟河名仕园。

3. “运河边的成长故事”主题游径

奔腾千年的运河水养育了沿岸人民，滋养着百姓的心灵。运河旁的青果巷，先后走出了百余名进士和瞿秋白、张太雷、史良、周有光、赵元任、张志让、唐荆川等一大批名人，有着“江南名士第一巷”的美誉。这里也留下了这些历史名人的成长故事。在这里，可以感受红色文化与运河文化，以及崇文重教、崇学善思、崇德向善的常州文化。

游径线路：张太雷纪念馆—青果巷（史良故居、瞿秋白出生地、张太雷读书处、红色记忆馆）—古运河。

4. “跟着革命先辈足迹游常州”主题游径

瞿秋白与张太雷是同乡、同窗、同志。此主题旨在寻访两人在故乡的游赏足迹，品读他们爱国、爱党、爱家乡的激昂文字，重温革命先烈事迹，感悟常州历史文化。

游径线路：红梅公园、红梅阁—洪深纪念馆—洪深纪念室—天宁寺—东坡公园、舣舟亭。

5. “敢为天下先”主题游径

探访恽代英纪念馆、刘国钧故居、盛宣怀故居等名人故居，感受和学习常州先贤海纳百川、开放包容的豪迈气度，敢为人先、勇争一流的奋斗精神。

游径线路：恽代英纪念馆—盛宣怀故居—刘国钧故居。

6. “诗国常州”主题游径

“毗陵诗国千年事”，常州历史文化底蕴深厚，被誉为“诗国”。此条线路带领观众探访黄仲故居、洪亮吉纪念馆、苏东坡纪念馆、赵翼故居等前后北岸名人故居群，探寻常州诗心、千年文脉。

游径线路：黄仲则故居—洪亮吉纪念馆—苏东坡纪念馆—赵翼故居等前后北岸名人故居群。

（三）“红色 1＋N”实境思政课的特色与成效

1. 聚焦历史名人文物资源，研发菜单式“实境思政课”

“红色 1＋N”实境思政课项目包括“纪念馆里的思政课”与“行走的思政课”，共研发十余条实境思政课线路菜单供学校选择。为促进文旅融合发展，常州三杰纪念馆开发精品化、定制化、常态化实境课堂，在基础套餐上衍生出“手工课堂”“角色扮演”“素质拓展”等个性项目，研发20节主题明确的微党课，开发政治类、文化类、社会类、历史类等红色教育系列课程。此外，根据学校不同需求定制时长不等的红色思政课套餐。

2. 革命文物资源连珠成串，拓展实境思政课堂“价值引领”

“红色1+N”实境思政课重视价值引领与实境课堂教育功能，旨在让青少年通过沉浸式实境体验汲取丰富的红色养分和强大的精神力量。在实境课堂的教学点位设置上，常州三杰纪念馆下属六个场馆是实境课堂的必经之路，在此基础上辐射周边将红色文旅资源综合利用起来。“红色+历史场馆故居”将庄氏塾馆、中山纪念堂、常州方志馆、苏东坡纪念馆、青果巷红色记忆馆、费伯雄故居、赵元任故居、盛宣怀故居、赵翼故居等前后北岸名人故居群串联起来。“红色+常州地标”将青果巷、古运河、红梅阁、天宁寺、舣舟亭等历史文化古迹串联起来。“红色+学校”将觅渡桥小学、江苏省常州高级中学等常州三杰在常州的教育经历串联起来。

3. 用心用力丰富观众体验，创意提升实境课堂“红色引力”

“红色1+N”实境思政课堂与传统宣教活动最大的区别在于强调“观众体验”，实现了“沉浸式”“互动式”“体验式”红色教育。我馆自主创编沉浸式演出《为人心要放在当中》《一封家书》《妈妈的话》《绝不出卖灵魂》，让青少年在课堂中穿越时空与常州三杰进行亲密“对话”。“科技赋能”也是实境思政课堂深受青少年欢迎的制胜法宝。我馆利用“5G+VR”技术将《清代常州府全景图》进行三维立体创作，让观众置身于逼真的虚拟现实情景中，通过“魔屏数字”等互动项目提高青少年参与课堂的积极性。“手作体验”环节以制作泥人、梳篦等常州非遗手工，让青少年在亲身体验中感受传统文化的魅力。除此之外，填字游戏、廉洁捺印、皮影剧场、角色扮演、密室逃脱等新鲜有趣的学习环节让青少年在体验过程中汲取成长奋进的力量，提高强国有我的责任意识。

2023 年 9 月，“觅秋白足迹，寻文化之根——重走秋白上学路”，入选沪、苏、浙、皖文化和旅游部门联合发布的“长三角革命文物主题游径”TOP20。红色“1 + N”实境思政课已开展 1 000 余场，体验人数超 5 万人次。

常州三杰纪念馆“红色 1 + N”实境思政课将丰富的红色资源阐释成果与体验式学习方式巧妙结合，通过菜单式体验产品、主题专项展陈展览、配套服务更新升级、文创产品定制等多元手段，促进“红色 + ”产品更新迭代，让红色场馆更加贴近青少年的生活，帮助其更全面地了解红色历史，感悟革命精神。

（唐茹玉，常州三杰纪念馆副馆长、副研究馆员
单歆祎，常州三杰纪念馆助理馆员）

栋宇聿新：浅谈镇江市名人故居的保护与利用

陆为中

名人故居，是一种凝结着名人经历和志趣的特殊建筑，具有独特的文化意义。孔子说："君子居之，何陋之有？"孟子说："居移气，养移体。"苏轼说："宁可食无肉，不可居无竹。"名人自身的志向、气度与爱好，往往会投射到其故居上。人们可以通过故居的环境、布局、家具、陈设，乃至院落中的一花一草，去了解名人在这里曾经的坐卧起居、音容笑貌，推知他对人对事的态度，揣测其在面临人生、事业乃至国家命运转折之时所处的现实环境。

镇江这座历史悠久、文化厚重的历史文化名城中，散列着大大小小、为数众多的各类名人故居。它们保存着镇江这座城市千百年来流传的动人记忆，是传承历史文化、弘扬爱国主义、展示城市精神的重要载体。

这些名人故居的分布状况如何？所蕴含的历史文化内涵如何？故居的保护现状是怎样的？在新形势下，如何进一步做好名人故居的保护、开发与利用工作？研究好这些问题，是一项具有重要意义的工作。本文以京口区、润州区、丹徒区、镇江新区和丹阳市、句容市为考察对象，探讨镇江市名人故居保护的现状，以期为镇江市名人故居的保护、开发和利用提出些许建设性意见，对促进镇江文化事业的繁荣发展有所裨益。

一、镇江市名人故居数量及分布

镇江被古人称为“天下第一江山”，物华天宝，人杰地灵。这片土地上诞生了许多名留青史的杰出人物，如韦昭、葛洪、刘裕、萧统、刘勰等。同时，镇江作为长江与大运河的交汇点，扼南北水陆交通之要冲，客货舟船莫不由此经过，南来北往的文人墨客、游宦行商，恋慕这里的繁华胜境，遂决意迁居于此，如苏颂、沈括、米芾、杨一清、计成等。还有一些名人是因到镇江为官，而与镇江结下不解情缘，留下许多脍炙人口的诗句和传说，如李德裕、范仲淹、辛弃疾等。

由此，镇江在历史上留下了数不胜数的名人印迹，也保存了数量较多的名人故居。截至 2022 年 12 月，镇江名人故居共有 44 处。这些曾居住在镇江的名人中，经济和政治方面的最多，各占三分之一；文化名人次之，约占四分之一；其他与科技、医学领域相关的名人，数量也不少。如果将 44 处故居按区域来划分，则京口区有 12 处，润州区有 17 处，丹徒区有 1 处，镇江新区有 3 处，丹阳市有 10 处，句容市有 1 处。这些名人故居中，有 3 处被列入全国重点文物保护单位，有 6 处被列入省级文物保护单位，有 16 处被列为市级文物保护单位，有 5 处被列为市级文物控制单位，有 9 处被列为市（区）文物保护单位，有 5 处还未被列入保护范围。

镇江市名人故居情况表

市　区	全国重点文物保护单位	省级文物保护单位	市级文物保护单位	市级文物控制单位	市(区)级文物保护单位	未列入保护范围	合计
京口区		2	10				12
润州区	3	2	5	5		2	17
丹徒区		1					1
镇江新区		1			1	1	3
丹阳市			1		7	2	10
句容市					1		1
合　计	3	6	16	5	9	5	44

二、镇江市名人故居的现状

根据保护状况、(现场) 确认情况、房屋产权及使用单位，可将镇江市名人故居划分为以下四种类别：

(一) 以名人纪念馆、博物馆的形式向公众免费开放。此类故居在镇江所有的名人故居中为数较多，占 32%，其建筑布局、室内陈设摆件与主人生前基本一致。主要有润州区的赛珍珠故居、陆小波故居，丹徒区的冷遹故居，新区的赵伯先故居，丹阳市的三吕（吕凤子、吕叔湘、吕澂）故居等。

(二) 现由名人后代居住。此类名人故居占 30%，如京口区的张云鹏故居、刘景韶故居、鲍皋故居、唐老一正斋，润州区的嵇直故居、严惠宇故居等。

(三) 改建为商业服务设施。此类名人故居占 24%。此类故居保留了原有建筑结构，但改变了故居内部的装饰和功能，将其改造成宾馆、饭店等具备其他功能的商业服务空间。润州区伯先路 27 号的屠家骅公馆、29 号的金山饭店和 35 号的蒋怀仁诊所就是典型的由企业占用、保护、开发的名人故居。

(四) 由政府机关使用。此类名人故居占 14%。此类故居保留建筑外立面及内部主要结构，作为政府、部队、企事业单位的办公用地使用。使用单位也是故居的保护者，负责其修缮和维护工作。如张鹏故居改为正东路派出所，大康新村现在属于解放军镇江军分区，程埅故居则用于镇江二糖公司办公。

总体而言，镇江现存的名人故居保护得力，利用合理，开放有序，充满活力，在促进文旅融合、丰富旅游产品内涵、重塑城市文化体系方面发挥了独特而重要的作用。

三、镇江市名人故居保护利用的做法

(一) 多措并举

在城市建设和危旧房改造中，针对不同情况，采取有针对性的措施，有效保护了一批面临拆迁危机的名人故居。例如，在润州区中华路项目建设过程中，镇江市文物部门对陆小波后人捐赠的陆小波故居进行原址保护，并按照“修旧如故，以存其真”的原则进行了落架式修缮，恢复了其原有风貌，并于2009年5月18日正式对外免费开放。陆小波故居现已成为开展爱国主义教育的重要阵地和展示镇江名城历史文化的重要窗口。再如，清军水师道台沈公馆由于无法进行原址保护，经过论证最后实施异地保护，并改造成镇江方志馆。更值得一提的是李公朴故居的高效率保护方式，从最初被发现到腾退原来的居民再到修缮完成并对外开放，仅历时一年多。

（二）夯实基础

镇江市文物部门依照《中华人民共和国文物保护法》等相关法律法规的规定，对尚未核定公布为文物保护单位的名人故居，及时予以推荐、登记和公布。如2010年12月，将被民政部列为第一批著名抗日英烈的巫恒通的旧居列为句容市（县）级文保单位。2014年9月，将“镇江第一个马克思主义传播者”嵇直的故居列为镇江市级文物保护单位。2019年9月，将“镇江近代私家园林典范”王家花园列为江苏省级文物保护单位。以上措施，为故居的后续保护利用夯实了基础。

（三）活化利用

镇江市文物部门按照“修旧如旧”的原则，严格履行工作职责，加大经费投入力度，对包括蒋怀仁诊所、屠家骅公馆、金山饭店等在内的名人故居进行提升改造，彰显了故居深厚的文化底蕴，促进了故居的活化利用。

（四）健全队伍

镇江市文物部门结合实际情况，积极探索文物保护全民参与的新机制，建立起一支规模达百余人的基层文保志愿者和业余文保员队伍，壮大了文物保护的力量。采取颁发聘书、发放补贴、开展培训等有效措施，培养了一批具有一定水准的管理人员，在镇江市名人故居保护工作中发挥了很大作用。

（五）加强管理

对于依托名人故居建立的公办博物馆、纪念馆，镇江市文物部门定期开展电话问询，择时巡查，对发现的问题予以协助解决，对未来发展规划给予业务指导；对于已明确系文物保护单位和已登记为不可移动文物，且未被开发利用的名人故居，则通过建立文物安全直接责任人公示制度、定期巡查制度，确定巡查人，建立巡查档案，确保建筑安全。

（六）社会教育

多年来，镇江市名人故居认真贯彻“文化惠民”方针，实行免费开放，在深入挖掘故居文化内涵的基础上，丰富展示手段，举办特色活动，取得良好的社会效益。

主要工作包括：举办“纪念赛珍珠获得诺贝尔文学奖 80 周年纪念展”“科学巨匠沈括纪念展”“走近镇江名人”“赛珍珠的东亚文化之旅”“三吕故居图片展”等流动展览，进入社区、军营、学校等企事业单位巡展；连续十年举办“梦溪讲坛”“珍珠情”“镇江名人故居徒步大会”“‘沈括杯’少儿故事大赛”等系列社教活动。近年来，观展、参加活动人数累计逾 10 万人次。

（七）钻研学术

镇江市名人故居高度重视学术研究等业务工作，在课题申报、学术成果出版、论文发表等方面取得了优异成绩。编辑出版《镇江名人故居撷珍》《冷遹画传》《赵伯先年谱》和赛珍珠系列读物等 20 余种，完成省市课题结项 10 项，在省级以上刊物发表学术论文 20 余篇。

（八）整合资源

2018 年 2 月，镇江博物馆牵头成立了由七家名人故居（纪念馆）组成的省内首家名人故居（纪念馆）联盟，迈出镇江市名人故居合作发展、共同进步的坚实步伐，在一定程度上解决了镇江市名人故居因力量分散、格局狭小等造成的故居整体发展受限的难题。

四、镇江市名人故居工作的未来设想

（一）制定专项保护法规

抓紧制定关于名人故居保护的专门性法规，其名称拟定为《镇江市名人故居保护条例》，从而为名人故居的保护利用工作提供法律依据。

其内容应包括：名人故居的认定标准；名人故居的保护原则、保护政策、保护标准、保护内容、保护职责和管理办法等；名人故居的住户搬迁安置政策。专项法规的早日出台，将使各级文物部门在开展相关工作时做到有法可依、有据可查。

（二）整体保护，维持原貌

保护名人故居，尤其是一些重要的名人故居，应尽可能坚持建筑遗产保护的整体性原则，不仅仅要保护建筑单体本身，还要保护名人故居周围一定范围内的背景环境。名人故居建筑遗产的珍贵价值，不仅仅是其建筑单体符号性的外在表现，更是其积聚的历史沉淀，而这种历史沉淀通常还要通过遗产周围的环境才能完整体现出来。名人故居作为一种文化载体，它的文化内涵原本就不仅仅体现为那一方围墙之内的建筑单体。围墙之外的环境因素，是让人们真切感受故居散发的历史人文信息所不可缺少的。因此，在对名人故居进行保护时，要重视保护故居周边环境的原始风貌。如果整体保护确实存在困难，至少应建立周边环境的缓冲地带，来保护故居的整体价值。

（三）政府为主，加大投入

名人故居保护属于公共事务，主要职责在地方政府。因此，名人故居的保护主要需依靠当地政府加大投入，确保资金到位。财政应逐年加大对文物保护专项资金的投入，专门用于本地区的名人故居保护。此外，还应进一步拓宽名人故居保护资金的渠道，如牵头建立名人故居保护维修基金，鼓励和吸引名人后代及社会力量参与名人故居的保护、利用和开发。还可以通过市场运作，以“谁使用、谁维修、谁受益”的原则，鼓励名人故居的使用单位及个人参与名人故居保护修缮工作。

（四）队伍建设，提升实力

新时代的名人故居事业对从业人员的专业水平和综合素质提出更高的要求，建设一支业务精湛、善于钻研的名人故居专业人才队伍已是迫在眉睫。管理、布展、宣教等方面的人才是故居开展业务工作、发挥社会效益的重要支撑力量。在条件成熟的情况下，还应争取建立“镇江市名人故居研究中心”，大力开展学术研究，并给予研究人员必要的政策、资金保障，充分发挥他们的聪明才智，使其在搜集整理文献资料、深入挖掘故居文化内涵等方面取得新的突破。如此，名人故居事业才能更好提升自身的综合实力，迸发蓬勃强劲的发展活力。

名人故居是历史记忆的见证，是城市文脉的写照。在习近平新时代中国特色社会主义思想的指导下，守护好名人故居的本体建筑，展示好名人故居的特色风貌，传承好历史名人的精神风范，弘扬好历史名人的光辉业绩，是我们义不容辞的使命和担当。这不仅是名人故居事业实现可持续性发展的基本保证，更是名人故居赋能城市发展、共享美好生活的强劲动力。

（陆为中，镇江博物馆副研究馆员）

空间与展陈

论口述史在人物类纪念馆展陈中的运用

钱　聪

口述历史由来已久，早在三千年前的周代就设有专门记载君王言行的史官，西汉司马迁撰写《史记》也曾请年长者专门为其讲述所见所闻。当代学者李向平、魏扬波在《口述史研究方法》中将口述历史定义为一个人的生平阅历、历史经验和感情世界的记录，同时也是一个时代的历史事件的生动记录。由此可看出，口述历史是指口头的、有声音的历史，是对人们的特殊回忆和生活经历的一种记录。人物类纪念馆作为展示缅怀相关人物的纪念场馆，不断将口述史料应用于相关展览展陈中，具有特殊的意义和作用。

一、人物类纪念馆离不开口述史

（一）口述史是人物类纪念馆展陈内容的有效扩展

近年来，随着经济、文化的蓬勃发展，中国博物馆事业取得长足进步。博物馆不仅作为地区文化发展程度、城市经济文化发展的重要指标，而且作为文化艺术的展示窗口，越来越受到人们的关注。而隶属于博物馆体系的人物类纪念馆，是纪念著名或重要历史人物的专题性博物馆。相较于一般博物馆，纪念馆具有鲜明的个性。它的主要内容是展览纪念人物的生平、思想、事迹、价值、著述等，即主体是人物。也正因如此，口述历史在人物类纪念馆中得到运用和开展具有了极大的可能。

口述资料作为主要根据历史活动的当事人亲身经历或见闻而记录的材料，以口传史料、回忆录、调查、访谈等形式呈现。在对展陈内容的补充方面，其一方面可以丰富陈展说明，进一步提升对展品本身的解读。对于人物类纪念馆而言，好的展览依旧需要将目光或研究精力重点放在提升展示内容，而不单是依靠炫彩多样的展示技术。口述历史的恰当运用，有助于充分展现生命个体在历史事件中的角色、命运及其感悟，从而提升展览的生动性、感染力和说服力。[1]另一方面，可以从社会历史情境的角度补充展陈内容。口述史资料记述的通常是口述者亲历或者保存的有关资料，经过场馆专业人士考证之后，这些成果能更直观地展现展品背后的故事和时代背景，与陈展内容互为补充，互为佐证。以5·12汶川特大地震纪念馆内的专题生命奇迹部分为例，该部分着重展示了10位被埋超过100小时被救出的幸存者照片。展陈设计时，为了丰富陈展内容，将口述史成果制作成二维码，融入展览之中。观众通过扫描二维码，可以详细了解被救助者心路历程及背后感人故事。

（二）口述史是人物类纪念馆展陈设计的有效支撑

展陈设计是依靠形象思维，将文字形式的陈列展览脚本转变为形象具体的工作方案，把分散孤立的展品按陈列内容的结构要求，加以提升和美化的过程。就人物类纪念馆而言，将口述史料运用于展陈设计中，一方面，口述史借助影音等设备，可以丰富展览形式。在传统纪念馆展览中，运用得最为广泛的口述历史载体就是影视资料，如常见的人物访谈或反映该历史人物和历史事件的影视剧、纪录片等。为了更好地诠释展览理念、人物生平业绩细节和精神内涵，这些口述史大多采用电视、电子屏等设备播放相关访谈和影视作品片段，以作为展览的辅助展示设施。如2017年中国国家博物馆开展的“陈家泠艺术大展”，在展示陈家泠各类艺术作品的同时，相关内容板块还配置了对主题作家的访谈及其自述电视片，以便深化对其艺术认识和创作过程的了解，强化展品阐述。另一方面，口述史使得人物类纪念馆展览中的场景复原更加客观、

［1］ 侯春燕：《口述历史在博物馆展览中的角色强化》，《博物院》2018年第4期。

真实。在人物类纪念馆的布展中，为了让观众更身临其境地感受事物以及事情的来龙去脉，场景复原是展陈设计中经常采用的重要手段，因出色的展陈效果而被广泛运用。如何客观、真实、生动复原藏品背景，除了依赖历史照片外，更多的是根据史料记载、口述内容进行勾勒，以还原历史形态。以天津周恩来邓颖超纪念馆为例，场馆在西花厅辅助陈列厅复原陈列的布展过程中，将若干当年周总理身边的工作人员请到西花厅，现场讲述每件家具及日用品的摆放位置、使用情况、背后故事，纪念馆再将这些讲述进行录音，系统地整理成文字，从而作为整个展陈布置有效支撑和重要参考。

(三) 口述史是人物类纪念馆展陈藏品的有效补充

文物藏品作为人物类纪念馆陈展的重要资料，是展览设计的物质基础。就人物类纪念馆陈展而言，口述史料的第一个重要作用就是促进展陈相关藏品的征集。文物藏品作为人物类纪念馆的重要红色文化资源，是展陈的基础和保障。其一，口述史的采访对象大多是与展馆主题人物有深入接触的人，众多受访者至今仍旧保留着当年的重要文物，或者知晓相关重要文物的去向和下落，能为藏品征集提供重要线索。其二，口述史可以弥补陈展中档案文献的缺失，丰富历史人物的精神内涵。在人物类纪念馆的展陈中，对历史当事人或者知情人进行口述史采访，可以获取他们亲历的生活事件或重大历史事件的相关历史资料，从而填补相关展览内容的空白，同时还可以更加深入阐释主题人物的精神内涵。其三，口述史可以印证展览设计中的文物史料和实物资料。以黄埔军校文物“中正剑”的认识为例，由于受到资料限制，“中正剑”的样式既没有文字记录，也没有历史照片。为了明确“中正剑”具体样式，当时场馆通过采访近50位黄埔军校学生，证实了文物具体细节，以此印证藏品真伪。

二、人物类纪念馆展览中口述史料征集的方法和途径

有些人物类纪念馆是国家的红色基因库，承担着红色文化的传承和弘扬的重任。而口述历史作为一项“抢救性”工程，具有时间性强的重

要特征。口述史料往往是通过对当事人或相关人物的采访而获得，随着时间的推移，很多相关人物已步入老年，甚至不少人身体欠佳。这些“在现场的亲历者”一旦失去“口述能力”，则往往与相关口述史失之交臂。因此，在人物类纪念馆中开展口述史征集工作，需要讲究一定的方式方法。

（一）搜集相关资料，确定采访对象

访谈是口述资料收集的主要方式。研究者首先必须熟悉受访者的语言及文化，尽可能充分地掌握与采访计划、口述者经历相关的专业知识和背景情况，或至少应具备与此相关的主要知识，包括重要的专业词汇、相关人物、事件及活动情况等。做好案头工作，以保证访谈工作的科学性。除此之外，确定选题后，访谈者还要了解受访者的出身、生活背景与经历等，对于受访者重要时间节点的重要人生经历做到尽可能掌握，并在此基础上制定一对一的访谈提纲。以 5・12 汶川特大地震纪念馆为例，汶川地震后，成都、绵阳、广元、青川、北川、汶川、都江堰、绵竹等地，或由宣传部门组织，或由当地政协文史委牵头，以表彰宣传抗震救灾先进人物为契机，开展大规模的口述采访和资料搜集工作，形成口述史料。5・12 汶川特大地震纪念馆结合馆藏现有的文献、图片资料等，从地区、集体、个人三个方面进行梳理，形成涵盖 12 个地区、包括 91 个代表集体人物的采访对象清单。

（二）罗列采访提纲，做好访前沟通交流

访谈者确定口述访谈对象后，需以电话、信函、邮件、微信等方式进行初步联络，必要时进行面谈交流，使口述者了解项目主旨和计划，以便双方建立信任，达成共同完成项目的合作意向，也使访谈者进一步了解口述者的文化层次以及相关个人背景。如孔繁森同志纪念馆在对主题人物进行口述史资料搜集时发现，臧秀启老人是孔繁森在原济南军区的老战友。经过多方打听、沟通，纪念馆终于在 2014 年 7 月于江苏省新沂市草桥镇联系到臧秀启。而且通过事前的沟通交流，不仅访谈很成功，还征集到孔繁森在部队使用过的臧秀启老人带回地方继续为群众义务理发的一套工具。

（三）规范访谈过程，确保采集内容的真实完整

访谈法是口述史开展过程中使用的基本方法，是运用口语叙述的形式，针对特别对象收集与研究相关的资料，以便对研究的现象有一个比较全面的了解。在访谈过程中，要营造一种自然的情境，让受访者能够针对相关专题，充分表达自己的看法、意见和感受。如果被采访人的语言表达能力较强，采访人在提出问题后，尽量不要打断被采访人，仔细倾听并对讲述过程中产生的新情况、新线索进行记录。如果被采访人情绪比较紧张，表达能力比较弱，采访人则需加强互动交流，先找一些轻松的话题，使被采访人思想上逐渐放松，然后再引入正题。

（四）注重资料整合，积极分类归档

访谈资料的初步整理，主要是针对实地研究获得的所有资料。访谈记录的形式主要包括影音记录和文字记录。对于影音尤其是录音记录，应该逐字逐句地整理成文字，不可概括或归纳，也不可用自己的语言表达，而要保持访谈的“原始性”。就人物类纪念馆而言，访谈录音、录像编辑成文字的过程大致分为两个阶段。第一个阶段，访谈初稿的形成，即依据访谈记录、录音、录像等资料将访谈内容转化为电子文稿。稿件应当以叙述者的口述原话为准，包括叙述者的方言、口语以及习惯语气词等在内的全部内容。其中，口语中的语病、口误和一些存在疑问的表述也应予以保留。总而言之，要尽可能展现访谈的“原生态”。第二阶段则是要对初稿进行必要的校对、甄别，对“原生态”内容进行解释说明即补充注释性文字。这种注释有利于保留口述史原文的原貌，同时要使读者能够领会访谈者的本意。其中，对于口述史的内容、重要事件、重要人物予以特殊介绍的，可用公开的文字史料佐证支持。

（五）深入研究成果，推动口述史运用转化

口述历史是采访者与历史工作者合作的产物，利用人类特有的语言，利用科技设备，双方合作谈话的录音都是口述史料，将录音整理成文字稿，再经研究加工，可以写成各种口述历史专著。[1]具体来说，首

---

［1］丁庄宜：《老北京人的口述史》，中国社科院出版社2009年版，第8页。

先要判定采访对象口述内容的真实性。有些口述者带有明显的主观色彩，或对历史记忆模糊。因此，整理者需要对其表述的内容进行重新核实。如人名、地名、年代或事件方面遇到疑问，需要进行仔细的查证补充，以此去伪存真，避免因主观偏差而使口述历史失真。对口述的失真、偏差处，对照文献档案，在征求口述者意见后作出改动或适当的校正性注释，并呈现在研究成果中。孔繁森同志纪念馆通过“口述孔繁森”项目的实施，从一个新的角度采集到了大量孔繁森同志生前好友、同事和事件亲历者的口述音像资料，在采访过程中还征集到重要藏品。所形成的相关成果，也成为推动孔繁森精神宣传的最好佐证。周恩来邓颖超纪念馆将场馆所作口述史料形成文字，经被采访人同意后，在刊物上发表。这些作品曾被周总理的专机机长徐柏龄阅读并主动向相关刊物投稿。在此基础上，场馆在 2015 年成功对徐柏龄进行口述历史专访，形成近两万字的采访成果。

三、口述史在人物类纪念馆展览中的运用

口述史是人物类纪念馆需要吸纳的可用资源，而人物类纪念馆对口述史的发展也有促进作用。在纪念馆的展览中，展览是纪念馆将信息传递给观众的桥梁，通过展示或陈列材料以便与观众进行沟通交流。如何深入挖掘人物背后的故事和精神价值，丰富展览内容，提升叙事视角，增强可参与度，以陈云纪念馆为例，可从以下几个方面入手：

（一）丰富展出藏品，拓展展览内容

口述史可以为纪念馆现有藏品提供补充性的信息，甚至直接成为纪念馆的藏品。就我国人物类纪念馆而言，捐赠和移交可以说是纪念馆文物藏品的主要来源。由于人物类纪念馆性质和价值的特殊性，其所珍藏的革命文物往往是重要人物、重要事件、重要活动的见证物。其价值不在于它的材质、用途等属性，而主要体现在它同一定时代、一定事件和一定历史人物相联系上。即革命文物在社会发展中所发挥作用的大小、在推动社会发展历史链条中地位的重要程度，决定了革命文物的价值，也影响着它在展览中的陈展形式和价值。以陈云纪念馆在陈云诞辰

110 周年改陈时所陈列的军用证明书来讲，由于当时苏联红军是实行军衔制的，为便于同苏联红军打交道，临行前，以中央军委主席毛泽东的名义，朱德总司令授予陈云为国民革命军第十八集团军少将政治委员。这件军用证明书正是用中俄两国文字书写的。而这份军用证明书的发现，就得益于陈云身边人的讲述。也正是这份军用证明书的发现，揭开了陈云奔赴东北时的身份之谜，丰富了这一时期的展览。

（二）还原历史场景，提升展览叙事视角

人物类纪念馆将特定历史时期、具有特殊意义的场景或事件，进行场景复原，通过全方位的立体展现，可以快速拉近受众，增强沉浸式体验。作为纪念馆展陈的重要手段之一，场景复原被广泛应用于纪念馆。事实上，场景复原的过程也是一个需要缜密思考的创造性的过程，它需要呈现一个故事，需要具有视觉冲击力、能够深深打动观众。口述记录的不断丰富和补充，为展览的场景复原提供了更有力的支撑。口述历史的重要功能在于印证文字史料与实物资料，通过采访相关人员，陈述历史经历，回忆革命旧地，缅怀人物精神。因此，将口述史运用到纪念馆展览的场景复原中，可以有效提升场景的真实性、故事性，增加展览叙事视角。以陈云纪念馆在文物馆中所还原的三间中南海房间为例，为了充分展现陈云居住、生活的场景，在 2015 年的改陈中，纪念馆还原了陈云在中南海 201 的卧室、书房、会客厅三间房间的一角。1979 年 6 月，中央有关部门决定让陈云从长期居住的北长街住所搬至中南海 201，他在这里生活了 15 年，这里也留下了他生命之路的最后痕迹。2007 年时，经中共中央批准，纪念馆将陈云在中南海的所有物品全部搬运回来。2015 年时，根据其身边人员回忆及历史照片记录，在新设展览中复原了这三个房间的一角。房间中陈列的相关物品也具有很强的故事性。如办公桌上摆放的电话机、餐桌等等，既增强了场景复原的真实性，又赋予展览更多故事，增加叙事视角。

（三）增进观众体验，增强展览可参与性

在具体实践中，口述史往往能够提供生动详细的描述，对人物生平经历的重要情节、细节具有更详细的补充，而这也是档案文献或历史图片所欠缺的。具体来说，也即口述史在展览中的功能之一还在于向观众还原一个有温度、有情感的故事，将故事与藏品紧密结合，“跨越展览与现实之间的鸿沟”[1]，使展览中的“过去时”与观众的“现在时”产生关联。因此，在具体的展览实践中，口述史料不管是直接还是间接地体现在展览中，都需要紧密结合空间设计以及展品形态，通过场景复原、视频影音等，给观众一种沉浸式的交互体验。如陈云纪念馆生平业绩展览中，讲述陈云同志在江西岁月时期的相关历史，除了“蹲点”所在地区江西化工石油机械厂以及工厂学习小组等历史图片外，重点是如何更生动展示该段历史的相关细节。为此，展览就借用了当时重要的相关人物马骏的采访作为补充，展示该段历史，使得观众在参观时，能够从更多角度出发，对人物本身有更深刻的认识和理解。

总之，红色资源作为我们党艰辛而辉煌奋斗历程的见证，是宝贵的精神财富。将其发扬光大也是人物类纪念馆肩负的一项历史重任。而口述史学作为发掘和利用纪念馆红色文化资源的重要方法和途径，拓展了人物类纪念馆展览宣传的广度和深度，使人物形象更加丰满、立体，深化观众对于展览本身的认知，激发他们内心深处的情感共鸣，从而更好地诠释和弘扬人物精神。

（钱聪，陈云纪念馆副研究馆员）

---

[1] [美] 唐纳德·里奇：《大家来做口述历史》，王芝芝、姚力译，当代中国出版社2006年版，第246页。

多元化的近现代名人纪念馆陈列展览刍议

——以内江市张大千纪念馆为例

管小平

本文以内江市张大千纪念馆（张大千故居、张大千博物馆）陈展实践为例，结合国内近现代名人纪念馆陈展经验，从复原陈列——发挥名人故居特有的文化教育功能、内容延伸——做好故居和纪念馆的陈展定位、主题拓展——多元化的纪念馆陈展要避免重复、横向比较——同主题的异地纪念馆陈展要特色鲜明四个方面论述多元化的近现代名人纪念馆的陈列展览工作。

近现代名人纪念馆是继承和发扬中华优秀传统文化、开展革命传统教育和爱国主义教育最直接最有效的文化资源之一。纵观国内近现代名人纪念馆建设模式，主要有依托名人故居设立纪念馆或单独新建纪念馆的单一型模式，围绕故居新建纪念馆的二元性模式，以及在原有名人故居、纪念馆的基础上拓展建设第三处及以上纪念性场馆或围绕同一个近现代名人在全国各地建设同主题异地纪念馆的多元化模式。近年来，随着对近现代名人文化资源发掘研究的不断深入以及现代陈展手段的不断丰富，国内近现代名人纪念馆的陈展也日新月异，日益成为讲好新时代中国故事的重要阵地、提高国民素质和社会文明程度、推动经济社会发展的重要文化力量。

陈列展览是办好近现代名人纪念馆的关键要素，陈展不仅要满足观众的文化需求，更要通过陈展内容完成传承民族文化、弘扬民族精神、实施社会教育的使命。当前，国内近现代名人纪念馆的陈展，有着诸多的优点，但也存在着不足。如尚有相当一部分的名人故居保护不善或处于闲置状态，故居陈展主题不明确或展示内容过于简单，忽略故居的文化特性而变成图文类的生平事迹陈列，甚至变换角色使其成为当地革命史陈列或民俗文化展场，故居与纪念馆陈展定位不明确，纪念馆与其他新建场馆的陈展内容重复、雷同等。

“纪念馆基本陈列是围绕一个时期、一个人物或一个事件来反映某一个主题，在陈列上要注重重点与非重点的区分，各个环节要协调，张弛有度。”[1] 近现代名人纪念馆陈展应注重挖掘本馆的陈列特色，尽快明确各场馆的陈展主题定位、注重把握陈展体例和结构衔接、严格筛选陈展内容和展示元素，通过科学合理、引人入胜的精品陈列，促进纪念馆真正成为滋养精神、启迪心灵的场所。

一、复原陈列——发挥名人故居特有的文化教育功能

名人故居是指“名人出生或较长时间居住生活过的住宅建筑，是名人在此成长和生活的见证，是保存和传承名人信息的场所”。[2]故居只有一处，而旧居是除故居以外的住所（寓所），故而可以是多处。近现代名人故居，是近代以来具有一定影响力的历史文化名人出生并和父母或长辈曾经居住的地方，具有重要的文化价值、情感教育价值、历史史料价值、建筑艺术价值。[3]

“故居的复原陈列是其所在博物馆陈列设计的重点，是该文物保护单位向世人诉说历史的重要媒介，是其所在博物馆有效进行爱国主义思想宣传教育的重要手段之一，是体现文物保护单位价值的关键。”[4] 当

[1] 朱薇：《纪念馆陈展探析》，《中国纪念馆研究》2016 年第 2 期。

[2] 秦红岭：《论名人故居的人文价值与保护原则——以北京名人故居为例》，《华中建筑》2011 年第 7 期。

[3] 吴兴兰：《依托纪念馆保护和开发名人故居的原则与策略——以蒲松龄故居纪念馆为例》，《中国博物馆》2012 年第 4 期。

[4] 罗超群：《浅谈故居类文物保护单位的复原陈列——以刘少奇同志故居为例》，《博物馆学文集》，2016 年印，第 36 页。

前，国内经文物部门设立备案的国有近现代名人故居（旧居）类纪念馆共计 185 家，公布为文物保护单位的多达 183 处，其中，全国重点文物保护单位 67 处、省级文物保护单位 92 处、市级文物保护单位 9 处、县级文物保护单位 15 处。此外，名人故居还是一个城市独特的文化底蕴和人文积淀的重要载体，在传承民族文化、弘扬民族精神方面发挥着不可替代的作用。《保护文物建筑及历史地段的国际宪章》（《威尼斯宪章》）第五项指出："为社会公益而使用文物建筑，有利于它的保护。但使用时决不可以变动它的平面布局或装饰。只有在这个限度内，才可以考虑和同意由于功能的改变所要求的修正。"[1] 这种特定的文物属性和固有的文化特性，决定了近现代名人故居陈列展览的独特性，即不改变故居原有文化和建筑原貌，最大程度保存其历史信息、真实地反映名人生活居住环境。在陈列展示时无法利用现代陈展手段施工的，应以明确的主题思想和展览框架，通过实物陈列还原历史风貌和生活环境，弘扬和传承优秀文化，以期达到以文化人的目的。

故居的复原陈列，是观众了解历史名人最直接最有效的方式之一。它是众多参观者了解历史名人的重要窗口，也是最直接的窗口。为了给观众最真实的感受，让观众有所收获，复原陈列显得尤为重要。复原陈列所展示的是历史名人的成长环境，是历史名人所处的历史时期社会生活的某些侧面，能够揭示当时社会生活本质的某些方面及发展的必然规律。它虽然反映的只能是历史的某些侧面，但它可以真实地再现社会生活的情景，它的再现是直接的，它直接诉诸人的视觉，给人以感性的认识，有助于人们对特定历史时期和社会生活环境的了解。[2]

张大千原有故居在 20 世纪 90 年代拆除，现有故居为四合院式的川南民居建筑，系严格按照故居原有建筑结构和形态恢复重建，建筑面积 170 平方米，分布着 11 间房间。由于张大千在 1917 年（18 岁）外出求

---

[1] 陈志华：《保护文物建筑及历史地段的国际宪章》，《世界建筑》1986 年第 3 期。

[2] 罗超群：《浅谈故居类文物保护单位的复原陈列——以刘少奇同志故居为例》，《博物馆学文集》，2016 年印，第 36 页。

学后便很少回家居住，因此故居被界定为张大千出生和童年生活、国学启蒙的场所，陈展定位为“张大千的童年印迹”，各房间除了一般的木床、书柜、桌椅等实物陈列外，重点展示张家在 20 世纪初期一般市井人家的生活状态和家庭成员职业特点，复原陈列展示张大千及其家人早期生活环境。

堂屋按照川南民俗文化，通过张家列祖牌位、条案供桌、木椅方几等清末民国老物件、中堂挂历等书画作品、花瓶茶碗等生活用具等实物陈列，重点展示张家书香门第特色和重视子女教育的优良传统；父母房间重点展示张大千母亲曾友贞所画的《耄耋图》、针线盒、绣花物品等实物，旨在体现其父母朴素而文雅的生活面貌，烘托张大千书画艺术启蒙教育环境；二哥张善孖居室则通过革命进步书籍、报刊以及老虎题材的书画作品等实物重点展示张善孖作为民主革命人士和从事书画抗战事业的职业特点，并通过张善孖和张大千共同创作的书画作品照片，侧面展示张善孖对张大千的书画艺术教导；三哥张丽诚居室结合其商人特色，通过陈列杆秤、算盘、天平、账簿、布料绸缎、轮船模型、民国地图等实物，突出展示其曾经为张家提供重要经济支撑，并通过两兄弟的合影照片侧面展示张丽诚在经济上对张大千艺术创作的支持；四哥张文修居室通过人体经脉图、穴位图、医药学著作、中草药标本、医学处方签、煮药罐、把脉腕垫、听诊器、国学书籍等实物陈列，突出展示其从医经历，并通过张文修做私塾先生的照片侧面展示其对张大千的国学启蒙教育。张大千居室除了利用笔墨纸砚、书画作品、国学著作等烘托其国画大师的艺术特点外，还在醒目位置放置多个清末民国时期的手提箱，折射张大千四处游历、漂泊不定的人生经历，并在其木床内投影播放专题影像，展示与其相关的“黑猿转世”的传奇故事。

此外，还根据原张大千故居的周边环境，在故居右侧栽种了一片芭蕉树，旁边复原一处“芭蕉井”；结合川南民居特色复原陈列了一间厨房和一个工具间。厨房除了展示基本设施和餐具外，还陈设了一桌特色川菜样品，侧面展示张大千爱好川菜的生活习惯；工具间陈列了小型木质水车、风箱、石碾、耕田犁具等生活生产实物，展示张家农耕文化面貌。在展览结尾时还设置一处系统介绍张大千及其家庭情况的多媒体影像，旨在让观者休息时进一步加深对张大千童年生活环境及其家庭成员的印象。

张大千故居的陈展在恢复陈列张大千早期生活环境、展示其家庭成员的生活工作经历的同时，重点展示了一代国画大师的成长过程离不开父母兄弟的帮助与支持，旨在启迪观众孝敬父母长辈、团结兄弟姐妹、继承中华优秀传统文化。

二、内容延伸——做好故居和纪念馆的陈展定位

二元性纪念馆的陈展定位要相得益彰、相辅相成，既要相互区别又要互为联系，既不可重复雷同也不宜风格迥异，要让纪念馆成为故居陈列的完美补充。故居和纪念馆为纪念同一个名人而存在，所以在陈展结构上应是一个有机整体。如前所述，故居特定的文物属性和固有的文化特性，致使其在陈展上存在一定短板，因为在其空间上已然决定了它不可能全面展示近现代名人的方方面面，这些综合性的展示内容只能在纪念馆实现。纪念馆作为现代建筑，对陈展理念的实现和施工手段提供了很大便利，既可以有效扩充陈列展示内容，还可以充分利用场景复原、现代文物展柜、形式多样的图文展板、多媒体及声光电等手段进行陈展制作，必要时还可结合陈展需要对其建筑进行局部改造，不论是对文物的保护、展览氛围的营造，还是相关专题展览的开拓均可成为现实。

纵观国内近现代名人故居和纪念馆的陈展工作，大部分遵循故居为原状陈列（或恢复原貌陈列）、纪念馆为名人生平事迹陈列的原则，只有少数故居和纪念馆同时陈列有名人生平事迹展，这就难免在陈列展示内容上出现重复和雷同，并且在陈展空间资源上也存在浪费的情况。为充分利用展陈空间，有效分配展示内容，张大千纪念馆统筹张大千故居、张大千美术馆（书画院）及张大千博物馆资源，结合各场馆自身功能定位，对陈展定位进行了科学规划。

张大千纪念馆建于 1992 年，为二进式四合院落布局，建筑面积 500 平方米。陈展总体以“纪念”为主题，定位为“张大千的家国情

怀”。展览以人杰地灵的大千故里为开篇，通过对内江历代主要文化名人、近代内江书画艺术行业和代表性书画名家名作的展示，说明正是在内江这方文化热土上孕育了一代国画大师；通过家学渊源、求学生涯、拜师曾李等环节展示张大千早期求学经历；通过抗战时期的民族气节、临摹和弘扬敦煌艺术、向国家捐赠珍贵文物、改良夹江造纸工艺等内容展示张大千美术抗战、保护国粹的高贵品质；结合张大千在海外的人生轨迹展示张大千长期羁旅海外、传扬中华优秀传统文化、创造世人瞩目的艺术成就等人文经历；通过支持家乡发展建设、归居祖国宝岛台湾、培养书画人才等板块展示张大千情系家国的心路历程。整个展览通过大量实物陈列，辅之以图版和场景，以人文生平为主线、书画艺术为辅线，相对完整、全面地展示张大千的从艺经历和对家乡、祖国的深厚情怀。此外，该展览还充分利用张大千纪念馆公众号并通过二维码的形式延伸展示了张大千的书画艺术，有效避免与张大千博物馆在陈展内容上的重复和冲突，并确保观众通过该展览能够全面了解张大千的人文生平和艺术经历。

三、主题拓展——多元化的纪念馆陈展要避免重复

多元化的近现代名人纪念馆陈展是在原有名人故居、新建纪念馆陈展基础上的有效拓展，其陈展定位要更加突出主题，处理好多个场馆间的陈展关系，以确保与故居和纪念馆在陈展内容上的区别性及陈展结构上的统一性。此类场馆的陈展工作在国内已有成熟的例子。如邓小平故居陈列馆新建的邓小平缅怀馆，其陈展以“回家”为设计理念，以亲切自然、温馨情感作为主要基调，以“小平，您好”为展览主题，意在突出作为普通人的一面的邓小平，表达“人民领袖人民爱”的主旨。整个展览是在邓小平故居陈列馆基本陈列“我是中国人民的儿子”（展现邓小平同志为中国革命、国家建设不懈奋斗的光辉一生）的基础上，通过大量邓小平同志与家人的日常照片，以及邓小平同志相关文物、资料，将其朴实的日常生活和对家庭、亲情的重视，真实地反映了出来，让观众更加了解小平同志的生活、小平同志的情感、小平同志的世界。该展

览既是对邓小平人格魅力的一个展现，也是对邓小平故居陈列馆的延续和补充，确保了多场馆的纪念馆陈展定位的相互联系性和相互独立性。

张大千博物馆是近年新建的博物馆，也是张大千纪念馆的拓展延伸场馆。博物馆建筑面积 1 800 平方米，基本陈列定位为“张大千的艺术人生”，通过“南张北溥”“面壁敦煌”“东张西毕”“艺坛宗师”“大千世界”五个单位，以张大千艺术分期为主线，以书画作品、绘画理论、名家评价、艺术交往等内容，以及对其代表性作品场景式的重点展示，全面诠释张大千的艺术特色和艺术成就。为客观真实地展示张大千的艺术水平，该展览从序言、单元说明到结束语均采用张大千同时代的书画大家、当代书画名家以及张大千自己的语言来阐述。结合建筑形式和展览结构，将博物馆多功能学术报告厅与展览相结合，通过全景式呈现的巨幅 LED 屏播放国内外主要媒体摄制的关于张大千艺术的影像视频，进一步加深观众对张大千艺术成就和艺术理念的理解。

为有效利用与张大千纪念馆、故居、博物馆处于同一园区的张大千美术馆（张大千书画院）的资源，经统筹规划，将美术馆（书画院）的功能定位为书画创作、人才培养和举办临时展览，有效拓展了张大千纪念馆、博物馆的展览交流功能。

四、横向比较——同主题的异地纪念馆陈展要特色鲜明

近现代有些名人因为革命斗争、国家建设或工作需要等，长期旅居异地，在全国各地留下了众多名人旧居，并以此形成众多的同主题异地纪念馆。这类纪念馆的建设从多方面充实了近现代名人的文化内涵，为增强名人纪念馆的社会教育功能提供了条件。但是同主题的异地纪念馆陈展内容雷同的问题怎么避免？展示手段相似的问题怎么杜绝？如果每个纪念馆都是展示名人生平事迹陈列，难免会流于平庸、循规蹈矩。国内四处老舍故居纪念馆是值得借鉴的例子。

北京老舍纪念馆依托其丰富的馆藏资源，利用老舍文化元素设计装饰具有重要意义的实物、设置具有老北京特色的文物展柜，并利用多媒体互动项目充实深化展览内容，展品丰富翔实，展览品质得到有效提

升。青岛是老舍《骆驼祥子》的诞生地，青岛老舍纪念馆的陈展以《骆驼祥子》的创作环境、创作过程、影响力和传播面为主线，重点展示了《骆驼祥子》的40多个中外文版本及其手稿复印件，因此老舍故居纪念馆又名为“骆驼祥子博物馆”。重庆老舍故居纪念馆原为林语堂先生所建，后成为“抗敌文协”成员的一个办公地。老舍先生于1943年至1946年期间在此居住，是老舍最具代表性的抗战文学作品《四世同堂》的孵化地，因此抗战文学成为该馆的陈列主题，展览深度剖析了《四世同堂》的创作历程与艺术特色，使观众对老舍先生的抗战岁月和爱国之心有了更为深刻的认识。济南老舍纪念馆是老舍先生在齐鲁大学任教时的居所。展览简要概括了老舍的生平，重点展示老舍在济南的足迹和老舍笔下的济南，并利用老舍说相声、老舍练武术等内容呈现老舍思想的发展变化，展现人物社会关系，凸显地方特色。[1]

“纪念馆在陈列策展时应注重对本馆纪念特色的探寻，注重陈列个性的选择。研究陈列的个性，不仅要研究展览的地域和时空特点，还要认真研究展览的内容特点，把握其内涵和本质。”[2] 异地多馆的近现代名人纪念馆陈展要总体淡化名人生平事迹内容，做好异地场馆的横向比较研究，深入挖掘名人与当地的文化内涵，客观梳理资源优势，科学规划陈展定位，精心选择独具特色的展品展项，精确提炼陈列展览主题，设计制作特色鲜明的陈列展览。

新时代下，保护好、利用好近现代名人文化资源，挖掘和传播近现代名人文化精髓和时代价值，做好多元化的近现代名人纪念馆陈展工作，才能更好地构筑中国精神、中国价值、中国力量。

（管小平，内江市张大千纪念馆副研究馆员）

---

［1］ 孟梅：《同一名人纪念馆陈列展示的横向比较——以四地老舍故居纪念馆为例》，《中国博物馆协会名人故居专业委员会2018年年会暨学术研讨会论文集》，2018年印，第213页。

［2］ 朱薇：《纪念馆陈展探析》，《中国纪念馆研究》2016年第2期，第86页。

中小型博物馆如何办好原创展览

——以东莞市袁崇焕纪念园为例

刘建辉

中小型博物馆是我国博物馆体系的重要组成部分。至 2022 年年底，全国博物馆总数为 6 565 家，其中 4 343 家为中小型博物馆，占 66.2%。中小型地方博物馆已成为我国博物馆事业的基础。中小型博物馆不仅数量众多，在公共文化服务方面也发挥了重要作用。中小型博物馆是否充满活力，能否提供高质量的文化产品，直接关系到其能否承担基本的文化权益保障功能，直接关系到博物馆领域能否满足人民日益增长的精神文化需求，所以中小博物馆是我国博物馆事业非常重要的一部分。

陈列展览是博物馆的核心产品，是博物馆发挥公共文化服务功能的重要媒介，也是博物馆展示自身形象，发挥影响力的关键。然而，中小型博物馆相较于大型博物馆所拥有丰厚的馆藏资源、充足的资金保障、专业的研究力量以及极强的影响力，普遍存在馆舍特别是展厅面积偏小、资金投入不足、馆藏数量匮乏、专业人才缺乏等问题。而这些问题，恰是博物馆办好原创展览必不可少的因素。如何解决这些困难？办好原创展览，充分发挥自身能动性，积极整合各类资源是有效手段。下面以东莞市袁崇焕纪念园为例，论述中小型博物馆如何在有限的条件下通过资源整合办好原创展览。

东莞市袁崇焕纪念园作为 2010 年成立的市属专题性纪念馆，归东莞市文化广电旅游体育局管理，现有在编人员 11 人，聘员 6 人，临聘

11 人，其中专业工作人员仅 3 人，馆藏文物匮乏，现有各类藏品 3 371 件，其中文物藏品不到 600 件，均为建馆之后通过征集或社会捐赠所得。可以说，无论是在规模还是人员配置上，在国内只能算是小型博物馆。但是，近三年来东莞市袁崇焕纪念园克服困难，先后制作了原创展览“清风之德——东莞廉文化展”和“《肤公雅奏图诗画卷》解构展”，另外每年还举办各类临时展览十余个。2023 年策划筹备原创的“转变与创新——明末清初青花瓷器精品展”，受到社会各界的关注。下面就纪念园策划制作原创展览谈几点经验。

一、中小型博物馆制作原创展览要做好前期准备

中小博物馆在策划制作原创展览时要对本单位的定位和藏品有深刻的理解和研究，同时要结合自身情况筹措好展览所需经费。

（一）深入研究确定原创展览展示主题

每一个原创展览都是策展人深入研究后的成果展示，中小型博物馆由于自身资源有限，策划制作原创展览的难度相比于大型博物馆要高很多。为此，中小型博物馆在制作原创展览前必须对单位现有资源有充分了解和深入研究，才能选取出契合博物馆主题定位又符合博物馆现实情况的展览。例如，在策划制作《肤公雅奏图诗画卷》解构展前我们就考虑到纪念园文物藏品有限，精品不多的现实情况，于是选择了《肤公雅奏图诗画卷》这一历史上与袁崇焕息息相关的著名画卷作为主题进行策展。展览从画卷背景、诗画解析、人物关系、后世流传四个方面对画卷进行全面解构，力求向观众展示该画卷的全貌。通过展览，观众可以了解到晚明广东士人的精神风貌和爱国情怀，以及他们对袁崇焕不畏艰难、北上抗辽、立志守土的崇敬之情。在展览中纪念园近年来收藏的近百件明清时期的瓷器、书画和文房四宝也得到展示。在策划制作“清风之德——东莞廉文化展”时，抓住袁崇焕作为东莞廉政官员的代表并结合当下廉政主题和党建主题教育需求较大这一特点，开始策展。作为广东省首个深挖本土廉政历史人物、以史鉴廉的廉政文化展，展览中重点展示了东莞特别是袁崇焕的重要廉政事迹。该展览一经推出很快便成为

东莞市廉政教育基地和主要的廉政和党建教育打卡点。

（二）筹措展览经费，多方合作解决展陈经费不足问题

展览经费有保障是展览能否顺利完成的基础，中小型博物馆由于受当地财政、政策等各方面条件的影响，很多连维持基本运作都很难，更不要说拿出经费来策划制作原创展览了。即使策划原创展览，很多也面临着布展经费短缺的情况。在这样的情况下，市县级博物馆可“舍远求近”，向市财政争取一部分，再找合作者解决一部分。引入政府、社会机构的展览，不失为一个一举多得的好办法。博物馆与政府或当地社会机构合作，采取联合办展的模式，既能解决资金不足的问题，又能扩大展览的影响力。例如纪念园在举办“清风之德——东莞廉文化展”原创展览时，由于布展经费严重不足，先后主动联系市纪委和单位所在地纪检部门，并取得两家单位的支持，最后以联合主办的形式，由当地人民政府承担了部分办展经费。

二、中小型博物馆制作原创展览要善于借助外力

展览的主题和经费解决后，展览就进入了具体实施的阶段。在这一阶段，中小博物馆要充分发挥主观能动性，主动借助外力，依托专家和其他博物馆的资源，努力解决中小博物馆专业性不够、办展能力不强、宣传力度不够等问题。

（一）依托专家对展览内容进行专业把关

博物馆的原创展览不同于社会上的商业展览，其目的在于向观众传授文化、思想和观念。因此，它所提出的概念、观点以及反映的内容都必须建立在客观、真实的学术研究基础上。对于中小型博物馆来说，由于自身专业研究力量匮乏，就需要在策展中充分利用外部专家的力量。纪念园在策划制作“清风之德——东莞廉文化展”时，就邀请市内知名的文史专家对展览大纲内容进行多次把关，在专家建议下，对展品进行了多处调整。策划制作“《肤公雅奏图诗画卷》解构展”时，邀请了广东省立中山图书馆和广东省博物馆的专家对展览大纲和展品选择进行把关，并多次召开专家论证会对展览大纲进行修改。2023 年策划的“传承

与创新——东莞明末清初青花瓷器精品展”，我们又邀请了景德镇御窑博物院的知名专家对展览进行全程指导和把关。正因为有各位知名专家的悉心指导和全程把关，纪念园才有信心继续推进展览的制作；也正因为有专家的把关指导，展览才有一定的学术含量，才能被同行和社会所认可。

东莞市袁崇焕纪念园“《肤公雅奏图诗画卷》解构展”实景照

（二）外借展品解决馆藏不足的办展难题

展品是博物馆制作原创展览的基础。一场好的原创展览不仅要有适合的主题，同时还要有丰富多样的展品作为支撑，展品的丰富程度和文物等级直接影响到原创展览后期传播的效果和质量。中小型博物馆在文物藏品上，无论是数量还是质量都远不如大型博物馆，上等级的文物也很少，且已有的藏品基本上已经在基本陈列中展示，能用作临时展览的文物少之又少。这也是大多数中小型博物馆无法举办原创展览的原因。与各大型博物馆及同类型的博物馆、文物机构等合作，无疑是解决中小型博物馆展陈文物匮乏的有效途径。东莞市袁崇焕纪念园在制作原创展览时充分发挥主观能动性，在制作原创展览时多方联络外借展品，制作“《肤公雅奏图诗画卷》解构展”时，获得了广东省博物馆、广东省立中山图书馆、莞城图书馆和东莞乐人谷茶文化博物馆的大力支持，广东省博物馆免费借给纪念园17件珍贵文物展出，其中有12件是三级以上文物。策划制作“清风之德——东莞廉文化展”时，也得到东莞市纪委、市文广旅体局的大力支持，其中市纪委帮助提供了大量展览中需要的相片和相关书籍，市文广旅体局帮助征集了大量的文物拓片。

东莞市袁崇焕纪念园“清风之德——东莞廉文化展”实景照

（三）多措并举保障文物安全

保障文物借展过程中的文物运输、布展、撤展的安全是展览的重中之重，也是文物借展工作的底线。文物借展前的实地考察、现场评估、合同的谈判与签署、文物借展操作流程、现场文物展览安全等是确保文物安全的关键要素。为了确保文物安全，东莞市袁崇焕纪念园聘请了专业的文物运输和布撤展公司，全程负责借展文物的运输和布展撤展。同时与所在地公安部门联动，建立了联防机制，全程监控文物展览期间的安全。纪念园也是当地公安部门常驻巡逻点。有专业的文物运输和布撤展公司和当地公安部门的支持，保障了文物的安全，既使纪念园放心，又让文物借出单位放心，也为双方今后的进一步合作打下基础。

三、中小型博物馆制作原创展览宣教工作要配套好

博物馆宣教，是博物馆与公众沟通交流的主要方式之一，也是公众更好地享受博物馆公共文化成果的重要途径。它包括博物馆宣传和博物馆教育两个方面的内容。一个好的原创展览要有影响力，就要有好的博物馆宣传和博物馆教育进行配套。中小型博物馆要结合自身实际，充分做好原创展览的宣教工作。

（一）做好原创展览的宣传工作

中小博物馆原创展览本身经费就捉襟见肘，影响力也有限，要做好宣传也是难上加难。为此，要多想办法借助各方力量联合做好宣传工作。比如“清风之德——东莞廉文化展”，并没有宣传经费，但纪念园积极联络上级主管部门和单位所在地人民政府，获得相关单位的大力支持，获得了《东莞日报》和电视台的大篇幅的报道，展览也因当地宣传部门的上报而得到了省、市政府和各部门官方网站的大量转发，获得了良好的宣传效果。又比如在“《肤公雅奏图诗画卷》解构展”，得到广东省内最有影响力的传媒“南方+”的支持，与他们签订展览整体宣传合同，制作名为《大明雅致！60秒沉浸式观赏6米长卷肤公雅奏图》的宣传视频，开展“踏卷寻芳——走进袁崇焕‘朋友圈’”直播活动，对展览进行全方位的宣传展示。该展览开展后也得到了《人民日报》、“南方+”、《羊城晚报》、腾讯、网易、搜狐、《东莞日报》、东莞阳光网等多家媒体的报道及各知名公众号的转发，全面提升了展览的关注度和美誉度。

（二）做好原创展览的教育活动工作

教育活动是展览内涵的延伸，好的教育活动可以让观众更好地认识展览、理解展览。为此，中小博物馆要利用有限的资源，在充分理解展览内涵的基础上，策划符合展览定位、贴合实际的教育活动。东莞市袁崇焕纪念园非常重视教育活动的开展，比如在“《肤公雅奏图诗画卷》解构展”开展后，邀请暨南大学教授开展了题为《〈肤功雅奏图〉与明末清初广东文人雅集》的讲座，讲座从“走进”《肤功雅奏图》、明末清

初广东文人结社、明末清初广东文人雅集等方面解读这幅广东诸名士才子为袁崇焕“江岸送别”的诗画卷，揭开这幅画卷里的故事，探明了广东明代文人名流的这场高雅聚会。同时我们还策划了“孟夏时纪念园里那一场风雅集会”系列活动。该活动通过踏卷寻芳·明风沦茶茶会、“折枝留韵”中式插花体验等形式，让市民感受明风沦饮方式及一举手一投足皆是风雅的明代茶礼。

在“清风之德——东莞廉文化展”开展后，联合团市委开展了“颂崇焕——东莞市少先队员讲袁崇焕故事”大赛，联系广东少工委开展少先队员传承袁崇焕智廉精神的实践研究，并形成课题研究成果，有效延伸了袁崇焕的廉政文化精神内涵。

（三）开展巡展拓宽原创展览的受众和影响力

中小博物馆制作一个原创展览实属不易，为此，在条件允许的情况下，还是应该开展巡展工作，因为巡展是提升中小型博物馆影响力的好机会。东莞市袁崇焕纪念园积极推动相关原创展览的巡展工作，制作了巡展展板。纪念园专门策划了崇焕精神走进社会品牌活动，相关展览也可以通过活动对接的形式走进各博物馆、社区、企业、学校等。近年来崇焕精神走进社会活动先后带展览赴云南昭通博物馆、四川乐山文化馆、杭州章太炎故居纪念馆等地，拓宽了原创展览的受众面，扩大了影响力。

四、结语

中小博物馆要办好原创展览虽然因受各方条件限制存在一定的难度，但只要具有开放包容的思维，突破凭借单个博物馆力量搞展览的理念，坚持发挥自身的主观能动性，结合自身博物馆的特色，通过有效沟通交流，取长补短，整合各类资源，就能找到办好原创展览的途径。也期待越来越多的中小型博物馆像东莞市袁崇焕纪念园一样找到适合自己的模式，策划并制作原创展览。

（刘建辉，东莞市袁崇焕纪念园副馆长、馆员）

开放式办展理念的探索与实践

——以“此致，近你——名人家书展”为例

刘晶晶

2022年，国际博物馆协会为博物馆赋予了新的定义：“为社会服务的非营利性常设机构，它研究、收藏、保护、阐释和展示物质与非物质文化遗产。向公众开放，具有可及性和包容性，博物馆促进多样性和可持续性。博物馆以符合道德且专业的方式进行运营和交流，并在社区的参与下，为教育、欣赏、深思和知识共享提供多种体验。”展览作为博物馆的主要公共文化服务形式，不再是文物的集合，而是以文物、展品和研究成果为基础，以故事为核心，可以被不断建构、解构的开放性的叙事体系和进行对话的场合，是面向公众展示传播的策划演绎，涉及专业化向大众化的转变。

作为传承红色文化、展现名人精神的人物类展馆，所呈现的展览必须以传播时代价值为核心，强化展览的时代性和现实性，为社会大众提供正确的精神指引和强大的精神动力，为培育社会主义核心价值观服务。陈云纪念馆作为中国博物馆协会名人故居专业委员会主任委员单位，牵头打造了“此致，近你——名人家书展”，用开放式办展的理念，实现古今之间的对话，展现名人家书的当代价值。本文以此为例，探讨博物馆在开放式办展模式中的探索实践，旨在积极提高博物馆讲好文物故事的能力，更好地发挥博物馆教育和公共服务功能。

一、深耕主题核心，盘活名人资源库

中国博物馆协会名人故居专业委员会有近80家成员单位，涉及人物涵盖党和国家领导人、革命先烈、文化名人、科技先驱、英雄模范、历史人物等，他们或是民族精神的塑造者，或是先进思想的引领者，或是创造历史的代表者，或是创新发展的推动者，或是国家利益的捍卫者，或是社会财富的创造者，或是崇高风范的示范者，永远为历史所铭记、为后人所敬仰、为人们所缅怀。在每一位人物的背后，都有着丰富且无可替代的名人文化资源，如何结集专委会的力量，有效整合、充分利用、集中展示这些名人精神及时代价值，陈云纪念馆牵头开展了策展工作，以期打造主题突出、导向鲜明、内涵丰富、面向大众的陈列展览精品。

在确定展览内容和主题之初，策展团队从人物的时代背景、人生脉络等角度出发，寻找不同人物之间存在的共性与共通之处，在意见征询、工作调研、讨论沟通后，展览的主线内容确定为承载人物心境、情感、感受、经历的"家书"。家书是言情、明志、谈事、说理的私人书信，是一个时代思想文明的传承，更是一个时代历史发展的见证，中国的家书历经两千多年的发展演变，逐渐形成了独具特色的家书文化，成为中华传统文化的重要组成部分。希望在人们快节奏生活的当下，借由"家书"非当面表达、时空延迟、文体灵活的优势，通过这一人类情感集中表达的载体，展现家书内容中的真情大义、家国情怀，深入挖掘家书文化的丰富内涵，让家书文化更好地融入社会生活，融入社会主义核心价值观教育之中。

在展览内容征集中，策展团队向所有成员单位及国内部分人物类展馆发出展览邀约，由各馆提供内容最具代表性、故事性，具有时代价值与意义、与中国社会主流价值目标和道德标准相统一，与社会主义核心价值观相统一，传递积极健康的世界观、人生观、价值观的书信，在此基础上，根据展览的形式来遴选内容、完善背景、补充史料，最终选取了84封名人家书作为展览的呈现内容。这些书信涉及人物广、时间跨度大、写作背景不一，因此，在大纲撰写方面需要注意相互之间的逻辑关联，除关注展览整体与部分，即整体框架与各单元部分、各封家书的层次结构外，还需重点把握展出信件之间的情感联系。为了将不同情感更清晰地呈现在观众面前，使观众更易接受知识和精神传递，展览的内容表达确定为根据写作时间及写信对象的角度，分为禀告父母、寄情爱人、勉励儿女、关心兄妹、特殊家书五个部分。通过那些或长或短，或端正或豪迈，或清秀或飘逸的家书，观众得以感受信中展现的对国家强盛的期盼之感、对故乡的思念之情、对父母的感恩之心、对手足的牵挂之意，回望漫漫求索之路、汲取精神养分、感悟使命初心，以此推动良好家风建设落实走深，汇聚成推动社会文明进步的强大能量。

二、展览延伸推广，打造空间多元化

一个展览的成功推出，凝聚着策展团队的付出与心血，是众人的智慧结晶，“此致，近你——名人家书展”更是70余家场馆资源的集中与力量的交融。如果仅仅简单展出较短的时间，撤展后将会留下诸多遗憾，也将辜负所有联办单位、策展团队人员的努力，为了让这些宝贵的人文资源、精神财富能够打破时间的制约、空间的桎梏，陈云纪念馆从多方面着手，通过多元化的空间打造，不断拓展展览的外延边界。

一方面，依托该展，陈云纪念馆充分挖掘现有馆区资源，在练塘古镇文化创意街上特别打造了“名人家书馆”体验空间。该馆是在青浦区文物保护单位——吴开先旧居的基础上改建的，院落建于民国，坐南朝北，砖木结构。四进，三开间，一进为门面平房，二三进为两层楼，有回廊构成走马楼，四进为平房附屋。馆内由序厅、“聆听 · 家书”、“透过 · 家书”、“家书寻秘坊”、“家书文化”等多重空间组成，通过氛围营造、艺术化陈列、互动体验等多种表现形式，深化藏品展示利用，丰富展览内涵意义，延伸展览参观体验，助力观众更好体悟名人家书的深刻意蕴和时代价值。

序厅采用光影结合的手法，以写给父母、儿女、同志的三张信纸作为背景，家书中感人至深的词句从镜面屋顶瀑布般倾泻而下；流水的波光向地面上的康乃馨、向日葵、君子兰投射，光影浮动，俨然一幅水乡画卷；伴着窗外和煦的暖阳日光、别致的老街旧景，人造光影与自然光线相互映衬，人文景观与自然景观相互协调，为古宅空间注入灵动与活力。

“聆听·家书”展厅的一侧是家书手迹墙，展示60余封不同字体风格的名人家书手迹。另一侧则是用于展示名人书信视频的大屏幕，观众可以通过屏幕右侧的装置点击观看，人物、背景介绍、书信内容会通过朗诵及图文的形式一一呈现。视频内容将定期进行轮换，使之具有新鲜度，也让观众体会不同群体对象之间的不同的情感。

“透过·家书”展厅内集中展示禀告父母、寄情爱人、勉励儿女、关心兄妹、特殊家书五个部分的书信内容，尤其是那些错落有致、悬挂陈列着的信件，将观众带入跨时空对话的情境，穿透岁月文字，寻找时代记忆，体会书信背后的深情与壮志。

“家书寻秘坊”展厅是一个主题互动游戏空间，观众可在展厅内找寻答案线索，然后在答题设备上点击屏幕进入游戏，根据书信内容进行答题。展厅内的书架上还陈列名人书信集、名人传记、名人家风、名人思想研究等类型的书籍，这些书籍大部分来自展览的联办单位，这也是该展开放式理念的体现之一。

“家书·文化”展厅集中展示与书信相关的文化元素。以键盘按键为设计理念的展墙上，陈列着邮票、信封、笔墨纸砚等，展现传统的书信通信形式与现代网络通信两者之间的碰撞，也展现家书文化的演变历史。

馆内的楼梯墙及回廊墙上，均陈列着家书作者的肖像以及他们书写的家书片段，使观众在展馆内的参观体验更有沉浸感。作为江南文化与红色文化、海派文化融合统一的文化新地标，名人家书馆内饱含真挚情感的家书与矗立百年的白玉兰树相互辉映，承载起了历史的厚度与情感的温度。

另一方面，以陈云纪念馆微信公众号等为活动主平台，推出“此致，近你——家书诵读”音频征集展示及家书故事讲述活动，面向社会发布活动公告和精选的家书诵读篇目，通过专项定制和社会征集等方式，创制整合优质音频作品，供线上展播和家书馆后台择优使用，逐步形成馆内资源持续充实、宣传互动持续深化、社会效益持续提升的开放式办馆模式；同时，面向社会征集“我家的家书”及其背后故事，以小见大，通过普通市民的家书来展现家书蕴含的文化力量和情感力量，与名人家书形成互动。

与上海东方宣教中心（上海市公益广告协调中心）合作，在电视栏目“初心之地　光荣之城”中制作推出名人家书馆专题节目，以东方卫视主播实地探馆体验的第一视角，生动展示名人家书馆的文化底蕴和时代传承。该栏目由中共上海市委宣传部指导，主要通过移动电视在上海市公交、地铁等 6 万余视频终端，以每日每小时一次的频率广泛播放，日均传播覆盖 1 000 万人次以上，有力提升名人家书馆在社会上的宣传效果。

此外，为适配不同场地的展览需求，此次展览设计分为标准版与基础版两个版本，并陆续在全国进行巡展。展览已先后在陈毅纪念馆、孔繁森同志纪念馆、梁实秋纪念馆、重庆历史名人馆、上海市徐汇区天平街道、邓小平故居陈列馆、李鸿章故居陈列馆、常德市丁玲纪念馆、刘少奇同志纪念馆、张澜纪念馆、武汉革命博物馆等进行展出，同时，各馆还围绕展览，联合社区、学校、部队等开展了各类社教活动，让近百万观众深切感受名人家书“见字如面、笔墨传情”的温暖和“纸短情长、赤子忠心”的家国情怀。《此致，近你——名人家书展》画册的编印，也为展览留存了永不落幕的篇目，镌刻了永恒的记忆。

三、展教融会结合，丰富研学新体验

随着社会大众对博物馆兴趣的日益高涨，博物馆的参观量也与日俱增，博物馆研学作为一种新的体验形式，也越来越受到大众的欢迎。博物馆研学是指主要以博物馆资源为核心开展的，集启发性、探究性、参与性于一体的研学活动。博物馆可能是研学游中的唯一目的地，也可能是旅程中的一个参观节点。但无论何种情况，在博物馆内进行的研学活动都是以“互动体验”“寓教于乐”为目的的。馆方可以主导推出与特定展览或主题相关的研学活动，通过“讲解+互动”的形式，引导受众与博物馆进行双向交流，为受众带来深入了解展览背后故事的机会，满足观众多元化的需求。为丰富观众的研学体验，陈云纪念馆以名人家书为蓝本，深入挖掘展览的文化内涵与精神内核，特别策划了主题研学活动，让观众通过听讲解、读信札、看视频、观实景短剧、做套印、致信未来、邮筒寄信、互动答题等体验方式，深切感受家书的文化底蕴和时代传承，实现观赏性、体验性、知识性、教育性的有机融合。

一堂家书诵读展演。“砍头不要紧，只要主义真。杀了夏明翰，还有后来人!”“我就希望他们进步，勤耕守法，参加互助合作组织，完全和众人一样，不能有任何特殊。”“我万分欢喜（不是十分、百分、千分而是万分)，你要学习和看书了。”以名人家书馆内展陈的家书为蓝本，讲解员动情演绎铁血男儿夏明翰给母亲的绝笔信、铮铮硬汉陈觉民的《与妻书》等，展现家书背后蕴含的深厚力量，续写新时代的家风传承。

一次评弹快闪体验。观众在练塘古镇石板竹径穿行，石桥边一艘小船正停靠在河岸，两位评弹演员置身船上，光影斑驳、丝弦交织，《党的叮咛》等曲目流淌而出，以评弹特有的艺术魅力歌颂革命先辈的坚强党性和深厚家国情怀，又与练塘古镇的江南韵味相互交融，带给观众强烈的沉浸式体验。

一出情景短剧演出。步入名人家书馆百年玉兰树矗立的天井，一名邮递员正匆匆赶来，要给陈云同志的女儿陈伟华送信。原来是情景短剧《陈云写给女儿陈伟华的信》正在此处上演，由讲解员分别扮演陈云与女儿，通过两者隔空对话又互相回应的方式，演绎了陈云在江西蹲点时给女儿的一封回信，体现了党和国家领导人对子女“读好书、做好人”的重视，也体现了陈云的优良家风。短剧的演出，促使展览大纲、文物展品、历史故事向纵向深化和横向拓展，让展览成为教育活动的背景和底色，有助于更立体、更丰满、更直观、更生动地呈现家书的内涵意义，从而让观众自然而然地亲身参与，为观众带来更具代入感的观展体验。

一套文创互动体验。观众不仅可以动手体验套色印章，即通过不同颜色图层的叠加，最终印出陈云故居的图案，用别样的形式带走古镇的美景，还可以在书写体验区亲手写下自己的家书。体验区备有浙江湖州所产的湖笔，安徽宣城所产的宣笔、宣纸，安徽歙县所产的徽墨、歙砚，甘肃卓尼县所产的洮砚，广东肇庆所产的端砚等文房四宝供使用，观众可以用特别定制的、带有此次展览元素的仿古信纸书写，写完信后装进信封，装入信封，贴上邮票便可投递到家书馆门口的邮筒，寄给自己想寄的人。

一场座谈交流活动。即围绕“名人家书的当代价值”进行座谈交流，分享观展研学活动的所思所得，共话名人家书所传递的坚定信仰、爱国情怀、奋斗精神、真挚情感等，感受文字的力量、文化的力量和信仰的力量。

四、结语

博物馆帮助观众从下而上进行表达，而观众的参与又将丰富、延长展览的生命，观众可以选择恰当的方式，对与自己相关联的文化或知识进行叙述、表达、参与，也可以作为“他者”对置身其中的文化进行深度对话、了解，获得不同的文化体验。“此致，近你——名人家书展”的策划实施落实仅是开放式办展理念下的一次初探，通过各类项目的开展，有助于拉近馆方与观众的距离，同时也将为馆方带来一系列的机遇与挑战，为更好地策划实施下一个项目积累了经验，在方向和思路上有所突破。为了满足不同层面对博物馆的要求与期许，陈云纪念馆将不断革新、不断进步。

（刘晶晶，陈云纪念馆馆员）

阐释学视域下革命历史题材展览的叙事性研究

——以“上海城市记忆中的孙中山”展览为例

刘青莉

博物馆关注的重点经历了从“物”到“事”再到“人”的重大变迁，“阐释性展览”和“展览叙事研究”都是这种变迁下的产物。叙事性展览是以讲故事的形式再现历史，有助于提升博物馆展览的传播效果，增强观众的参观体验和知识获取，阐释学鼓励人们在接收、理解知识的基础上加入个体意义，旨在提升博物馆知识传播中观众的收获。两者都为新形势下的革命历史题材展览提供了新的策展启示和研究理路。

一、博物馆策展中的阐释理论

（一）策展与释展

阐释学（Hermeneutics）一词源自德语，基本意义是“解释的艺术”，是一种探究如何理解和解释文本意义的理论。在翻译文学领域，阐释就是“居间说话”[1]，最初源于古希腊神话传说中的信使赫耳墨斯传达宙斯话语的行为。这也是海德格尔所言的“此在”[2]关系，传话

[1] 张江：《公共阐释论纲》，《学术研究》2017年第6期。

[2] [德] 海德格尔：《存在与时间》，陈嘉映、王庆节译，生活·读书·新知三联书店1987年版。“此在”（Dasein）是海德格尔在其著作《存在与时间》中提出的哲学概念，也是其哲学的根本范畴。

人传递说话人意图的忠实度，传递与理解的关系。该理论映射到文艺理论上就是作者、文本、读者之间的关系，映射到博物馆策展领域就是策展/释展人、文物、观众之间的关系。

美国国家阐释协会对阐释的定义为“一种既能激发观众兴趣又能解释资源意义的情感与思想的交流过程”。阐释理论在20世纪50年代从文化遗产领域逐渐进入博物馆领域，传统博物馆注重对“物”的研究，因此文物考证、鉴定和铺陈式的展示方式成为工作的重点，从而涌现出一批受人追捧的文物精品展、国宝展。近年来，博物馆的理念发生了转变，经历了以物为中心到以人为中心的历史性变革，从“博物馆对社会大众的期望”到“社会大众对博物馆的期望”[1]，博物馆逐渐从藏品保管与陈列走向公共教育。《博物馆条例》规定，“博物馆是指以教育、研究和欣赏为目的，收藏、保护并向公众展示人类活动和自然环境的见证物”[2]，教育成为博物馆的首要功能，观众在博物馆的体验感和获得感越来越受到重视。作为博物馆教育载体的文物藏品，尤其是革命类纪念馆展出的部分文物本身具有自明性较弱的特性，其审美价值、艺术价值远远低于历史价值，观众并不能直观地感知到文物所传递的完整信息，因此在博物馆、纪念馆因教育、传播之目的所策划的展览中，基于阐述理论进行策展便显得尤为重要，帮助观众更好地理解展览信息的同时，还可以提升传播效果。

在博物馆职能的外延不断发展的当下，西方诸多博物馆的展览工作中都在加入一个不可或缺的环节，即释展（interpretative planning）工作，从事该项工作的人也称为“释展人”（interpretative planner)。展览与观众之间需要一道文化阐释的程序来完成一场知识的对话，释展是“在观众兴趣点和展览信息之间找到关联点，阐释展览背后的主题文化”[3]。

---

[1] [美] 史蒂芬·威尔：《博物馆重要的事》，张誉腾译，台湾五观艺术管理有限公司2015年版，第29页。

[2] 中华人民共和国国务院令第659号公布《博物馆条例》，2015年2月9日公布，自2015年3月20日起施行。

[3] 沈辰、何鉴菲：《“释展”和“释展人”：博物馆展览的文化阐释和公众体验》，《博物院》2017年第3期。

释展人也分为两种，一种通常供职于博物馆教育部门，即传统意义上解释展览的人，此类型展览阐释工作涵盖日常宣传、教育工作的领域，一般不会直接参与展览的内容设计，他们对展览的阐释往往体现在讲解词或教育活动文本中。另一种释展人，即本文讨论的重点，需要在展览创意策划阶段就介入进来，是一种介于策展人和宣教人员之间的角色，其工作成果可以呈现在展览文字说明、陈列设计风格、互动设施，甚至是文创产品与服务中，此类型的展览阐释工作使研究、展示和教育形成闭环，实际充当了博物馆的知识生产与公众需求之间的桥梁和纽带。

（二）博物馆展览阐释模式

博物馆的展览阐释主张纳入观众视角，注重“物”之于观众的意义构建，强调“物”与“人”的对话。“阐释性展览是指以展览要素作为沟通媒介，向观众传递藏品及其相关信息以促使观众参与的展览”[1]，展览的要素包含展览中运用的文物、辅助展品及传播符号等，阐释性展览区别于传统展览过度依赖物品和文献、习惯说教，其最大特色是促进观众的参与。

博物馆展览阐释的模式有审美型阐释、解析型阐释、交流型阐释和探索型阐释。审美型阐释适用于艺术性较强的文物展示，它将观众的注意力聚焦于文物本身，在艺术类博物馆和美术馆中十分常见；解析型阐释多用于历史类博物馆或纪念馆，此类博物馆展出的文物往往在较低的艺术表征下蕴含着丰富的历史价值和科学价值，需要通过对历史文化背景的剖析，让观众了解到文物背后的故事和意义；交流型阐释常见于各类博物馆，通常以引入更多的交互式体验的方式，使观众与博物馆之间通过互动交流产生共鸣，这种交流可以是观众与教育人员之间的，也可以是观众与专家学者、策展人之间的，甚至是观众彼此之间的；探索型阐释在行业博物馆、儿童博物馆、科技馆中运用较多，是通过展示现象、发现问题、引发思考，从而激发观众的主动参与，体验在博物馆探

---

［1］ 周婧景：《“阐释性展览”：试论当代展览阐释的若干问题》，《东南文化》2019 年第 6 期。

索知识的乐趣。

二、革命类博物馆的展览策划

（一）革命文物赓续红色文脉

革命历史类博物馆、纪念馆是我国特殊的博物馆类型，因其蕴含丰富的革命历史文化、昂扬向上的革命精神，是展示和传承中华民族伟大革命精神的重要阵地，是党和国家的红色基因库，是开展革命传统教育、爱国主义教育、青少年思想道德教育的主阵地。新时代革命纪念馆的高质量发展，对于激发爱国热情、凝聚人民力量、培养民族精神具有重要作用。据2023年6月上海举行的“自信自强铸辉煌——红色文旅智慧融合”发展峰会发布的信息，全国革命历史类博物馆、纪念馆总数超过1 600家，全国不可移动革命文物有3.6万多处，国有馆藏可移动革命文物数量达100万件/套，累计推出相关主题展览1.5万个，累计接待观众超28亿人次，而上海作为党的诞生地，拥有不可移动革命文物250处，国有馆藏可移动革命文物约8.1万件/套。这些数字背后蕴藏的信息提示着我们挖掘阐释革命文物价值、探究革命文物展示传承与教育传播的重要意义。

革命文物承载党和人民英勇奋斗的光荣历史，记载中国革命的伟大历程和感人事迹，是党和国家的宝贵财富，是弘扬革命传统和革命文化、加强社会主义精神文明建设、激发爱国热情、振奋民族精神的生动教材。以实现中华民族伟大复兴的奋斗历程为主线，见证近代以来中国人民争取民族独立、人民解放的伟大斗争，见证中国共产党领导中国人民救国兴国强国的伟大贡献的重要史迹、实物、代表性建筑等，均属于革命文物保护范畴。在保护好革命文物的基础上，革命文物的展示展陈也逐渐形成体系，如何让保护利用与展览展示持续走向深入，让革命文物焕发新的光彩，成为全国革命类博物馆共同关注和思考的重要课题。

（二）革命历史题材展览的特性

革命类博物馆、纪念馆是“四史”宣传教育的重要窗口，为弘扬革命文化，赓续红色基因，需定期策划举办革命类主题展览和纪念展览。

革命历史题材展览一般是指反映中国近代以来，与“重大历史事件、革命运动和重要人物相关的，具有重要纪念意义和历史价值的旧址、实物、文献资料等革命文物为展示内容”[1] 的展览，按展览内容可以划分为革命人物类、历史事件类、重要周年纪念类等展览；按是否展出实物展品一般可分为文物文献类和图片类展览。对于有革命文物展出的展览，国家文物局特别制定了《革命文物主题陈列展览导则（试行）》加以规范。《导则》规定：“革命文物主题陈列展览是展示革命文物、讲述革命故事、开展党史学习教育与‘四史’宣传教育的重要载体。”[2] 革命文物主题陈列展览是指以革命文物资源为主的基本陈列、常设主题展览、纪念性展览和临时展览，是展示革命文物、讲述革命故事、开展党史学习教育与“四史”宣传教育的重要载体。革命文物承载党和人民英勇奋斗的光荣历史，记载中国革命的伟大历程和感人事迹，是党和国家的宝贵财富。加强革命文物保护利用，弘扬革命文化，传承红色基因，是全党全社会的共同责任。《导则》对革命文物主题陈列展览提出了明确要求：坚持科学严谨的态度，坚持政治性、思想性、艺术性相统一；充分发挥教育功能，提升代入感、沉浸感、真实感，增强表现力、传播力、影响力。

革命历史题材类展览的特点在于展示内容以革命文物及相关图片史料为主，强调史实性是展览策划的基础要求，更为重要的是此类展览大多具有一定的政治属性。政治性既是革命类主题展览的天然优势，也在一定程度上容易降低普通观众的参观兴趣，其教育职能相较于其他类型博物馆的知识输出之外，还需借助展览对观众进行革命传统和爱国主义教育。戈登·安巴克（Gordon Ambach）认为，“收藏或挑选藏品来布置展览，对于博物馆员工而言，本身就已经是对藏品的一种阐释。博物馆员工在博物馆主题内赋予藏品重要性，并预判观众对观赏文物或艺术

---

[1] 刘文杨：《博物馆革命历史题材展览的策划与实施》，《安徽文博》第 14 辑，2019 年 12 月。

[2] 国家文物局：《革命文物主题陈列展览导则（试行）》，2023 年 3 月 13 日印发并施行。

品的期待……就某种意义而言，博物馆阐释（或教育）是博物馆——有意或无意地——向公众传递信息的一种多层面过程”[1]。因此革命历史题材展览在内容和形式上均对策展人和释展人有着更为严格的要求，需要策展人及释展人通过文物展品、形式设计、辅助展陈手段的综合运用，充分调动观众的兴趣点，在展览内容的严肃性与创新性之间寻求平衡，在展览宣教的说教式灌输与交互式沟通之间突破瓶颈。

三、“上海城市记忆中的孙中山”展览的叙事性研究

（一）“上海城市记忆中的孙中山”展览概述

上海是孙中山革命的重要舞台，在其革命生涯中有着十分重要的地位，是孙中山先生的安家之地，更是他策划革命活动的基地，孙中山重要的思想发展和理论观点均在上海形成、完善；他在这里探索革命新路，酝酿了第一次国共合作。上海这座城市留下了孙中山革命、工作、生活过的遗存、印痕及思想精神。“上海城市记忆中的孙中山”展览旨在挖掘上海城市个性与孙中山纪念的时代记忆，探析孙中山与上海城市精神的关系，揭示中山思想和精神的现实意义和时代价值，传承孙中山为振兴中华而奋斗的爱国主义精神。

展览在内容设计上参考和吸收了孙中山研究的最新学术成果，从多个方面展现上海是孙中山的人脉渊薮、革命基地和安全家园。展览在形式设计上采用简约庄重、大气沉稳的风格，从而凸显以伟大人物为主题的展览格调。注重展示空间特征的合理利用，选用带有上海孙中山故居这一百年建筑特征的元素，以孙中山在沪史迹地图为基本图纹，营造上海城市记忆的氛围。序厅部分使用展板展示新老上海风貌，相互映衬，凸显近现代史上上海城市的巨大变化。主展区运用不同的配色彰显不同主题，第一部分以浅黄色的配色凸显历史感，展现孙中山在沪史迹与史事；第二部分以枣红色的配色表达孙中山先生精神的深远影响，展现民

---

[1]［美］爱德华·亚历山大、［美］玛丽·亚历山大：《博物馆变迁：博物馆历史与功能读本》，陈双双译，译林出版社2014年版，第203页。

众对孙中山的缅怀与追思；第三部分以深红色展示其精神内核的传承和发展。尾厅选用上千张的主题照片组成“天下为公”四字，展现孙中山精神的核心内容，最后结合展览相关文创产品的展示墙与观众留言墙做收尾。

展览精心构思制作，采用了图文布展、多媒体互动、特效展示灯光、有机玻璃制品、网上展厅、场景再现等综合表现手法，多维度、生动地对孙中山先生的生平做了回顾。共运用辅助展品 12 种，其中有专家说视频、场景、艺术品、孙中山演讲录音等等。这对展览主题内容起到深化、补充和延伸作用，增强了展览的观赏性、趣味性和体验性。展览注重在细节处做文章，结合了壁龛、展柜、相框等多种展现形式，在参观动线上遵循展厅的流畅性，与展示内容合而为一，实物展品与图文说明紧密贴合，直观简洁。展示区域的平面布局根据内容结构安排，每个展区相对独立又互有关联，布局流畅自然，穿插使用了多媒体声光电、故居实景还原等展示方式，使观众观前有期待、观时有思考、观后有回响。

（二）“上海城市记忆中的孙中山”展览叙事性研究

展览的叙事性是博物馆展览策划对文学理论的一种借鉴，其本质是“探寻讲故事奥秘的学问”[1]，叙述是以媒介为基础，存在序列关系，保护三个基本要素：序列、意义和媒介[2]。文学理论中的序列多指“事件”的序列，而引申到博物馆领域则可以表现为“历史”的序列、“思想”的序列，序列存在的载体即为媒介，在博物馆展览中这一载体通常是文物展品或辅助展示手段。博物馆叙事是在博物馆展览中，通过展示的语言来传递馆方信息，使观众能够进行信息感知的相互交流过程。在这一过程中，博物馆充当了有叙事能力的主体（实现这一主体功能的通常为策展人），“运用叙事性讲述并借助多样展示方式，将博物馆的展览空间、藏品、教育活动等重新组合，最终形成具有逻辑秩序的叙

［1］ 傅修延：《中国叙事学》，北京大学出版社 2015 年版，第 1 页。

［2］ 尚必武：《什么是“叙事”？概念的流变、争论与重新界定》，《山东外语教学》2016 年第 2 期。

事结构，向观众传达明确的主题和情节”[1]。

博物馆展览的叙事性研究主要围绕展陈设计而展开，主要可分为历史叙事性研究、主题叙事性研究、叙事性情节与叙事性语言研究、空间叙事性研究等几个方面。“上海城市记忆中的孙中山”展览主要表现出以下叙事特征：

1. 以纪传与记事相经纬

《上海城市记忆中的孙中山》展览内容设计上突破以往一般意义上的“生平展”，以单元专题形式进行内容编排。重点体现在第一部分展示内容“史迹与史事”上，从宣传革命的窗口、实施革命的舞台、革命受挫后的港湾三个角度，展现上海城市中丰富的孙中山革命史迹和遗存，以史迹寻踪为引，运用以史迹带史事叙事的思路，全方位展示展览的空间逻辑与时间秩序，设计展览“故事线”，既保证展览的厚度与深度，又给观众以耳目一新的观展体验。

2. 以历史与现实相呼应

展览第二部分“纪念与影响”讲述孙中山逝世后，上海民众对孙中山的缅怀与纪念和孙中山的思想精神对上海的影响。民国时期上海各界人士先后参与了孙中山逝世哀悼、中山陵筹建、奉安典礼等纪念孙中山的活动。同时，孙中山的思想和精神也深刻影响着旧上海的政治、经济、文化教育、城市建设和社会生活等诸多方面。特别是在中国共产党的领导下和宋庆龄等的影响下，上海民众开展的轰轰烈烈的反帝爱国运动和抗日救亡运动，无不处处体现出孙中山的思想和精神。结束这一阶段可歌可泣的历史篇章后，展览紧接着开始了第三部分“传承与发展”的叙述，展示了新中国成立后，每次孙中山先生的逢十的诞辰纪念日，国家均以高规格对其予以纪念。新旧中国的更替，尽管日月换了新天，但对孙中山先生的崇敬与纪念不变，对中山精神的继承与弘扬不变。展览时间上的一致性体现的是叙事逻辑的连贯性，展现了历史与现实

[1] 黄巧梅：《叙事性博物馆的构建——以青岛市博物馆为例》，《中国文物报》2019年4月9日第3版。

的呼应。

3. 以内容与形式相互补

展览离不开叙事文本，叙事的传播途径方式多样，展览的陈展方式也应具有多样性。“上海城市记忆中的孙中山”展览的叙事文本来源主要是上海孙中山故居纪念馆的馆藏文物，以及上海图书馆的图片史料和上海档案馆的档案资料，大多以一些自明性较弱的革命文物、图文资料为展览的载体，辅之以再现历史场景的大幅绘画、雕塑作品、孙中山在沪史迹地视频、《实业计划》多媒体展示、漫画动画、电子书等让人有身临其境之感，产生了一种具有历史感、空间感和立体感的展陈效果。

四、结语

革命历史题材的展览，对于提升革命文物的历史价值与文化价值有着极为重要的作用。阐释学的引入为博物馆、纪念馆展览工作提供了新的视域，“上海城市记忆中的孙中山”展览是革命类纪念馆在叙事性展览的策划与实施及多元化媒介的运用方面的一项有益的尝试。

（刘青莉，上海孙中山故居纪念馆馆员）

综合性人物类纪念馆展陈人物评审机制探索

——以重庆市第二批历史名人遴选为例

刁向远

人物类纪念馆，又称人物纪念馆、人物纪念类博物馆、名人纪念馆等。人物类纪念馆是收藏、管理、陈列和研究历史人物遗物、遗迹的场所，主要职能是通过这些遗物、遗迹展示历史人物的生平、事迹，弘扬他们高尚的品德和伟大的民族精神，以达到教育教化和文化交流的目的。[1]人物类纪念的特质是名人性和纪念性，有的是纪念特定的一位名人，如韶山毛泽东同志纪念馆、聂荣臻元帅陈列馆等；有的则是纪念诸多名人，如安徽名人馆、龙华烈士纪念馆等。本文论述的综合性人物类纪念馆是指后者，即以城市所在区域历代（或某一特定时代）的多位历史名人为展示对象的综合性人物类纪念馆。

以习近平同志为核心的党中央高度重视文物博物馆事业发展，习近平总书记多次就文物博物馆事业发展作出重要指示批示，为新时代中国文物博物馆事业改革发展指明了前进方向，提供了根本遵循。在习近平新时代中国特色社会主义思想的指引下，我国文物博物馆事业发展取得了历史性成就，越来越多的城市着力于通过建设博物馆、纪念馆来诠释

[1] 蒋雨君：《人物类纪念馆藏品数字化管理工作方式研究》，复旦大学 2014 年硕士学位论文，第 1 页。

城市历史文化，完善现代公共文化服务，一批综合性人物类纪念馆也如雨后春笋般涌现。人物类纪念馆作为我国博物馆的重要分支，承担着传承发扬中华优秀传统文化的重任，在新时期迎来了新的发展机遇，同时也面临着新的挑战。

展陈人物是人物类纪念馆的核心和灵魂，而综合性人物类纪念馆的展陈人物一般较多，哪个时期、哪个领域、哪个级别的名人可以列入其中，目前业界没有一套系统规范的标准与程序来衡量和运作。这就可能造成各地政府、相关部门在规划设计综合性人物类纪念馆或者开展名人遴选工作时，顶层设计、长短期规划思路不清晰，职责部门不明确，入选人物评审机制也不健全。近年来，越来越多的省市在开展名人文化工程，采取或行政主导或学术机构专家推荐或群众民主投票等方式评选历史名人，兴建综合性人物类纪念馆，通过名人文化来宣传地域文化，初衷一致，但做法不一。

历史名人评审是一项政治性、学术性、专业性很强的工作。重庆市在这项工作上具有一定的经验，由政府主导，先后于 2003 年和 2021 年在全市范围开展了第一次和第二次大规模的历史名人公开遴选，入选历史名人实际上也是重庆历史名人馆的展陈人物。本文以 2021 年启动的重庆市第二批历史名人遴选工作为例，探讨综合性人物类纪念馆展陈人物评审机制，希望能对其他省份拟开展此类工作的有关部门提供参考。

一、重庆市第一批历史名人遴选工作概况

重庆，是国务院公布的“文化历史名城”，钟灵毓秀、人文底蕴深厚，养育了众多卓有建树的杰出名人。2019 年 4 月，习近平总书记在重庆考察时强调，重庆是一块英雄的土地，涌现了大批大义凛然、高风亮节的共产党人，并列举了赵世炎、王良、江竹筠、王朴、邱少云等人物的先进事迹。这几位人物，实际上都是第一批重庆历史名人。第一次重庆历史名人遴选工作于 2003 年正式启动，由重庆市政府办公厅牵头成立重庆历史名人遴选评审委员会，向各区、县（自治县、市）政府和市

级各部门下发《关于遴选重庆历史名人的通知》。第一次遴选先后收到各区县、单位和专家推荐的名单涵盖 370 人，后经市政府审议 200 位入选。

2007 年，重庆历史名人馆应运而生，展陈内容即为这 200 位历史名人相关资料。名人馆通过雕塑、油画、版画和多媒体影视等多种艺术表现手法，展现 200 位名人的生平事迹和重庆三千多年来的历史变迁，同时也承担着历史名人文化宣传和研究的职能，为传承中华优秀传统文化、展示重庆历史脉络发挥了重要作用。

二、重庆市第二批历史名人遴选工作的缘由

（一）在不断的研究中挖掘出新的历史名人

重庆历史名人馆在开馆运行的 16 年间，随着研究的不断深入，发现第一批遴选的历史名人在结构上并不完善，存在名人时代分布不全（一些朝代是空白）和地域分布不均（一些区县是空白）等问题。同时，又挖掘到一些尚未进入名人之列的重要历史人物。特别是在 2021 年全党开展的党史学习教育中，发现众多功勋卓著的历史风云人物尚未被纳入重庆历史名人名单。及时将他们增补进历史名人名单，有利于传承红色文化基因，赓续红色血脉，激励后人拼搏奋进。

（二）重庆历史名人馆迁建工作需要

2021 年，重庆历史名人馆迁建工作被列入重庆市“十四五”规划纲要。对照中共中央宣传部等部门印发的《关于推进博物馆改革发展的指导意见》要求，新馆拟打造成负责各区县历史名人纪念的总基地，集名人纪念、陈列展览、教育研究、观光旅游等多种功能于一体的重要文化场所，补选历史名人实际上是出于增加新馆展陈人物数量并把重庆历史名人馆打造成全国一流水平的需要。

综合考虑以上条件，2021 年 9 月，经重庆市委、市政府主要领导同意，在 2003 年遴选的 200 位重庆历史名人的基础上，决定再在全市范围遴选 300 位左右的重庆历史名人。

三、第二批重庆历史名人遴选工作的流程

（一）组建工作专班，形成遴选办法

一是成立评审委员会和专家委员会。2021 年 9 月，市政府办公厅印发《关于成立第二批重庆历史名人遴选评审委员会的通知》，形成由市政府主要领导任名誉主任，市政府分管副市长任主任，21 家相关单位领导为成员的第二批重庆历史名人遴选评审委员会，负责统筹推进第二批重庆历史名人遴选工作。随即，由重庆市委党史研究室、市政府文史研究馆、市档案馆、市志办、市博物馆、重点高校等单位的 34 位专家组建成第二批重庆历史名人遴选专家委员会（分为古代组和近现代组），负责第二批重庆历史名人的资料整理、查证以及遴选、审核等工作。

二是讨论形成遴选办法和评审程序。在第一次专家委员会会议上，讨论形成《第二批重庆历史名人遴选标准程序及评选办法》，明确第二批重庆历史名人遴选的指导思想及工作原则、遴选标准（遴选领域、地域范围、籍贯要求、评价标准等）以及专家论证和行政确认审批相结合的评审程序，即三次专家委员会评审和三次评审委员会评审（包含评审委员会终审）。

（二）下发遴选通知，汇总推荐人选

2021 年 9 月，重庆市政府办公厅向各区县（自治县）人民政府、市政府各部门和有关单位下发《关于做好第二批重庆历史名人遴选工作的通知》，各区县政府、市级部门、高校及专家认真开展所在地区、系统、单位、领域的历史名人的推荐工作。历时 10 个月，至 2022 年 6 月，评审委员会办公室共收到包括 800 余位重庆历史名人推荐人选的申报材料，形成开展遴选工作的第一手材料。

（三）严格按照程序，开展评审工作

一是专家委员会一审二审。专家委员会成员分组（古代组和近现代组）审阅推荐人选汇总名单，进一步补充完善人选名单，再根据分析和论证情况，以打分方式进行初评，形成初步建议人选名单。

二是评审委员会初审。由第二批重庆历史名人评审委员会对专家委

员会二审情况进行初审，提出指导意见和建议，查漏补缺。

三是专家委员会三审。专家委员会对评审委员会提出的意见、建议进行反复磋商，以酝酿讨论和投票等方式对初步建议人选名单进行分类比选，形成正式建议人选名单，并讨论、审核正式建议人选名单的事迹材料。

四是评审委员会二审。第二批重庆历史名人评审委员会审议正式建议人选名单，对部分正式人选的事迹材料提出意见、建议。

五是体制内征求意见。向重庆市各区县（自治县）人民政府、市委各部委、市级国家机关各部门、各人民团体、高等院校等近 200 家单位，征求对正式建议人选的意见建议。由评审委员会办公室对收集的意见进行核实、论证，最终形成第二批重庆历史名人正式人选名单。

六是报送审定（终审）。报请重庆市政府审定第二批重庆历史名人正式人选名单及正式人选的事迹材料。

四、历史名人评审机制的几点经验

历史名人遴选是一项时间跨度大、专业性强、操作难度大的工程。关于历史名人的界定、历史名人群体规模的大小、评选的标准和工作机制等，堪称众说纷纭、莫衷一是。作为第二批重庆历史名人遴选评审委员会办公室的一名成员，我有幸参与遴选工作的全过程，现将遴选工作遇到的难题和关于人物评审机制的几点经验归纳整理如下。

（一）确立指导思想

“国之大事，在祀与戎。”历史名人评选，或者说人物类纪念馆展陈人物的评选，具有很强的政治性，关系到举什么旗、走什么路的问题，因为作为公共领域的博物馆、纪念馆始终是国家意识的表达空间。所以，必须坚持正确的政治方向，确立正确的指导思想。对特定人物的评价，应符合社会主义核心价值观的认知。所以，评审工作必须先确立指导思想。

一是以习近平新时代中国特色社会主义思想为指导，坚持社会主义先进文化前进方向，推进社会主义核心价值观与中华优秀传统文化深度融合，大力弘扬爱国主义、集体主义、社会主义精神，传承历史人文精神，增强文化自信。

二是评判历史人物坚持唯物主义历史观，反对历史虚无主义。评判历史人物突出业绩贡献、道德示范和社会影响，力求从历史人物事迹中找到蕴藏的思想价值和时代价值。

三是坚持大历史观。统筹考虑古代史和近现代史，统筹考虑党史、新中国史、改革开放史和社会主义发展史，统筹考虑人物所在的年代和地域分布情况。进一步完善历史名人结构，确保历史名人的真实性、典型性和地域文化的系统性、代表性。

四是坚持正确的文化观。重庆市作为国家中心城市和成渝双城经济圈的核心城市之一，必须补齐文化短板。紧紧围绕举旗帜、聚民心、育新人、兴文化、展形象的使命任务，弘扬“行千里·致广大”的人文精神，传承巴渝文化、三峡文化、抗战文化、革命文化、统战文化和移民文化，为重庆改革发展和建设“人文之城”提供强大的价值引导力、文化凝聚力、精神推动力。

（二）遴选历史名人群体的规模

全国各省、市、县的历史名人宣传和研究工作方兴未艾，历史名人评选规模大小迥异。各地以历史名人为展陈对象的开放型纪念馆，按照展陈名人的规模来看，大致可分为单一型、精选型和综合型三大类。综合性人物类纪念馆中，历史名人的数量过少则显得单薄，遴选人物数量以适度为宜。

以重庆为例，重庆作为直辖市，宜走大综合型的路子，全面系统研究梳理，力争反映三千年历史的全貌，实现空间和时间的全面覆盖，展现各地区各历史时期的人文风貌。在征求有关专家学者意见基础上，第二次重庆历史名人遴选评审委员会决定再遴选300位左右历史名人，加上第一批200位重庆历史名人，形成500位左右规模的历史名人库。这样一个较大的规模可以形成名人群体效应，根据其贡献程度在重庆历史名人馆新馆予以重点展陈或汇总展陈，有利于展现重庆三千年历史脉络的宏大叙事。

（三）历史名人的遴选标准

历史名人没有明确的定义，一般是指在某一历史时期对社会发展或某一区域的发展作出突出贡献，并对后世产生深远影响的历史人物。什么样的历史人物可以入选历史名人，一直以来众说纷纭。各地应根据自身的地方历史特点，制定当地历史名人的遴选标准，这是历史名人遴选工作的重中之重。本次重庆历史名人遴选，讨论通过如下遴选标准。

1. 遴选领域

从重庆自古以来，在政治、军事、经济、文化、艺术、科教、民族、宗教、农林等各个领域，对国家统一、民族团结、建设发展、和平稳定、社会文明进步，对重庆发展有突出贡献和重大影响的历史人物中进行遴选。

2. 地域范围

以现今重庆市行政区域为主。需要注意的是，重庆市辖区的历史区划变更频繁，为尊重历史文化传统，保持文化延续性，在以重庆市现有行政区域为主的同时，还应适当兼顾历史上巴国、巴郡、恭州、重庆府等所辖区域，以避免人文资源的人为割裂和历史文化的断层。

3. 籍贯要求

入选名人以本籍为主，客籍（含外国籍）为辅。本籍是指祖居地或出生地在今之重庆地域（需要指出的是，自古以来巴蜀地区文化交流甚密，两地交界区县历史区划调整频繁，应仔细甄别，有重叠交叉的跨省市共享人物也可入选）；客籍是指祖居地或出生地不在重庆，但曾经在重庆学习、工作、旅居、生活过，其主体事迹发生在重庆，客籍人物需从严把握。

4. 评价标准

坚持“宽古严今”“宽本严客”的原则，从历史贡献度、社会知名度、道德影响力、人物稀缺性和与重庆的关联度五个维度进行比选，遴选对象要在全国或全市有一定的贡献和影响，其思想著作或功绩等要有当代价值。遴选工作中，要把遴选对象在重庆的故居、遗迹、遗存以及有关历史文献资料等作为重要参考依据。

5. 政治人物

对当代担任过重庆市市级以上领导职务的干部、重要政治人物，专家委员会形成初步意见后，以征求市级有关部门意见为主，最后由市政府审定。

6. 截止时间

遴选对象限已故人士，时间截止于2021年12月31日。

7. 古代与近代人物的界限

本次历史名人遴选以重庆开埠（清光绪十七年、公元1891年）为界，分为古代与近现代两个部分。原则上，推荐人选的卒年在1890年（含1890年）以前分在古代组，1891年（含1891年）后至今分在近现代组。在具体操作时，可根据其具体事迹进行适当调整。

以上遴选标准是专家意见的结晶，为遴选工作的开展提供了必要依据。特别是当评审委员间的意见相左时，需严格按照以上遴选标准作出选择和判断。值得一提的是，在评审过程中，专家评委讨论最激烈的是第4条“评价标准”。由于大家的视野和角度不同，再加上部分历史人物资料有限，专家评委对同一个历史人物的评价结果可能存在差异。在实际评选过程中，评审委员会办公室制作了包括“历史贡献度”“社会知名度”“道德影响力”“人物稀缺度”“与重庆的关联度”五个维度的量化评分表格，通过量化评分来汇总和分析各方意见，从而作出判断，真正把对重庆历史、对中国历史和人类文明进步有较大贡献的杰出人物遴选为重庆历史名人。

（四）历史名人评审工作机制

重庆市第二次历史名人遴选工作是一项政府主导的历史名人评审工作。不难看出，为最大程度确保结果的公平公正和准确可信，制定了严格的评审程序和工作纪律，以减少失误和排除干扰，体现政府的公信力和权威性，现将评审工作机制总结如下。

1. 广泛推荐机制

下发《关于做好第二批重庆历史名人遴选工作的通知》，在重庆全市范围各级党政机关、研究机构进行组织动员、广泛推荐，这是遴选基础工作的第一步，能最大范围地汇总各年代、各地区、各行业、各领域的人选。之后，专家组评委再根据汇总名单进行第二轮补充推荐，查漏补缺，形成历史名人资源库。

2. 专家审核机制

首先，结集重庆全市权威文史专家的专家评审团队，对遴选人选基础材料的准确性进行审核把关，同时可补充推荐，防止重大错误和遗漏。通过专家组评委一审二审，移出不符合遴选标准的历史人物，提出初步建议人选名单；经过三审，对评审委员会提出的意见和建议进行反复讨论和磋商，以差额投票的方式形成正式建议人选名单。专家评审工作经过这样一个由粗到精的筛选过程，便蕴含了集体的智慧。

其次，在遴选环节中实行专家回避制度，即参与遴选的历史人物为某位专家的亲属时，要采取单向回避措施，即该专家不对此历史人物进行任何投票、打分或比选，有必要时也可不参与该轮投票。此项制度可规避道德风险，有助于评审的公平公正。

3. 行政评审机制

政府主导性质的名人评选，不仅仅是学术行为，而且含有强烈的政治导向。重庆市第二批历史名人遴选工作采取行政评审机制，由政府职能部门单位组成的评审委员会，负责严把遴选工作政治关、专业关、程序关、舆论关（需要相关部门通过网络联审机制对人物进行网络核查）。评审委员会对专家审核的过程和结果提出指导意见、进行评审验收，确定遴选候选人名单，报请市政府常务会议审定。

4. 综合评价机制

对参与遴选的历史人物采用定量和定性相结合的综合评价机制。定量评价，即采用综合评分法对历史人物设置一套评价指标体系，按照权重进行综合评价计分，统计专家评委的评分并作为重要参考依据。定性评价，即把历史人物按照年代（古代与近现代）、籍贯（本籍与客籍）、领域（政治、军事、科教、文艺、金融、体育等）等要素进行分类，专家评委对历史人物进行分类比选、分析、酝酿和论证，兼收并蓄，避免出现某类型名人数量过多或过少的情况，尽量兼顾结构均衡。

5. 持续跟踪机制

对历史人物的评价要广泛听取社会各方意见，尽可能凝聚共识。建立跟踪机制，持续开展后续研究，畅通淘汰和补充推荐渠道。在名单总体稳定的情况下，对于历史资料存在的谬误进行订正，重新评价历史人物，必要时可做适当调整，淘汰个别历史人物或增加新的历史人物进入名录。同时，在条件成熟时可以开展下一批历史名人遴选，保持工作的延续性和长效性。

五、结语

对于我国当下的文化建设而言，中华民族历史上涌现出来的诸多历史名人，正是我们宝贵的文化资源，是我们深厚的文化软实力的一部分，也是文化自信的重要精神源泉。得到认定的历史人物，是综合性人物类纪念馆最有价值的展陈主体，是地域文化的象征，是民族精神的载体，是文旅融合的宝贵资源。开展历史名人遴选工作，具有重要的文化价值、历史价值、教育价值、道德价值和经济价值，对树立弘扬社会主义核心价值观、引导社会道德风尚有积极的推动作用。科学、合理、规范、系统的人物评审机制，对历史名人遴选工作的顺利开展提供了智力支持和制度保障，为选出实至名归、社会认可的历史名人奠定了基础。当越来越多历史名人的光辉形象呈现在博物馆、纪念馆时，这些展陈人物便在历史与现实之间架起了一座桥梁，使后人在对他们的无限缅怀和追忆中，更完整地解读历史、传递精神。

（刁向远，重庆历史名人馆馆员）

把叙事作为方法：人物类纪念馆的时代价值与困境突围

彭　茜

叙事的传统由来已久，伴随着人类文明出现，与我们交织与共，无处不在。随着博物馆理念的转变，博物馆越来越重视观众作为主体的作用，开始从“展示至上”走向叙事型模式，叙事型博物馆不仅需要传播文化信息，更需要懂得如何讲好故事，实现信息的有效传播并引发观众的共情。人物类纪念馆作为中国博物馆的重要板块，其情感价值、媒介价值、公共价值随着时代的发展越来越凸显，在这个过程中怎样把叙事作为方法，进一步发挥人物类纪念馆公共服务职能，针对当下困境进行有效突围，提升人物类纪念馆的竞争力以最大限度发挥纪念的作用并构建集体记忆，引发观众的共鸣与沉思，是我们每个纪念馆人需要面对和深思的。

习近平总书记指出：“要加快构建中国话语和中国叙事体系，用中国理论阐释中国实践，用中国实践升华中国理论，打造融通中外的新概念、新范畴、新表述，更加充分、更加鲜明地展现中国故事及其背后的思想力量和精神力量。”叙事的传统由来已久，作为一种伴随着人类文明的古老文化行为，始终与人类历史相互交织，无处不在。叙事对人类来说，似乎分布于各种形式当中：神话、传说、寓言、民间故事、小说、史诗、历史、绘画、电影等等。

随着博物馆理念的转变，博物馆越来越重视观众作为主体的作用，博物馆从“展示至上”走向叙事型模式，叙事型博物馆不仅需要传播文化信息，更需要知道如何讲好故事，实现信息的有效传播，提升博物馆竞争力。人物类纪念馆的展览内容，在尊重历史、客观展现人物特点的基础上，运用叙事学解读人物故事，传达展览信息与主题，有助于公众理解展览内容，以最大限度地传播文化知识，赋予展览现实意义与引发观众新的思考。作为将教育、纪念等多种功能集合在一起的博物馆，肩负着社会追思历史、启迪当下、传承精神、开创未来的多重责任。作为联系过去、现在与未来的纽带，人物类纪念馆重点参与了集体记忆、个人记忆的构建，对我国精神文明建设、人文精神延续有着重要作用。因此，怎样进一步借助叙事手法讲好中国故事，打造富有意义的叙事，真正吸引观众、打动观众，以达到纪念的目的，是人物类纪念馆必须面对的任务。

一、故事与话语：把叙事作为方法的人物类纪念馆

叙事学是在结构主义影响下产生的研究叙事的理论，作为一门独立学科于 20 世纪 60 年代诞生在法国。叙事学早期应用于文学领域，20 世纪 90 年代慢慢渗透到博物馆领域，直到 21 世纪，叙事学才与我国博物馆学相融合。美国叙事学家西蒙·查特曼在其著作《故事与话语：小说和电影的叙事结构》中将叙事分为两个部分：一是故事，即内容或事件的链条，外加所谓实存，也就是人物、背景的各组件；二是话语，也就是表达，是内容被传达所经由的方式，也就是表达故事的途径。通俗来说，故事是叙事中的“什么”，话语则是其中的“如何”。叙事作品的意义很大程度上来源于这两个部分间的相互作用。亦可理解为“故事”指的是主题确定与内容策划阶段，“话语”则是展览的叙事方法、媒介选择等技术手段。

（一）人物类纪念馆的叙事内容

人物类纪念馆不论是作为纪念性的物理建筑空间，还是传播人物精神的文化场所，均需通过藏品来“讲故事”，其叙事话语最终指向其

“认同感”的建构，“讲故事”让展览完成更加高效且深刻的传播。博物馆本身具有大量文物资料，是历史记忆的载体，并蕴含着丰富的故事，因此博物馆“讲故事”具有一定的优势。人物类纪念馆的展览叙事，主要是展示历史背景下优秀人物的生平事迹、对社会的影响及当今意义等，它用成组或单一的展品，结合历史文献、图片阐释与背景故事，再现人物历程，展示人物形象，发挥其宣传教育功能，对公众的精神生活起到一定的指引与启迪作用。

（二）人物类纪念馆的叙事方式

完成叙事行为需要两个主要步骤：“确定事件，从混沌的‘事件之海’中选出有意义的部分作为叙述对象；赋予事件‘秩序’，将事件编织为叙事文本。”[1] 确定故事的讲述方式，将“故事”落地为“展览”，从展览内容确定到形式、空间设计，都包含在其中。无论博物馆的叙事结构多么复杂，也不论讲故事的方式是线性的还是非线性的，只要其内部存在完整的逻辑链条，便会使展览有意义。叙事结构大致可以分为三种最基本的形式：“线性—因果叙事”“主题—并置叙事”以及“分形叙事”[2]。由于人物类纪念馆的主要展示内容为人物生平，其人物类展览大多按照编年体的框架在构建。其中线性—因果叙事结构在人物类纪念馆中被采用频率最高，这种叙事手法相比别的结构而言有个显而易见的优点，即按照时间逻辑线编排有利于观众的接受与理解。

二、传承与意义：人物类纪念馆的时代价值

名人纪念馆与名人故居、历史事件纪念馆共同归属于纪念类博物馆，是中国博物馆的主要类型之一。民众通过瞻仰纪念馆，学习先辈精神，与自身比照达成认同，从而树立正确的人生观，进而有效推动整个社会价值观的建设。纪念馆与其他类型博物馆的显著区别在于“人”——纪念对象，因纪念对象的历史贡献与社会价值产生了跨越时

---

[1] 严建强：《策展的挑战——从符号观念到故事思维》，浙江大学出版社 2021 年版。

[2] 周安翠：《博物馆主题展览叙事研究》，南京师范大学 2016 年硕士学位论文。

代的影响力，其精神为社会意识形态认可并推崇，纪念的动机便会产生于对此意识的认同之中。人物纪念馆不仅要通过展示与纪念对象相关的馆藏文物、其他展品，来呈现个人生平、历史贡献和社会价值，更重要的是建构对由纪念对象体现或代表的优秀民族精神的认同。随着时代的迅速发展与媒介的快速更迭，人物类纪念馆已经拥有更多属于自己的时代印记与社会价值：教育、启迪公众的责任有增无减。

（一）情感价值：纪念性与榜样性

“纪念”是以记忆和回忆为基础的一种心理活动，是指通过特定事物、空间情境的提示和人们行为的暗示，来产生对人、事、物的回忆和情感怀念，是一种具有情感和精神偏向的主体心理活动[1]。人物类纪念馆的建立不仅仅是纪念这位名人，更重要的是其传达给公众的精神力量，需要我们弘扬和传承下去，以期勉励自身。因此它具有极大的情感价值，可以牵动公众的情绪，以唤醒记忆与回忆，并产生怀念，这是与纪念馆的本质特点“纪念性”息息相关的一个特质。在真实的基础上，它更重视情感的维系、精神的追求、人心的触动。“纪念馆就是为纪念意义而建的，纪念意义越大，这个馆的价值就越大，它的存在与发展的根据就越大。”[2]随着物质生活的不断丰富，公众对于精神体验的需求也随之提升。

同时，人物类纪念馆的纪念对象往往是在历史上作出突出贡献或产生重大影响的优秀人物，通过展览的形式展现了人物的生命历程、丰功伟绩、伟大精神、社会影响，并彰显了我国的民族精神与先进文化，教育和引导广大公众弘扬和传承纪念对象的精神品格。其人物所体现出来的“榜样性”，有助于人们坚守道德底线、坚定理想信念。

（二）媒介价值：空间性与权威性

英国考古学家尼克·梅里曼曾说，博物馆其实就是一种大众媒介[3]。

---

［1］王月涛：《基于主体意识层次的纪念性建筑创作方法建构研究》，哈尔滨工业大学2013年博士学位论文。

［2］张秋兵：《中国纪念馆刍议》，《区域特色与中小型博物馆——江苏省博物馆协会2010学术年会论文集》，2010年。

［3］陈萱：《作为媒介的传播：南京博物院的叙事策略》，扬州大学2023年硕士学位论文。

在传播学界看来，媒介有两重含义：第一个是信息传递的载体、工具或技术手段；第二个是从事信息的生产和传播的社会组织。人物纪念馆中藏有大量文物并包含众多文化信息，同时也是传递信息的载体与文化机构。从这个定义来看，人物类纪念馆是传播媒介的一种。与此同时，随着学界的发展，学者对“物质”“形式”“制度”这三个相互作用的概念有了进一步的阐释。丹麦学者克劳斯·布鲁恩·延森认为媒介是“物质的载体、表达的话语和情态形式以及全社会对于交互活动的形成与限制加以规范的制度”[1]。从这个角度来看，首先，人物类纪念馆拥有实在的物理空间，并承载着大量的文化信息；其次，它通过各媒介传播使得文物与文化信息转化为观众可接受的信息，从而进行展示与传播；最后，它拥有需要严格遵守的规章制度与一定的管理方式。

人物类纪念馆以真实的历史与有形的实物进行传播，具有一定的背景知识与历史语境。在传播方式上，可以根据实际情况选择线上、线下进行传播，且形式多样。在此基础上，人物类纪念馆拥有它的受众群体，这一群体在这里有着一定的主观性，其集体记忆与个人记忆的构建，也在其传播过程中不自觉完成。它依靠真实历史材料与人物实际存在的文物内容来进行有效的、令人信服的传播。

（三）公共价值：公共性与参与性

随着时代与博物馆自身的发展，博物馆由法国大革命前的私人领域，再到18世纪开始显现公共的特质，最后到20世纪70年代的圣地亚哥圆桌会议与国际博物馆协会第11届全体会议对博物馆定义的更新，将博物馆推向社会面向公众，其公共性不断凸显。伴随着“新博物馆学”的兴起，公众的主体地位也被不断提起与重视，公共性已逐渐成为近代博物馆的本质属性之一。人物类纪念馆作为博物馆的重要组成，面对被纪念对象，如果没有了公众的积极参与，“纪念”也就失去了意义。

人物类纪念馆公共性的实践，需要公众的积极参与，两者是互为促

---

[1] 陈萱：《作为媒介的传播：南京博物院的叙事策略》，扬州大学2023年硕士学位论文。

进的关系，这是人物类纪念馆在新时代的价值所在。只有更多公众参与纪念、唤醒记忆、构建认同，其纪念价值与意义才会更大。同时，人物类纪念馆需要作为知识生产者的观众，我们需要改变观众“沉默”与“被动”的状态，发挥其公共性。真正难忘的参观体验，将充分调动观众的各个感官，进而激起联想、回忆、想象，引发观众的情绪刺激和情感共鸣，这样的体验超过展览中所精准传输的密集知识和信息的作用。

三、体验与思辨：人物类纪念馆的困境突围

人物类纪念馆虽因纪念对象的不同，其展览内容会有很多不同。但除却艺术、科学类等名人外，我国近现代革命人物纪念馆众多，如不进行深入挖掘与探索，许多革命人物史料将会重复与重叠，再加上较类似的叙事视角与叙事结构，导致观众参观后难以捕捉到人物个性与展览亮点，无法达到预期的纪念的目标。因此可基于叙事学的两个方面来进行同质化突围，进一步发挥人物类纪念馆的情感价值、媒介价值、公共价值，深挖个性以给观众带来更深刻的观展体验，让公众得以找寻到纪念的意义、情感的慰藉与思辨的力量。

（一）故事上关注人物，转向微观

讲故事可以将参观博物馆变成一种让人顿悟、新奇且回味无穷的体验，同时讲故事是人类最原始和最基本的学习方式之一，它能够让听故事的人想象不同的时空，以保存个人记忆和集体记忆，让人产生共情。讲故事的学习方式不是单纯的说教，而是鼓励个人思考和公共讨论的。博物馆作为公共机构与有力的故事讲述者，自诞生以来，里边就存在着值得被讲述并代代相传的故事。

作为人物类纪念馆的主体——纪念对象，展现人物优秀品质与精神的故事比比皆是，而怎样去串联这些故事以服务展览主题，凸显纪念对象的特点与亮点，是需要纪念馆人深入研究的。只有纪念对象被塑造得有血有肉、丰富立体，叙事才具有强大的吸引力，观众才能随着叙事情节发展从而产生喜怒哀乐。人物类纪念馆的人物生平介绍，国内的展览多采用宏大叙事视角，同时也是线性—因果叙事结构，笔者认为这样的

叙事结构是革命人物纪念馆同质化的原因之一。人物类展览是否可以跳脱出该叙事结构，将文物、史实等内容按主题分类重新构建，从微观角度进行叙事？这里的微观不是说忽略被纪念对象的伟大业绩与精神，而是试图从该人物的微观角度去切入，以此拉近与观众的心理距离，让观众看到属于被纪念对象的多重角色与侧面。比如，首都博物馆曾经策划“王后·母亲·女将——纪念殷墟妇好墓考古发掘四十周年特展”，这个展览基于数十年来深厚的研究基础，将 200 余条关于妇好的甲骨卜辞和 400 余件器物融汇于“她的时代”“她的生活”“她的故事”“她的葬礼”四个部分，向观众展示了多重身份下的不同侧面，让观众从不同的角度认识这位距离我们时间久远的优秀女性，大大拉进了展览与观众的距离，并给观众留下了深刻印象。这种新颖的策划，破除了一般的时间叙事视角，让同样的史料有了不一样的讲述方式。

另外，随着人的认知所具有的叙事化倾向的发展，个体叙事在展览中的运用与日俱增。在张之洞与武汉博物馆中，其中一展室内容就特意用到了 30 个声音装置，每个装置都收录了不同时期、不同身份的人对他的一段评价。这些评价最早与他同时代，来自他的同僚或者国内外媒体；最晚来自近几年，其中包括一些领导人对他的评价。这些评价角度褒贬不一、风格迥异，让观众根据这些不同时期的不同评价对张之洞有了相对完整的认识，像一面面微观之镜映射出来一个有血有肉的张之洞。

微观的视角不仅可以从纪念对象寻求新颖的角度以求展示出该人物的特点与精神，还可以从旁观者视角进行切入来塑造该人物的整体印象。

（二）话语上丰富结构，转换视角

同一个问题，用不同的方法与角度解答，即使答案相同，也会出现不同的解答过程，各有各的精彩。同样，如果面对同样的史料，以不同的视角去阐释，会呈现出完全不同的叙事从而构建出不一样的展览内容。如，南京博物院曾经策划“拿破仑——飞越欧洲的雄鹰”展览，将展览分为七大部分，采用了拿破仑的六个角色，即“莱蒂齐亚的儿子”“约瑟芬的前夫”“塔列朗的政敌”“缪拉的统帅”“路易斯的丈夫”“贝朗特的陛下”“印象拿破仑”，通过拿破仑与这些人物的关系与事件，展示了他在不同阶段经历的人生故事。这时候的人物生平事迹不仅仅是史料，更重要的是，从浩瀚如烟的材料里找到独特的视角，并采用了主题—并置叙事结构。这种结构类似于故事集，每个叙事单元都可独立成为一个叙事，各个叙事单元之间保持独立又相互关联，就像一首交响乐里所有的乐器都为了这首主旋律在发声，这些叙事单元便是这主旋律不可或缺的乐器，并最终赋予展览不一样的意义。叙事话语结构的丰富，让展览带给观众更新颖、更深刻的记忆。

另外，典型的叙事型纪念馆在这里不得不提美国大屠杀纪念馆，他们专门为8岁以上的中小学生特意设计“铭记孩童——丹尼尔的故事”展，采用了固定式内聚焦视角的方式进行策展[1]。此展览以大量二战时期的孩童日记和幸存者口述为基础，塑造了一个虚拟人物——德国犹太男孩丹尼尔，通过这个虚拟人物讲述当时的悲惨生活与严重创伤。这样的视角不仅没有让观众感到无所适从，反而加深了观众的印象，直击人心，纪念与反思也正是在这种情绪下才更可能发生。

叙事是一种交流，用展览“讲故事”也不例外。话语结构的丰富建立在大量研究的基础之上，只有深入了解史料，才有可能丰富结构与内容，创新视角与主线，让观众真正看懂展览，引导他们思考，真正实现人物类纪念馆与观众的心灵交流。

（三）吸引观众主动参与，为观众构建思辨场域

严建强曾指出观众衡量展览好坏的三条标准是，“好看（展览对观众的吸引力）、看得懂（理解和掌握展览传播的信息）、得到启发与感悟”[2]。三条标准的层次逐渐深入，从视觉吸引到信息传播和理解，最后到情感共鸣引发思考。真正好的展览，不仅让文物“活”起来，还需要让人也参与进来。观众的主动参与是博物馆公共性的极大展现，我们要认识到，作为公共文化服务机构的博物馆，它的展览是一种社会公共

---

［1］ 李明倩：《换一种说法——基于叙事学的展览文本去同质化研究》，《自然科学博物馆研究》2020年第6期。

［2］ 严建强：《策展的挑战——从符号观念到故事思维》，浙江大学出版社2021年版。

文化产品，只有当它真正投入使用、迎来观众的时候，这个展览的社会价值才开始实现。

在《没有展品的博物馆》一书中，作者对张之洞与武汉博物馆的策展思路做了解释，这座吸引无数观众驻足打卡并后劲十足的人物博物馆，是否可以作为人物类纪念馆的思辨场所范例呢？在书中作者这样写道："观众在这座博物馆里，不仅仅是走进历史中观看张之洞的治鄂兴革，更是放到今天的城市发展和生活层面来讨论张之洞的'遗产'。因此，我们不依循历史的时间线性叙事，而是采用主题的划分方式，来理解那段历史与今天的关系。"[1] 张之洞与武汉博物馆为公众提供了角色体验，赋予观众具体的身份与视角。特别的场景设置，能让观众进入不同的历史身份与角色中，以此来体验张之洞本人曾面对的历史情境，能更生动地观察到当年武汉的城市近代化改革与张之洞的亲密关系；更重要的是，观众通过沉浸式感受以试图感悟和理解当时的张之洞。毕竟，人物类纪念馆，应当让"人"先行。

在这样一个信息爆炸的时代，对于观展的公众而言，笔者认为重要的不是信息内容的吸收程度，而是展览内容可以带给人怎样的思考。博物馆作为公众重要的思辨场域之一，应当进一步发挥其公共职能。人物类展览也可做到将故事叙述与当下社会发展结合。大英博物馆曾举办"莎士比亚：世界大舞台"展览，它不是向世界展示莎士比亚的伟大文学成就，而是为了探讨当下世界在全球化进程中遭遇的种种问题。博物馆董事凯伦·阿姆斯特丹说："通过莎士比亚的眼睛和他的描述，我们重新回顾欧洲的现代化历程。许多正在困扰当下的全球性问题，在莎士比亚的时代已经悄悄萌芽。"凯伦还认为，博物馆要举办富有思想的展览，因为当下的世界正变得日益动荡和不安定，很多隔阂都因人们对其他文化的偏见和无知而产生。另外，大英博物馆还策划过"特洛伊：神话与现实"展览，在末尾部分用了一定的篇幅描述了"新时代的新故事"，简要讨论了人们对于特洛伊故事的讲述如何因时代、立场而变迁，

---

[1] 李德庚：《没有展品的博物馆》，重庆大学出版社 2021 年版。

以及在考古学成果之外，文学、电影、视觉艺术等各领域对这一古老传说的继承与焕新。这部分内容将离当下十分遥远的故事与如今各领域都进行了有效串联，让观众拥有了自己的思考与意义构建，让其“看见”了故事的力量。

在“以观众为中心”的理念与信息爆炸的大环境下，博物馆不仅可以给公众提供信息内容，更重要的是，实现了从“刺激眼睛”到“刺激大脑”的进阶。

四、叙事的意义

我们之所以能感受叙事作品的魅力，很大程度上是因为其虚构性。尽管传统观点认为真实性是博物馆合法性的基石，但不可否认展览的故事依旧是被建构的。在建构的过程中，展品被重新界定，时间线转化为故事线，展厅空间成为一种叙事媒介。既然人是悬挂在自我编织的意义之网上的动物，那么展览故事建构本质上正是编织一张意义之网的过程。在后真相时代，人们的注意力被日常碎片化的信息所分散。我们既是故事的讲述者，又是听故事的人。在混沌的“事件之海”中，这个世界希望用博物馆保存下何种文化记忆？故事有可能带给我们新的力量吗？答案是肯定的。骆以军在《故事便利店》里说道，即使 AI 再进化五十年、一百年，讲故事依然是它无法跨过的人类文明的最后一道高墙。

不论时代怎样变迁，我们依然需要叙事，需要故事，需要意义，来唤醒与构建我们的记忆，不论是个体记忆、集体记忆还是文化记忆，都是我们作为人类存在于世的精神之源。而人物类纪念馆是让历史中的“人”与当下的“人”得以产生交集的有力的媒介与思辨之域。我们需要把叙事作为方法，发挥人物类纪念馆的时代价值，虽然这不是博物馆展览唯一或者最好的方法，但核心理念是博物馆从对“物”的关注转向对“人”的关注，而“讲故事”也远远不是展览叙事的终点。

我们纪念，是为了时刻提醒自己：不要遗忘。

（彭茜，湖南韶山毛泽东同志纪念馆馆员）

浅议如何以城市文化角度切入人物类场馆展览策划

张克令

博物馆展览与城市文化之间有着密切的关系，人物类场馆作为城市文化的凝练符号之一，其展览所呈现的文化内涵在很大程度上是城市文化和精神的重要组成部分；城市文化也为人物类场馆提供了广泛的资源支持，尤其是抽象的城市文化内核。以城市文化角度切入，平衡好人物故事与城市文化之间的关系，做好人物类场馆展览策划的顶层设计，可以丰富展览内容，提升观众体验，推动场馆永久性发展，也可为城市文化注入新鲜血液并带来新的思考和启发。

一、引子：城市文化与人物类场馆展览

城市文化，从微观的角度看，“是城市的文学艺术、新闻出版、广播电视、图书博览，以及各种社会性、群众性娱乐活动的总和，即通常与教育、科学、体育、卫生等相并列的文化事业。内含文化行为、文化知识、文化设施和文化生活”。[1]城市文化为博物馆展览提供如历史文物遗产、民俗传统、现代艺术等物质和非物质的展示内容。人物类场馆可以是博物馆、纪念馆、艺术馆、故居等不同形式的场所，是城市空间中真实存在的物理实体，通过展览等方式，向观众展示和解读人物的生

[1] 陆雄文主编：《管理学大辞典》，上海辞书出版社2013年版，第404页。

活和工作。人物类场馆强调个人对于历史、文化和社会的影响，向公众传达人物的价值观、思想和影响力，让观众更加深入地了解和认识人物，并从中获得启发和教益，它是城市文化中不可或缺的一部分。

2022年8月，在布拉格举行的第26届国际博协大会通过的博物馆新定义，更能直观体现出场馆展览与城市文化之间的关系。“博物馆是为社会服务的非营利性常设机构，它研究、收藏、保护、阐释和展示物质与非物质遗产。向公众开放，具有可及性和包容性，博物馆促进多样性和可持续性。博物馆以符合道德且专业的方式进行运营和交流，并在社区的参与下，为教育、欣赏、深思和知识共享提供多种体验。”[1]“展示”是人物类场馆的呈现方式，作为“展示”的呈现结果——展览，本身置于城市文化之中，反之又通过自身的内容，反映当地城市的历史、人文、自然、科技等方面的特色和亮点，对城市文化建构与阐释产生一定的影响。“物质与非物质遗产”以城市文化的实体内容和抽象的城市文化对人物类场馆提供展示载体。

通过城市文化角度切入人物类场馆展览，可以将人物与城市文化相结合，赋予人物展览更深层次的内涵，展示人物在城市历史文化中的地位和作用，从而让观众更好地理解人物的背景和意义，增加展览的故事性和艺术性。城市文化角度的切入也可以使展览更具时代感和现实意义。城市文化是时代的产物，反映了社会的发展和变革，以城市文化角度切入，展览可以呈现出人物在城市中的影响力和社会价值，引发观众对当代社会问题的思考和讨论，增加展览的现实意义和可持续性；此外，还可以将人物展览与城市的发展规划和城市文化传承相结合，为城市的可持续发展提供思路和借鉴。

二、实践：人物类场馆展览如何在“城市文化”概念下策划

（一）确定展览主题与城市文化关联

确定展览主题与城市文化关联是人物类场馆展览策划中非常重要的

---

[1]《被赋予新定义的博物馆》，《中国文化报》2022年9月22日第3版。

一步。人物类场馆展览既然是城市文化一个小的镜像切口，在做展览前期的策划过程中，就要把展览放置在城市文化呈现与传播的意识中去思考。思考展览到底想表达什么，不只是一个逻辑思路清晰的“命题作文”。展览策划者首先可以深入研究展览所在城市的历史和文化，了解城市的特色和独特之处。通过了解城市的历史事件、重要人物、地标建筑、传统习俗等方面的信息，可以找到与人物故事相关的城市文化元素。其次，可以寻找人物与城市之间的关联点。这可以是人物在城市中的生活、工作或创作经历，也可以是人物对城市文化的影响和贡献。通过探索人物与城市之间的联系，展览策划者可以确定展览主题，并将城市文化元素融入展览中。第三，可以考虑将城市文化的表达形式融入展览中。这可以是城市音乐、舞蹈、戏剧、绘画等艺术形式，也可以是城市的美食、服饰、手工艺品等文化元素。通过引入这些表达形式，展览可以更加生动地展示城市文化的魅力。最后，可以设计一些互动体验，让观众能够身临其境地感受城市文化。这可以通过虚拟现实技术、互动展品、多媒体展示等方式，让观众参与其中，了解和体验城市文化的魅力。

城市以上海为例，上海的城市文化主要有“海派文化”“红色文化”和“江南文化”；上海的城市精神则为“海纳百川”“追求卓越”“开明睿智”和“大气谦和”。人物类场馆以上海市龙华烈士纪念馆为例，龙华烈士纪念馆作为群体型人物类场馆，展览标题为“英雄壮歌——上海

龙华烈士纪念馆展览标题展示区

英烈纪念展陈”，展览内容紧扣“英雄之城孕育英雄，英雄精神激励后人”主题，本着“以史叙事、以事带人、以人见精神”的布展理念，并辅以多种先进的陈展技术，集中展示了和上海这座城市息息相关的英雄人物的生平事迹。展览主题聚焦城市和英雄人物两者之间的关系，观众在参观过程中，可以时刻感受到馆内城市和英雄人物之间的深刻联系。

（二）城市文化在展览中的呈现

龙华烈士纪念馆在展览内容的呈现细节上，通过展览布局和展示手段，使城市文化与人物故事相融合，空间无不呈现着上海的城市文化与城市精神。例如创意展项“解放上海”，通过营造两个平行时空的场景，表现了上海解放过程中激烈的战争环境及上海人民平和的生活状态，突出解放上海“瓷器店里打老鼠”的特点。在展示手段上，外围战争场景以油画《战上海》为基础，再现地动山摇、焦土残垣的激烈战斗和英勇无畏的英烈形象。市内场景通过上海市民井然的日常生活状态表现上海地下党广泛动员并组织各阶层人士，保护工厂、机关、学校，反对敌人的屠杀、破坏、搬迁。展项中方言的使用、地下党员的工作等，都是上海海派文化、红色文化的体现。

展项“解放上海”

“二十四烈士雕塑多媒体剧场”展项作为独立空间，位于主展线的中后区域，是展陈节奏的高潮所在。展项聘请国内著名雕塑家根据二十四烈士的不同人物事迹和精神，设置人物群雕场景，通过高低前后的总体构图，很好地反映了主题人物的个性和气质，具有很强的现场震撼力，是龙华二十四烈士英雄气概的集中反映。展项在雕塑的基础上，又首次采用现代舞的形式阐释英烈精神的内容，通过视频、朗诵、音乐、灯光、全息等多媒体结合，演示了二十四烈士工作、生活、牺牲和被缅怀的画面，反映了二十四烈士由生而死、死而永生的感人事迹和史诗般的英雄壮歌。这一展项无疑是展览主题的完美呈现，人物的精神与城市红色文化融合在一起。作为纪念馆，整个场馆某种程度上都是上海红色文化的缩影。

展项“二十四烈士雕塑多媒体剧场”

龙华烈士纪念馆中的艺术品也是海派文化的写照。“英雄壮歌”展陈中有多幅国画让人印象深刻。例如，赵奇创作的大型历史人物国画《革命军中马前卒——邹容》，手法写实，构思新颖，布局严谨，笔墨沉厚，色彩凝重，气韵生动，风格雄浑。此画形象生动地描绘了辛亥革命先驱、爱国志士邹容义愤填膺、满腔热血地奋笔书写《革命军》时的高大形象。画面环绕主体人物邹容四周的背景中被认真刻画的人物群像与情节——受苦受难的平民百姓，联手镇压中国人民的慈禧、总管太监、骑马王爷和联军头目，戊戌维新的六君子，八国联军屠杀义和团民众，辛亥革命前后的先驱志士等，深刻揭露了清王朝的腐朽没落和帝国主义列强对中华民族的野蛮侵略与杀戮，以及百姓在水深火热之中的生存，也反映了邹容所向往的民族民主革命理想。该画成功地将邹容挥笔撰写

《革命军》一书时的伟大气概和神情以及宏远的思想凝固在画面中。此画是对辛亥革命的伟大先驱者、被鲁迅先生誉为“革命军中马前卒”的邹容先烈的纪念碑式的颂扬。

邹容展区国画《革命军中马前卒——邹容》

龙华烈士纪念馆中使用了多幅人物题材玻璃刻画作品。与玻璃刻画相伴的，都制作了对应的人物行动场景，部分使用了江南水乡场景，江南水乡的背景也能够与烈士的事迹相呼应。他们的英雄事迹与江南水乡的宁静、美丽形成鲜明的对比。这种对比能够更加凸显他们的伟大和牺

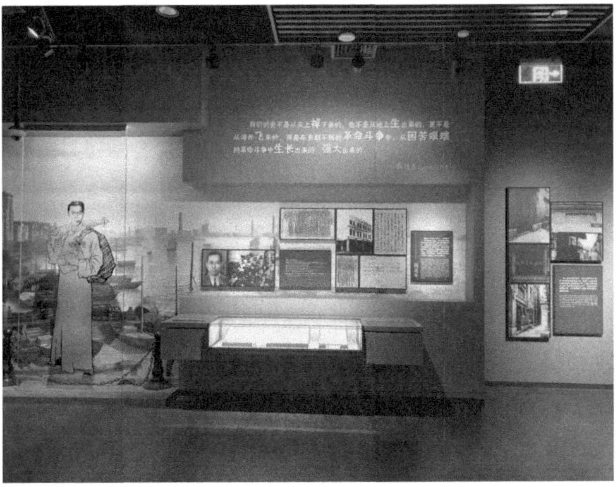

陈延年展区玻璃刻画的江南水乡背景

牲精神，使观众更加深刻地感受到烈士的奉献和牺牲。玻璃刻画的细腻和精准也更好地表现出江南水乡的细节和特色，使观众仿佛置身其中。这是“江南文化”在场馆中的体现之一。

上海龙华烈士纪念馆对有突出贡献的 96 名英烈部分进行了艺术品设计，首度尝试以扬州漆器平磨螺钿工艺来展现革命烈士的形象。将扬州漆器工艺应用于纪念馆中，展现了江南地区独有的艺术魅力和文化特色，使观众更加深入地了解江南文化的博大精深。此外，扬州漆器平磨螺钿工艺的运用也为纪念馆增添了一种独特的艺术氛围。扬州漆器的平磨螺钿工艺经过多道工序，细心打磨，使漆器表面呈现出光滑细腻的质感。这种细腻和精准的工艺更好地展现了烈士的形象和事迹，使观众更加真切地感受到烈士的英雄气概和奉献精神。

秋瑾展区螺钿画

移步换景，参观展馆时人们会走过一条长廊，透过巨大的玻璃门，能看到门外草坪上知名的无名烈士墓。这里安葬着 271 位为解放上海而牺牲的解放军指战员的忠骨。由于战争年代的特殊性，没有留下他们的姓名。这 271 位烈士的忠骨被合葬在一起，并立碑纪念。借景是江南园林设计的重要手法之一，通过合理布局和景观的选择，使园林与周围的自然环境融为一体。龙华烈士纪念馆的这一展示设计，不仅让场馆内外的烈士精神呈现形成呼应，使观众更加深刻地感受到烈士的英勇和牺牲，同时还展示了江南地区独特的文化底蕴。

场馆外的无名烈士墓

“尾厅‘仰望’多媒体 360°环幕剧场”展项是开放式的环幕剧场。视频整体选取了龙华主题音乐和极具视觉冲击力的画面，视频的主题是“英烈——城市的繁星照亮上海”，英烈的付出迎来了上海创新之城、人文之城、生态之城的成果和远景。走进展厅之中，可以重温烈士的精神，感受到英雄城市孕育英雄，英雄激励后人奋进、继续建设英雄城市的情怀，是对英烈精神的重温，也是参观情绪的舒缓释放。在尾厅这一展项上，观众可以从整体感受到“海纳百川”“追求卓越”“开明睿智”和“大气谦和”的上海城市精神。

展项“尾厅‘仰望’多媒体 360°环幕剧场”

通过人物故事叙述和背景介绍展现城市文化内涵，利用城市文化元素丰富人物故事的表达方式，可以使人物类场馆展览全面展示城市文化和城市精神，让观众在了解人物的基础上，更加深入地了解和感受城市的独特魅力。观众在参观展览过程中得到好的观感，就是对城市文化的一种正向宣传，对于观众皆是如此。人物类场馆展览把握好自身特点，根据当地城市历史和文化特色做好策划，这样才能更好地反映城市文化的丰富多彩；从而通过展览提高公众对本地历史、文化、艺术等方面的认识，激发公众对城市文化的热爱和重视。人物类场馆展览需要从传播呈现城市文化立意的角度去思考展览主题，一个人物类展览，不只是展示人物的故事，主题结合抽象化的“城市文化”来构思，展览最后的呈现就会是另一种方式和高度。

三、挑战：平衡人物故事与城市文化的关系

（一）避免过度强调城市文化而忽略人物故事的核心

在展览策划中，确保人物故事的核心和重要性不被城市文化元素所掩盖是一个挑战。城市文化应该作为一个支撑和补充人物故事的背景，而不是主导因素。为了避免过度强调城市文化而忽略人物故事的核心，展览策划者可以采取以下措施：

明确人物故事的核心主题和关键信息，确保展览内容紧密围绕人物故事展开。

选择与人物故事相关的城市文化元素，以增强人物故事的背景和环境，但不要过度渲染。

在展览中合理安排城市文化元素的呈现方式，使其成为人物故事的补充和延伸，而不是主角。

（二）避免过度强调人物故事而忽略城市文化的呈现

尽管人物故事是展览的核心，但城市文化也是展览的重要组成部分。在展览策划中，要注意平衡人物故事和城市文化的呈现，使两者相辅相成。为了避免过度强调人物故事而忽略城市文化的呈现，展览策划者可以做以下考虑：

确定城市文化元素与人物故事的关联点，以确保城市文化能够与人物故事有机结合。

设计合理的展览流线和展示方式，使人物故事和城市文化的内容能够得到充分展示，并在展览中相互呼应和补充。

运用多媒体技术和互动展示手段，将城市文化元素融入展览，增加观众对城市文化的体验和理解。

龙华烈士纪念馆展陈很好地平衡了人物故事与城市文化之间的关系。展陈紧紧围绕英烈的精神，同时又呈现了上海的城市文化和城市精神。通过平衡人物故事与城市文化的关系，展览策划者可以创造出更具有吸引力和深度的展览体验。观众不仅可以了解人物故事的发展和影响，还能够更加全面地了解城市的历史、文化和发展。展览策划者需要在展览设计中注重平衡，确保人物故事和城市文化的内容能够得到充分展示，同时也要考虑观众的参与感和体验感，使展览更加吸引观众的注意力并激发他们的思考和探索。

四、结尾：以城市文化角度切入展览——高屋建瓴

以城市文化角度切入人物类场馆展览策划具有重要的意义。城市文化是城市的精神和文化符号的集合，将城市文化元素与人物故事相结合，可以丰富展览的内容，使其更具吸引力和深度。同时，城市文化也是展览的重要背景和支撑，能够帮助观众更好地理解人物故事发生的背景和环境。

以城市文化角度切入人物类场馆展览策划不仅可以丰富展览的内容，还能够提升观众的体验价值。观众可以通过展览更深入地了解人物与城市的关联，了解城市的历史、文化和发展，增强对城市的认同感和归属感。同时，城市文化元素的引入也可以增加展览的互动性和参与性，让观众更加积极地参与其中，提升观众的参与感和体验感。

以城市文化角度切入人物类场馆展览策划在未来有着广阔的发展前景。随着城市化进程的加速和城市文化的日益重要，人们对于城市文化的关注和需求也越来越高。因此，以城市文化角度切入人物类博物馆展

览策划将会有更多的机会和空间。未来的展览可以更加综合地呈现人物故事与城市文化的关联，通过多媒体技术、虚拟现实等手段，创造更加生动、丰富的展览体验。同时，展览策划者也需要不断创新和探索，挖掘更多城市文化元素与人物故事的关联，以满足观众对于城市文化的多样化需求。

总之，以城市文化角度切入人物类场馆展览策划是一种有益的探索和尝试，它能够丰富展览内容，提升观众体验，同时也具有广阔的未来发展前景。展览策划者应该注重平衡人物故事与城市文化的关系，合理规划展览内容与展示方式，以创造更加丰富、有深度的展览体验。

（张克令，上海美术设计有限公司文案策划、政工师）

打造独特文化空间

——名人故居纪念馆空间叙事初探

庄壹涵

空间叙事是顺应当下博物馆学发展的较为热门的概念，而名人故居纪念馆作为一类具有自身特色的博物馆，其空间叙事也有着鲜明的特征。本文从名人故居的现实条件入手，分析其在空间叙事的过程中涉及的物、空间、人三要素之间的关系，提出历史印记是名人故居的空间叙事基础，观众体验是赋予叙事空间意义的重要环节，提炼出“真实性”作为名人故居纪念馆在空间叙事实践中的重要特性，从而较为系统地对名人故居纪念馆的空间叙事加以认识。

一、博物馆空间叙事的概念阐述

（一）叙事

博物馆叙事概念可以追溯到20世纪80年代，当时的博物馆学界开始关注叙事学在博物馆领域的应用，主要研究展览如何讲述故事，如何提高观众的参观体验等。20世纪后，随着新博物馆学的兴起，博物馆叙事概念得到更广泛的应用。博物馆叙事理论主要关注的是如何通过展览叙事来呈现和传播博物馆的主题和信息。该理论认为，博物馆的叙事应该以“人”与“物”的关系为核心。学者开始关注如何将叙事理论应用到博物馆的展陈设计中，提高观众的参观体验和认知效果。此外，学者还对叙事展览的传播效果进行了研究，探索如何通过展览叙事来传递历史和文化信息，并促进观众对历史和文化的认知和理解。按照时间规律或者因果关系来选择内容，通过建构人物之间、事物之间、人和事之间的关系，把这些内容编织成有情节的故事。正是这些不为常人注意的关联，使叙事有了丰富、深刻的内涵，才能达到启发观众理解展览主题的目的。

随着数字技术和互联网的快速发展，叙事展览已经成为博物馆领域的一个重要趋势。数字技术和互联网为叙事展览提供了更多的可能性，使得叙事展览更加生动形象、交互性强和传播效果更佳。近年来，“让文物会说话”“讲好中国故事”的提出，也让博物馆叙事成为关乎我国博物馆事业发展的重要课题。

在特定的场域中，博物馆的叙事具有独特性。借用叙事理论研究的方法，分析博物馆的特殊叙事方式和结构，对促进博物馆学科理论与方法研究、加深理解博物馆的性质与定位具有重要的意义。

（二）空间叙事

博物馆空间叙事概念的发展基于两个方面，一方面是近年来建筑技术的发展使对博物馆空间的认识不断加深，另一方面是在博物馆叙事的基础上做到博物馆叙事研究的不断细化。2012 年出版的《构建博物馆：叙事、建筑与展览》(*Museum Making*: *Narratives*, *Architectures*, *Exhibitions*)[1] 一书中探究了博物馆空间建构的问题，围绕叙事空间探讨实物、故事和观众如何通过叙事形成完整的博物馆体验，很好地体现了博物馆空间叙事的三个维度：建筑、叙事和观众。

简单来说，叙事性的方法逐渐被应用到博物馆展览策划和设计中，形成了博物馆空间叙事的概念，也就是通过空间形态和设计语言来讲述博物馆展品的故事，以帮助观众更好地理解和欣赏这些展品。

二、名人故居纪念馆的空间叙事逻辑

不同于需要另起炉灶建造博物馆建筑的其他类型博物馆，依托于具

---

[1] MacLeod S., Hanks L.H., Hale J., *Museum Making*: *Narratives*, *Architectures*, *Exhibitions*. London: Routledge, 2012.

体历史事件、历史人物，且建筑有一定历史价值的名人故居纪念馆，在先天条件上已经具有了空间叙事的独特性。从博物馆参观行为发生的不同维度，可以分析名人故居纪念馆的空间叙事逻辑，观察空间叙事在场馆内是如何发生又是如何影响着纪念馆的文化传播效果的，并利用这种空间叙事逻辑更好地讲述展览故事。其空间叙事的内在逻辑决定了它的空间叙事特色，也为其空间叙事带来一定程度的便利。

名人故居纪念馆的空间叙事逻辑主要分为三层，下文将进行具体分析。

（一）历史印记——物理空间的特征

传统博物馆语境下的“空间”指的是物理空间，也就是博物馆建筑提供的真实存在的展陈空间。名人故居纪念馆的建筑往往是历史人物居住过、生活过的代表性建筑，这使之与其他一般性建筑空间相比具有了特殊性。

历史赋予建筑岁月的沉淀，将之从单纯的物理空间转变为承载着历史价值、文化价值等重要价值的遗迹遗址甚至于不可移动文物。因此当我们提到名人故居纪念馆的空间叙事时，我们说到的不仅是空间的当下，还包含了空间的过去及其蕴含的复杂文化历史内涵。历史人物则赋予建筑不同的精神气质。需要注意的是，名人故居的建筑空间承载的不仅是一段宏观历史，还因为人物的介入，建筑空间便打上了典型历史人物的烙印。因此，由于历史人物不同，这些建筑也就被赋予了不同的精神内涵。如孙中山故居纪念馆留下了孙中山先生的人生轨迹，观众在参观时也会追寻他的革命思想与精神。可以说在参观之前，这样的参观行为就已经定下基调，这也是名人故居纪念馆与其他博物馆不同的地方。

正如前文所说，这些历史印记既影响着空间的叙事内容，影响着我们选择的空间叙事方式，又是名人故居纪念馆的空间叙事基础。在考虑空间叙事之前，我们无疑要先确定这些物理空间具有的独特历史印记，以此作为空间叙事的导向和参考。但同时，这样的历史印记也决定了名人故居纪念馆空间叙事的特点所在。

（二）体验——物理空间到叙事空间的转换方式

1. 发生在空间中的博物馆体验

博物馆空间是参观行为的发生场所，为博物馆体验提供了前提条件。观众在博物馆中游走，空间叙事作用于观众的各种感官，观众通过感官获得博物馆参观体验，使物理空间由此转化为叙事空间。[1]空间可以传递给观众的体验具体可以分为两类，一类是空间形式唤起的观众接收暗示叙事的本能反应，另一类是空间被赋予的特定意义的组织化、系统化元素传递的共识性信息。[2]概括来说，空间带来的体验不同于说明文字、讲解员提供的主动信息传递，更倾向于通过环境施加给观众潜意识，从而形成暗示性反应，是潜移默化的。

虽然从观众的角度来说，这种体验往往是无意识的、自发性的，但是对于博物馆来说，这正为空间叙事提供了用武之地。当我们运用合理的空间叙事手段，遵循展览需要的叙事逻辑和展览提供的叙事内容，使空间的展现成为有意义有结构的一系列空间体验事件，[3]那么就可以通过空间叙事对观众进行有意识的本能反应激发，使观众不知不觉中获得我们想要传递的参观信息。无疑，这样的过程也要作用于观众的参观体验，这背后也体现出博物馆以观众为中心的发展导向。

2. 物理空间到叙事空间的转换

对于名人故居纪念馆来说，物理空间到叙事空间的转化是十分自然的，但这种转化经常被忽视，以至于这种忽视削弱了场馆的空间叙事能力。因此，对于这种转化的分析是十分有必要的，也有利于在之后的空间叙事中有针对性地采取叙事策略与手段。

在转化过程中，“体验”这一环节至关重要。空间叙事的目的是传递信息，而信息传递的结果则取决于信息接收者的反馈。在这里，信息接收者是观众，而反馈则是观众的参观体验。在名人故居这样一个特殊

---

［1］ 王志阳：《博物馆的叙事性表达——解析柏林犹太人博物馆》，《公共艺术》2017 年第 1 期。

［2］［3］ 黄婷婷：《空间的力量：博物馆空间构建的三重转向——〈构建博物馆：叙事、建筑与展览〉书评》，《自然科学博物馆研究》2023 年第 3 期。

的物理空间，观众体验的获取基本上主要依托于场景复原这一名人故居纪念馆都会使用的展示手段。名人故居留有名人生活的种种痕迹，许多名人故居按照其原貌进行陈设、陈列，因此展区往往包含大量真实生活场景，虽然不一定有大量的说明牌和说明文字，但是包含了丰富的展示信息。生活是离每个人都很近的展览元素，其因此具有得天独厚的条件，不似其他类博物馆给人遥不可及的感觉，使观众更能获得亲切的参观体验。

展览信息的传达主要是通过特定元素传达特定含义，但不是所有观众都能达成共识，不同观众对于同一件事物的理解可能是不同的，但当涉及人们最熟识的生活场景时，往往能很快地获取相应的信息：这间房子的主人有着什么样的生活习惯，是否爱阅读，生活是否节俭，喜爱哪种风格的艺术品，等等。因此在名人故居类空间，观众在潜移默化中获得较好的参观体验，而故居的建筑空间也从单纯的物理空间转换成内涵丰富的叙事空间。

3. 多样叙事空间的拓展

当然，博物馆的叙事空间也不局限于物理空间，它也存在于舞台戏剧空间以及展厅展示空间之外。譬如，孙中山故居纪念馆创排的实验舞台剧《莫利爱路寓所的一天》《握手》，结合人物史实，以故居为故事发生背景，创新了博物馆空间叙事方式。将博物馆空间扩展到剧场、学校以及更广阔的外部空间，同时通过话剧的形式传达内容，是利用博物馆空间和多样的叙事方式进行的有益尝试。

（三）真实性——名人故居纪念馆空间叙事的优势凸显

1. 真实性的含义

真实性一词在文化遗产领域是非常重要的概念。真实性原则作为文化遗产保护的一个重要原则，指的是尽量保护文化遗产的真实性，包括材质、工艺、历史文化价值。《奈良真实性文件》对于真实性作出进一步的阐释，认为真实性不是一成不变的，会随着不同的文化背景、环境等变化。作为博物馆，物质文化遗产的存在赋予博物馆最为基础的实物真实。而博物馆展示的存在则扩大这种实物真实的边界，使真实性变得更加复杂多元。

在传统语境下，博物馆的真实性与物质性息息相关。正如一般观众在参观展览时会关注“这件文物是否真品”，展览的真实性在很大程度上由实物建构。同样，名人故居纪念馆的场景复原也如此，真实性寓于名人居住过的建筑、使用过的物件。尽管随着新博物馆学的发展，博物馆真实性的内涵并不局限于物质的客观真实，还包含了展览的话语体系建构的体验真实，但名人故居保有的以物质性为基础的真实并没有失去其独特价值。在实践中，结合观众的参观行为，我们更能看到它的特质所在。

2. 博物馆体验下真实性的发挥

对于名人故居纪念馆来说，“真实性”是其相较于其他博物馆的优势所在，因此利用真实性是进行名人故居纪念馆空间叙事的首要策略。

在一般的展览中，真实的文物会让观众感受到真实性，故居遗迹同样如此。当这种真实性与身处故居这种特定空间相结合时，便会进一步产生一种“在场感”。“在场”指的是人存在于一个特定的场所，这种“在场”一定与人的感官相关，给人带来多感官的真实体验。而“在场感”则是一种感受，不具有“在场”的客观事实。但是在不“在场”的前提下，数字媒体时代的人类仍然可以通过各种媒介手段创造“在场”的感受。[1]

那么，参观名人故居的观众是否“在场”？在空间上，他们确实和历史人物处于相同的空间；在时间上，他们却早已与历史人物所处的时代相距甚远。在时空上，在场与不在场相互交织，但正是空间上的真实性，促进了“不在场”向“在场”转换，生发出“在场感”。而这种奇妙的参观体验，则恰恰暗合了当下博物馆体验的发展趋势。当下博物馆逐渐从“以物为主”转向“以人为本”，而博物馆的体验也更加个人化、多样化，名人故居纪念馆的这种空间叙事特征其实正是一种独特博物馆

[1] 邓建国：《我们何以身临其境？——人机传播中社会在场感的建构与挑战》，《新闻与写作》2022 年第 10 期。

体验的建构。

另外，当下博物馆界流行的参与式博物馆概念[1]也倡导观众真正参与到展览中去，通过多样的展览手段获得真实的参观体验。而名人故居类博物馆的优势在于，只要进入故居建筑这样一个展览空间，观众便真正参与到了展览中去。观众所处的空间正是当年历史发生的真实场所，正是历史人物生活过的真实场景，因此时隔多年重新站在物是人非的建筑空间的观众，能真正地体验一番历史人物所能感知到的空间，并参与到这个古今隔空对话的展览中去。

三、空间叙事语境下名人故居纪念馆的发展趋势

（一）博物馆叙事的转向

空间叙事概念的提出，体现了博物馆叙事对于个人体验的重视，也反映了博物馆从单一故事线向多元化叙述、从宏大历史向个人生命史的叙事转向。[2]

博物馆叙事方式正在从线性、单向的故事讲述转变为更加灵活、多元化的叙述。传统层面的叙事往往使用“故事线”的设计理念，但容易只关注大事件的叙述，而忽视与这些大事件相关的具体人物和场景。现在，越来越多的博物馆开始重视从微观角度讲述历史和文化故事，通过呈现那些鲜为人知的细节，让观众对历史和文化有更深入、全面的了解。这种转变的意义在于，可以让历史和文化更加生动、有趣地呈现在观众面前。通过关注那些被遗忘的历史片段和人物，观众可以更深入地了解和感受历史和文化的内涵。同时，这种叙事方式也可以让观众更加投入地参与到展览中来，增强他们的参与感和体验感。

此外，传统故事线的设计往往过于依赖时间顺序，在一定程度上限制了故事的丰富性和深度。现在，更多的博物馆开始尝试突破这种限

---

[1] [美] 妮娜·西蒙:《参与式博物馆》，喻翔译，浙江大学出版社 2018 年版，第 1—5 页。

[2] 黄婷婷:《空间的力量：博物馆空间构建的三重转向——〈构建博物馆：叙事、建筑与展览〉书评》,《自然科学博物馆研究》2023 年第 3 期。

制，通过主题展开、知识链构建等方式，创建更具有内在联系和深度的叙事结构。

这种转变的背后，是博物馆对如何更有效地传播信息和启发观众理解展览主题的反思。简单地按照时间顺序或者因果关系来编排内容，可能不足以吸引观众并引导他们更深入地理解展览主题。因此，现在博物馆更注重创建丰富、立体的叙事环境，通过精心设计的人物、事件、场景等元素，让观众能够身临其境地感受历史和文化的魅力。

（二）打造“智慧博物馆”

作为当下热门的概念，智慧博物馆体现了数字化时代对于博物馆的要求，也是推动博物馆发展的重要技术手段。它旨在建立一个有关博物馆核心业务的智能化系统，推动博物馆业务走向数字化、系统化。但智慧博物馆也可以服务于博物馆的空间叙事，用技术手段进一步优化观众的参观体验[1]，系统化博物馆的空间叙事。其对于空间叙事的启发，主要体现为以下两点：

1. 实现沉浸式体验

智慧博物馆可以利用虚拟现实、增强现实等新兴技术，为观众提供沉浸式体验，让观众身临其境地回到历史场景中。例如，通过模拟历史事件、还原历史场景等方式，让观众更加深入地了解历史和文化。这种体验不仅可以增强观众的感官刺激和情感共鸣，还可以丰富展览的叙事方式，让观众留有更深的印象。

2. 实现跨空间叙事

智慧博物馆可以利用数字技术和互联网，将博物馆的展览和活动拓展到更广泛的受众群体中。通过在线展览、虚拟博物馆等方式，让更多人有机会接触到博物馆的内容和故事。这样的实践使博物馆的空间叙事不再局限于物理空间，而是扩展到了虚拟空间，进行跨空间叙事。这不仅扩大了博物馆的影响力和覆盖面，还可以让更多人有机会了解和接触

［1］倪剑、李琪：《博物馆的空间叙事——平湖博物馆新馆情境连贯性研究》，《世界建筑》2023年第8期。

到历史和文化，给博物馆的发展带来新的机会和活力。

在数字化时代，博物馆的发展无疑被注入了诸多新的活力。因此运用数字技术，打造智慧博物馆，也是十分重要的发展方向。

（三）新的城市文化空间

博物馆是城市文化的载体，拥有丰富的文化资源和历史遗产，能够展示城市的历史沿革、文化发展以及社会变迁。通过展览、陈列和相关活动，博物馆可以呈现出一个城市的文化底蕴和独特魅力，吸引更多的游客和市民参观和了解，从而促进城市文化的传播和发展。

从博物馆本身来看，其空间在博物馆内部形成一个有机整体，但从整个城市来看，博物馆也是城市文化空间的一部分。空间叙事的本质其实就是建立联系，建立是人与人的联系，人与物的联系，人与城市的联系，人与历史的联系。[1]

城市中的名人故居纪念馆可以发挥优势，通过空间设计来营造一种富有文化内涵的氛围，从而打造城市文化空间。譬如，在博物馆的空间中采用文化元素和标志性景观的设计，以此来增强博物馆的文化气息和特色，同时还可以通过空间布局、色彩搭配等方式来营造一种富有艺术感的氛围，使名人故居纪念馆成为城市重要的精神地标，承担更多文化任务，弘扬城市精神。

四、结语

名人故居纪念馆作为名人生活居住过的场所、特定历史的见证者、珍贵的不可移动文物，在博物馆展示方面有着得天独厚的文化和历史优势。在利用博物馆空间进行空间叙事时，基于名人故居的特色，在建筑空间的真实性基础上，围绕空间、物、观众三者可以很好地建构独特的故居纪念馆参观体验。进一步探究名人故居纪念馆空间叙事的特征以及空间叙事对于参观体验的影响，对于推动名人故居纪念馆发展甚至于博

---

［1］ 刘克成：《博物馆的空间叙事——从展厅到城市》，《杭州文博》2022年第2期。

物馆学发展都是十分有利的。

在未来，随着博物馆学理论的不断发展，博物馆展览实践的不断推进，名人故居纪念馆也会不断向前发展，发挥自身特色，促进博物馆文化功能的发挥，更好地成为城市空间中的重要文化空间与城市精神地标。

（庄壹涵，上海孙中山故居纪念馆助理馆员）

实践与发展

让数字化更好推动博物馆事业发展

——以陈云纪念馆为例

郭金雨　刘晶晶　彭　勃　王子安

本文通过分析文博行业及陈云纪念馆在数字化发展方面的现状和需求痛点，探索数字化+文物、数字化+社教、数字化+展览、数字化+宣传的数字化赋能未来发展之路，旨在进一步发挥博物馆的力量。

一、中国文博行业数字化发展现状

（一）文博数字化内涵及现状

2021年，《中华人民共和国国民经济和社会发展第十四个五年规划和2035年远景目标纲要》发布，提出“加快推动数字产业化，推进产业数字化转型”，“推动景区、博物馆等发展线上数字化体验产品，建设景区监测设施和大数据平台，发展沉浸式体验、虚拟展厅、高清直播等新型文旅服务”。2022年5月22日，中共中央办公厅、国务院办公厅印发《关于推进实施国家文化数字化战略的意见》，文化数字化上升为国家战略，由此，“文博数字化”发展迎来了机遇期。

早在20世纪80年代，国家文物局就在上海市召开博物馆信息化会议，开启我国的文博数字化探索进程；1999年，北京市文物局研发并推出一套藏品管理系统，将信息化手段用于文物保护与博物馆管理；2012年，全国第一次开展可移动文物的普查工作，在文博信息化档案基础上建立的数字管理与智慧应用迅速推广。随着时代的发展与进步，数字内容产业已成为信息技术与文化创意高度融合的新兴产业形式，文博数字化也随之不断演进。

根据国家文物局发布的最新数据，2022 年全国已备案博物馆总数达 6 565 家，排名全球前列。《2022 年文博数字化报告》显示，文博数字化的核心是文物信息资料的开放与共享，通过信息管理，将收藏在博物馆里的文物、陈列在广阔大地上的遗产、书写在古籍里的文字等信息进行采集，利用数字化手段对其进行修复、存储、传播、再开发等，以此形成文博行业全生命链条的数字化。

随着数字化浪潮的崛起以及人民对美好生活的向往的日益增长，文博数字化的程度也得到了进一步提高。据国家文物局统计数据显示，2021 年全国博物馆策划推出线上展览 3 000 多个，线上教育活动 1 万余场，网络总浏览量超 41 亿人次。

拥有千年历史的布达拉宫在首次直播期间开放了一些极少对外展示的区域，短短 1 个小时就获得上百万网民的关注。敦煌研究院联合新华网，历时 150 分钟全景呈现甘肃莫高窟、麦积山石窟、榆林窟、炳灵寺石窟、西千佛洞、北石窟寺六大石窟的辉煌灿烂，整场直播吸引了 600 多万人同时在线观看。“云游敦煌”上线的第一天实现了超 200 万人次的访问量，总浏览量已超过 5 000 万人次。陈云纪念馆先后联合腾讯、东方网、联通上海分公司等平台，推出“宝藏四方——走进陈云纪念馆，在信仰高地听红色故事”“讲党史故事、传红色基因”等多场直播活动，累计观看人数超百万。中共一大纪念馆 2023 年启动了“数字一大——中国共产党人的精神家园”元宇宙重点场景应用项目，依托中共一大纪念馆丰富的红色文化资源，以及相关企业在 5G、人工智能、大数据等方面的技术优势，打造数字化沉浸式体验。

截至 2023 年年初，已有北京、江苏、西安、广州等 30 多个城市在政府的大力支持下，着力发展“博物馆之城”，引导博物馆成为“科技与文化融合”的探索者和践行者，加速文博数字化进程。

（二）文博数字化需求及痛点

党的十八大以来，我国文博行业虽然得到很大发展，取得显著成就，尤其数字化赋能文物和博物馆，数字内容产业成为信息技术与文化创意高度融合的新兴产业形式。在推动数字化发展过程中，文博行业如何更好地利用数字化技术，在文物保护利用、展览展示交流等各领域，开发特有的科技创新应用，满足人民群众的文化需求，仍旧是我们面临的一项重要课题。在完成这项课题的道路上，我们需要解决思维观念保守、资金短缺、专业人员不足等主客观困难。

一是中小型文博单位数字化发展力度还需加强。2022 年全国博物馆总数达 6 565 家，如此庞大的数量，意味着文博数字化建设是一项长期性、系统性的工程，需要长期人力、物力的投入以及多方的协作。中小型文博单位整体数量占到全国文博单位的三分之二以上，一般为区县级及以下或民营类、专题类博物馆。2021 年全国县级文物行政编制仅有 5 000 多人，平均每县不足 2 人，财政资金更是不足。人力、物力均无法支撑数字化发展，数字化赋能力不从心。

二是兼具文博知识与数字化技术的专业人才欠缺。根据国际博物馆协会调查数据显示，截至 2021 年 5 月，全球仅有 21.9％的博物馆拥有全职的数字化工作人员，全球博物馆采用线上藏品的占 32％，采用在线展览的占 22％。文博数字化涉及数字化采集、存储、加工、展示、传播等环节，这是一项跨领域且较为复杂的工作，复合型高层次人才的缺失，成为束缚数字化赋能博物馆发展的重要因素。

三是文物价值挖掘与公众生活的连接仍需加强。文博数字化展示亮点纷呈，但一些数字化产品存在内容挖掘不深入、不丰富、生涩难懂，形式大同小异，创新转化手段单一，甚至生搬硬套，与社会大众的需求出现脱节等问题。如何结合博物馆自身实际，利用数字化技术，让博物馆文化成为“活”在当下的潮流文化，“走”进人们的生活空间，是文博数字化进程中亟待解决的问题。

四是文博数字化与多产业的融合创新不足。文博数字化的社会化应用范围较窄，与文化旅游、校园教育、影视动漫等跨界行业融合不够、联动不多，商业化开发进展缓慢，服务经济社会发展的成效不足，这一定程度上限制了文博价值的充分释放和有效利用。

二、数字化时代陈云纪念馆现状及存在的问题

（一）发展现状

几年前来陈云纪念馆参观的观众可能每年只有十几万，但是经过数年的发展，在申报国家一级博物馆成功后，陈云纪念馆年接待游客人次已经突破 100 万。面对如此庞大的观众体系，如何对其进行有效的管理？借鉴苏州博物馆的成功经验，通过平日参观时数字化采集的海量数据，有针对性地为公众提供服务，满足其个性化需求，是需要解决的问题。这时，大数据云平台就提供了技术支持。通过数字化观众管理系统为每个观众建立数字档案，收集观众的位置、预约、消息订阅、停留时间、藏品偏好、点评、转发等个人行为，并分析观众行为，博物馆能够准确掌握观众基本信息和行为偏好，更有针对性地开展教育、研究和展示工作。

运用新一代 IT 技术，实现智慧推广。虽然名人故居具有名人带来的知名度，但“酒香也怕巷子深”。陈云纪念馆也需要新媒体的营销。为此纪念馆高度重视新媒体，实现了官方网站、新浪微博、微信公众平台等新媒体推广。经过多年的发展，陈云纪念馆实现了数字纪念馆系统的安装运营。网上数字纪念馆通过 360 度外部全景漫游、3D 虚拟体验馆等创新表现方式，内容更丰富，功能更齐全，能为游客提供更多导览信息，以数字化形式向观众呈现陈云纪念馆的全貌。陈云纪念馆“两微一端二号”的融媒体体系运行良好，关注度持续上升。短短 3 年的时间，粉丝数量已破 7 万。

（二）数字化发展过程中存在的问题

数字化发展的物质基础较为薄弱。一是软、硬件基础较为薄弱。纪念馆数字化发展是一个迭代更新的过程，涉及新老交替、更新换代的问题。一方面，软件跟不上需求变化，原研发团队解散造成的二次开发或功能升级费用过高；另一方面又存在服务器、网络、存储等硬件设备老化，或硬件架构相对独立，无法重新利用问题。信息化系统作为数字化发展的基础和支撑，尽管其中一些投入使用的时间并不长，但由于信息

技术更新迭代快，也明显不能满足业务方面的需求。二是信息孤岛现象较为突出。信息孤岛是指相互之间在功能上不关联互助、信息不共享互换以及信息与业务流程和应用相互脱节的计算机应用系统。受系统开发时间、建设方、使用方等多种因素影响，信息系统大多独立存在，数据无法实现共享。例如一些部门有自己的专用系统，这些系统各自独立，且没有统一的数据格式规范，在建设时也没有考虑标准化接口，数据无法实现共享聚集或进行系统集成。如何夯实基础，是“零敲碎打”补短板？还是“推倒新建”从头来？这成了数字化发展中需直接面对的选择。

数字化发展中的信息化项目建设规范性不够。数字化发展在操作层面是通过信息化项目建设实现的，而信息化项目建设在纪念馆行业各个环节上还或多或少存在规范性不够的问题。仅以项目建设的需求分析为例，项目需求是项目开发的基础，是项目成功的前提。而在实际工作中，许多信息化项目的需求分析都是归口信息化部门搜集整理，但信息部对相关具体业务不了解，存在“懂技术的不懂业务”的现象；而业务部门对于系统化项目建设又不甚了解，“懂业务的不懂技术”。需求分析不到位导致对于项目建设的步骤、阶段划分与最终成果等信息化工作的关键点不够清晰，往往在项目建设时需求频繁变更，不但难以达成期望的项目目标，而且会带来建设周期延长、费用增加、技术难度变大等一系列问题。

数字化发展的人文环境与人员培训、人才保障机制还需优化。数字化发展的主体是全体人员，但因涉及信息技术、网络、计算机、媒体等诸多技术领域，对参与者在理念、知识和应用层面提出了较高要求。纪念馆的数字化发展与一些行业相比在人文环境上还存在不小差距。例如，对信息化项目管理的基本沟通模型的五个状态（已发送、已收到、已理解、已认可、已转化为积极行动）而言，很多相关人员只停留在前两个状态。与此同时，人员的培训与人才的保障机制还需优化。一方面，从业人员知识储备有待更新，建立健全学习、培训机制。受观念与生活、工作习惯的影响，一些员工不愿意参加信息化项目培训、不配合相关工作，一些观众不习惯使用数字化产品和系统，使得系统建设完成后不能发挥应有的作用，甚至在一定程度上出现闲置的情况。另一方面，信息化专业人才的培养与引入也是纪念馆面临的难点。普遍情况是，缺少数字化应用场景开发及应用团队，特别是缺乏既熟悉信息技术又了解部门业务，还掌握信息化项目管理的复合型人才，难以精准实施数字化转型、开展数字化管理和运营。

三、数字化赋能陈云纪念馆未来发展之路

（一）数字化＋文物，充分发掘纪念馆最大资源

陈云纪念馆最大的、最独特的资源就是文物库房 4 万余件馆藏文物。要让历史说话，让文物说话，就要挖掘文物所蕴含的哲学思想、人文精神、价值理念和道德规范等多元价值。如何将这些价值宣传好、展示好，成为纪念馆的重要课题。

因为场地的局限性，陈云纪念馆打造以“数字化 + 云化 + AL 化”为核心，以文物保护为切入点的文物数字化采集、修复、储存、展示、传播和服务的“文博新基建”变得十分重要和必要。

数字采集。运用二维、三维影像等手段，通过“高清拼接”和“三维全景”等数字技术，实现文物的完整、高清数字化采集，赋予文物新的数字物理形态，且可以长期保存，无限利用。其主要包括文物的图片、视频以及 3D 文物等数字化采集。

数字修复。为助力文物数字化复原共享，利用 360 度沉浸式展示技术、智能音视频技术、人工智能等技术手段，深入文物数字化保护的前沿。比如破损文物可以利用数字技术进行还原，原来无法呈现的场景完全可以利用数字化技术，进行三维呈现。

数字存储。运用云计算、人工智能、区块链技术，打造文物影像档案的“云”端解决方案，让数字文物更安全、长久地保存。比如，借助大数据中心安全的“云”空间，积极打造属于博物馆自身的藏品管理和展示系统，既保证文物资料安全，又可满足馆内业务使用，还可设置权限做好个别文物的展示利用。

数字传播。打造“国宝全球数字博物馆”。创新传播推介方式，借助科技、产业、艺术的赋能，将文物背后的中国文化挖掘并呈现出来。在深入挖掘文物藏品背后的历史价值和当代价值的基础上，创新文物传播形式和渠道，配合 H5、动漫、音乐、视频、文物数字形象等数字内容形态，实现“多内容形态”的表达呈现，助力活态化传承，打造“数字文物博物馆”，推动文物 IP 频繁“出圈”。

数字服务。结合文物特色，在实物利用不便时，用数字技术将文物运用到文创开发、陈列展览、公共教育、学术研究以及社会公益等方面，让传统文化以可知可感的新形式走入日常生活。比如中共一大纪念馆巧妙利用红砖的概念，推出了带有红色礼帽的“新青年雪糕”，利用石库门“青墙红砖”色推出的“一定糕”等等。陈云纪念馆亦可利用文物视频、三维全景，甚至特有的数字文物形象，打造属于自身特色的数字服务。

数字管理。在原有文物温湿度监测系统以及文物藏品信息系统（简单的文字和图片）的基础上，进一步加强上述系统的功能开发。在数字储存的基础上，根据纪念馆实际情况，逐步扩大文物线上展出数量，打造线上文物库房、数字文物博物馆，让更多的文物与观众见面，让文物数字化助力文物展示。

（二）数字化+社教，推动“强连接交互”

打造互动性更强的参观导览平台。如今智能手机已广泛普及，提供多样化的图文、语音、视频内容，是推广和丰富公共文化的一种有效措施。不少博物馆通过开通官方微博、微信、抖音、网络直播课等渠道，借助各种网络平台裂变式传播的强大动力，利用动画、VR、全息影像、视频、文本、图片等多种形式，激发人们的好奇心和关注度，以强烈的互动性提升观众的兴趣，让受众更有效地“参与传播的过程”。以陈云纪念馆为例，场馆内实现无线 WiFi 全覆盖，游客进馆参观时关注陈云纪念馆微信公众号即可获取资讯和场馆信息，并在 2020 年新增免费自助导览设备，便于游客获取展厅布局、文物知识等内容。在各个展厅中精心挑选 100 件展品，以 AR 扫一扫的形式，将文物背后的故事添加在二维码中，游客通过扫一扫即可完成参观浏览。

提升受众黏度，加强多元互动。以互联网为核心的融媒体平台增强受众的黏度，缩短媒体和受众间的距离。新媒体赋予用户更大的自由度，使受众更积极地参与信息传播活动。近年来，《国家宝藏》《假如国宝会说话》等一系列的文物故事类节目深受观众喜爱，其中一个重要原因就是以讲故事的方式将观众带入文物展览，给观众以身临其境之感。

文化只有走进大众、深入人心，才能化为更深沉、更持久的力量。一方面，要加快5G网络、数据中心等新型基础设施建设进度，让云直播深入越来越多人的生活。另一方面，要开发设计策划更多的文创产品、文创活动，培育更多文博行业的网红直播，让历史“活”起来、文物“会对话”，让越来越多的人爱上博物馆。

（三）数字化＋展览，构建数字博物馆

数字博物馆，指运用虚拟现实、三维图形图像处理、计算机网络、立体显示系统等技术，将实体博物馆及现实展品、实物、解说等展览元素，以数字形态呈于观众。构建数字博物馆需要抓住“数字化”和“展览”两个关键点，以数字化丰富展览的表现形式，以展览充实数字化的表现内容。

以“数据”为核心建设数字博物馆。数字化建设是实现诸多业务领域数字化新形式的过程，即充分运用互联网、物联网、移动开发和大数据等信息技术，搭建纪念馆内控及服务数字化运营管理平台，建立文物、多媒体资料及管理数据库，进而让纪念馆插上数字化的翅膀。数字化可为各类馆藏文物的管理提供便利，通过对文物影音、图像及相关资料实施采集、存档与备份，实现文物藏品信息的完整性和准确性；同时，应用数字化工具可以有效提升资源配置的合理性，例如建设多媒体资料库，实现数字化资料的搜集、复制、修改、推送与复用；数字化还可以强化组织内控、提高办公效率，如借助办公自动化平台缩短公文流转周期、实现快速响应与科学决策等，这些都离不开“数据”这个源泉。

着力推进展览的数字化转型。从某种意义上来说，判断某个博物馆是否具有活力，要看它能否给受众提供多层次的陈列展览，能否开展与展览主题息息相关的社教活动，能否通过展览凸显该馆在公共文化服务中的价值。近年来，博物馆乃至整个文博行业热度持续提升，不难发现导致这一现象的原因是展览的内涵与外延已悄然改变。从信息的沟通方式来看，第二次信息化发展浪潮之前的博物馆展览是“推”式沟通，即在固定地点推出固定展览，哪些类型的观众来、观展的效果如何等反馈并不明确也很难统计；第二次信息化发展浪潮之后，博物馆展览在推式的基础上增加了“拉”式，包括通过网络宣传将观众拉到固定地点，或是对于不具备来馆观展条件的观众提供一些展览信息。2010 年前后，以云计算、大数据、物联网、人工智能等技术为标志的第三次信息化浪潮推动下，博物馆的展览已完全形成了“推”式、“拉”式和互动式沟通模式。互动式即通过云展览提供不受地域限制，可双向交流、沉浸式的体验服务。综上所述，未来，展览的数字化转型势在必行，体验感、互动性、访问便捷性以及独创性（如针对特定群体的分层设计）将是关键所在。

（四）数字化＋宣传，实现“数字化共享”

党的二十大报告提出，要推进文化自信自强，铸就社会主义文化新辉煌。陈云纪念馆作为全国唯一系统展示陈云生平业绩的纪念馆，将切实履行陈云思想生平研究与精神风范传播的职责使命，结合文博数字化浪潮，将保护的成果、研究的成果、创造性转化的成果传播给公众，实现数字化共享，进一步发挥“以文化人”的作用。

借助科技赋能，创新表现手法。在发展云展览、云直播、云探馆、云讲坛、云旅游等数字体验项目，依托云平台、小程序、H5 等数字化工具，借助超高清、AR、VR 等多媒体数字技术开发利用文物资源的基础上，依托科技企业作为数字化助手，加强与科技企业的跨界合作，形成“文化＋科技”的新格局，探索文博科技创新，以此加强纪念馆与公众的互动，扩大公共文化服务的延展性和覆盖面，打造鲜明的纪念馆品牌形象。纪念馆可以积极与优秀互联网或科技企业开展跨界合作，打造线上线下融合共生的关于红色文化、伟人风范的体验讲述平台，通过展现文博数字化的魅力，为线下参观引流，吸引更多观众来实地参观纪念馆，更直观地感受纪念馆的文化与氛围。

借助产业赋能，加强 IP 开发。IP 原意为知识产权。伴随着新媒体的崛起，文化 IP 已经成为一种文化产品之间的连接融合，有着高辨识度、自带流量、强变现穿透能力、长变现周期的文化符号。陈云纪念馆作为人物类纪念馆，可以在确保政治正确性的前提下，以新的文化生产思维和突破商业局限的新协作方式，以数字内容形态为载体，塑造具有鲜明人物精神特点、中国文化特色的原创 IP。例如选取代表陈云同志精神的某一物件或形象、展现纪念馆特色的某一标识等，通过提供满足用户多样化、个性化需求的产品与服务，努力打造被受众接受和欢迎的现象级产品，引领社会文化消费，增强公共文化服务的延展性和覆盖面，打造鲜明的纪念馆品牌形象。

借助艺术赋能，提升传播能力。近年来，陈云纪念馆注重艺术与文化融合，在木偶剧、话剧、评弹等多种艺术领域积极探索与实践，将陈云精神的宣传普及至各年龄层的观众，在社会上取得一定的反响与好评。随着文博行业各项技术与理念的更迭，观众不再仅仅满足于参观者的角色定位，而是逐渐转变为策划者和创造者，以丰富自身的感官体验。因此，我们要不断发现新机，创作兼具思想性、主题性和个性化的艺术文化产品，增强观众的体验感和参与感，同时借助参与者二次传播的能量，不断拓宽传播广度，提升传播能力，为文化繁荣和自信自强注入新鲜元素。

（郭金雨，陈云纪念馆副研究馆员
刘晶晶，陈云纪念馆馆员
彭勃，陈云纪念馆馆员
王子安，陈云纪念馆馆员）

博物馆在意识形态领域发挥作用的几点思考

吴静波

一、博物馆在意识形态领域的作用

一座博物馆是一个地区乃至一个国家的文化集合，承载了丰富的文化内涵，凝聚了人类的历史和文化。博物馆作为公共文化服务机构，在文化传承、民族记忆、精神文明等意识形态领域对建设社会主义文化强国，实现中华民族伟大复兴中国梦具有重要推动作用。

在2023年“5·18国际博物馆日”中国主会场现场，国家文物局发布我国博物馆事业发展的一系列数据。2022年，全国新增备案博物馆382家，博物馆总数达6 565家，排名全球前列。全年举办线下展览3.4万场、教育活动近23万场，接待观众5.78亿人次，推出线上展览近万场、教育活动4万余场，网络浏览量近10亿人次，新媒体浏览量超过百亿人次。通过持续完善博物馆免费开放政策，全国90%以上的博物馆实现免费开放。

(一) 对中华文化历史的见证。博物馆的公益性决定了博物馆要向公众提供展览展示，将博物馆一些珍贵的馆藏展现到大众的眼前。这些馆藏都是属于国家的文物，它们承载了有关于中华上下五千多年发展过程中的部分历史。在漫长的历史长河中，我国文化遗产蕴含着中华民族特有的精神价值、思维方式、想象力，体现着中华民族的生命力和创造力，是中华民族智慧的结晶，也是人类文明的瑰宝。博物馆在展示传统文化方面，包含两方面内容，即物质文化和非物质文化，是本地区、本民族物质文化的展示场所，也是非物质文化遗产的传承场所。而优秀的民族文化遗产，必定代表着人类的真知灼见和非凡的创造力，为整个人类进程作出过重要贡献，是本民族的骄傲，会大大激发参观者的爱国情怀[1]。社会主义文化强国建设的核心内容是广泛开展理想信念教育，把广大人民团结凝聚在中国特色社会主义伟大旗帜之下。大力弘扬民族精神和时代精神，深入开展爱国主义、集体主义、社会主义教育，丰富人民精神世界，增强人民精神力量。而保护文化遗产，保持民族文化的传承，是连接民族情感纽带、增进民族团结和维护国家统一及社会稳定的重要文化基础，是建设社会主义先进文化，贯彻落实习近平新时代中国特色社会主义思想的必然要求。

（二）对塑造社会价值观的引领。核心价值观是一个民族赖以维系的精神纽带，是一个国家共同的思想道德基础。作为城市极其重要的一部分，博物馆在增强社会凝聚力、身份归属感及价值观念塑造等方面发挥着重要作用。在人类文明发展进程中，某个民族的文化的延续、发展和社会主流价值观的形成是通过多种途径实现的。

（三）对开展青少年教育的引导。中央曾出台文件指出要进一步提高文博系统为未成年人提供服务的水平，充分认识文化、文物工作肩负着加强未成年人思想道德建设的重要责任，增强做好青少年文化工作的使命感。在这一方面，博物馆做好工作不仅有利于全体公民社会主义核心价值体系的构建，而且作为免费未成年人活动场所，可使学生得到更多认知世界层面的东西，在培育青少年人生观、价值观，加强未成年人思想道德建设中发挥着重要作用。博物馆在青少年教育中，运用多种展示手段、开展各类教育活动，将文物文化知识展现给青少年，从而对其观念及行为产生深刻影响[2]。同时，博物馆作为历史文化艺术殿堂，

---

［1］ 杨珺：《某个民族的博物馆在社会主义文化强国建设中的地位和作用》，《群文天地》2015 年第 5 期。

［2］ 刘小华：《博物馆如何开展青少年教育工作》，《中国民族博览》2020 年第 9 期。

其文化呈现形式是立体化、多层次、长时段的，对于不同年龄段的青少年都有相应的研学对象和空间。在坚持按教育规律办事的前提下，促进博物馆课程与科学课程的密切衔接，充分发挥博物馆藏品资源和展览优势，配合学校教育的不同阶段、不同方面需求，有利于激发青少年的好奇心和想象力，增强科学兴趣、创新意识和创新能力。

二、博物馆在意识形态领域面临的挑战

博物馆是典藏、展示和研究代表自然和人类文化遗产的遗存物的场所，是连接过去、现在和未来的桥梁。一个博物院就是一所大学校，保护好、管理好、研究和利用好凝结着中华民族传统文化的文物，让历史说话，让文物活过来，给当代人以民族自信和历史启迪，要做到这些并不容易。在意识形态领域，博物馆如何有效整合、运用各种媒体资源更深入地挖掘文物的文化内涵，弘扬中华优秀传统文化，服务于经济社会发展还面临着一些挑战，主要有以下几种：

（一）在内容为王的时代，如何准确、完整地讲好文物故事。博物馆的主要传播载体是“物”和“人”，“物”可以理解为文物和展览，要准确展示文物的“前世今生”本来就是重点和难点，特别是对一些重大事迹和重要人物的挖掘，稍有偏差，即可导致观点错误。另外，一些展览（特别是临展）审核不严，缺乏把关，导致出现明显错误。如我曾在一个市级临展上发现其中出现首都位置标注错误、对重要党史人物的介绍不权威等问题。而“人”主要在讲解方面，讲解是博物馆在意识形态方面容易出问题的环节。因规模不同，国内博物馆所拥有的资源千差万别。绝大部分博物馆配备有专业讲解员，但对于一些小规模博物馆来说，讲解员可能是兼职的，这样在讲解内容上就无法保证准确、完整。此外，在一些景区、重点场馆还存在“野导”“野讲”等现象，这些人通过粗略学习展览内容，以营利为目的，利用人们的猎奇心理，故意编造故事或者野史，达到吸引观众的效果，这些都让博物馆的管理存在一定难度。

（二）移动互联网时代，如何有效管控网络舆情风险。新媒体时代，

互联网成为社会思潮和意识形态获取、传播、扩散的主要渠道，各种网络言论或多或少对人们的思维方式和价值取向有一定影响。但是，存在一些自媒体，包括博物馆自媒体为博眼球，在内容发布上有失原则和底线，在信息传播上偏于娱乐化、庸俗化，造成负面舆情泛滥。如何提升能力有效防范化解网络意识形态领域风险，也成为博物馆意识形态工作的一项重要任务。此外，还有一些博物馆为保障意识形态安全，尚未开通“两微一端”等新媒体平台，为规避网络舆论非理性表达的风险，甚至关闭官方网站舆论通道。这种举措在一定程度上不仅抑制了博物馆公共文化服务发展，而且忽略了博物馆应当承担的社会使命和社会责任。博物馆的受众人群是社会公众，主要职责就是为社会公众及其发展提供服务，促进人民群众和博物馆之间积极交流，让更多的人了解博物馆的文化。正确认识网络意识形态面临的危机，在舆论格局变化和媒体融合时代之际，博物馆要认清自身的定位，面对不同声音，尽可能求同存异，起到舆论引导的作用。

（三）在研学旅游火热时代，如何保障教育引导不偏离。学校教育是国家的基础教育，而博物馆提供的社会教育则是学校教育的补充。然而，博物馆在馆校联系中，难免会遇到这样的情况：主动联系学校开展活动，大多被拒绝，学校方认为会占用学生的学习时间，家长也不支持。原因主要是：一方面，学校对博物馆教育职能认识不够，认为博物馆只是收藏文物、提供参观的场所，跟学校教育关联不大；另一方面，博物馆在服务学校青少年教育的工作中做得不到位，比如，组织青少年参观时，讲解不够生动；开展的青少年活动过于流于形式，对青少年的影响不够深刻。有的博物馆开设了青少年研学课程，但在内容方面往往由博物馆单方面制定，没有与学校或者教育部门进行沟通，缺乏审核机制，容易在课程内容上出现或多或少的瑕疵。

三、让博物馆在意识形态领域更好发挥作用

在新时代，博物馆在意识形态领域工作要始终坚持以习近平新时代中国特色社会主义思想为指导，进一步增强“四个意识”，坚定“四个

自信”，坚决做到“两个维护”，在把“牢、准、强、好”四个字上用力，在坚持“政治、内容、阵地、创新”四个关上下功夫，切实发挥好博物馆收藏、展示、研究和教育“四位一体”职能作用。特别是在数字化、全媒体时代，大家都在打造高度智慧的博物馆，创造、娱乐、展示、社交和交易始终是数字时代必须面对的双刃剑，它们具有改变学习和生活方式的巨大潜力。因此，博物馆在数字化、网络化、智能化的探索发展中，必须坚守意识形态阵地。

（一）严把价值关，确保引导不偏向。博物馆作为收藏、保护、展示人类活动及自然环境见证物的公共文化机构，承担着实证阐释历史、引导价值取向、培育审美情趣的重要职责。必须把“政治性”作为首要的属性，坚持正确的“三向”，即政治方向、舆论导向和价值取向，始终做到在政治立场、政治方向、政治原则、政治道路上自觉同以习近平同志为核心的党中央保持高度一致，宣传导向始终体现党的意志、反映党的主张、维护党中央权威、维护党的团结。坚持正面的宣传，准确把握新时代博物馆传播工作的新特点、新定位，在思想引领、舆论引导、文化传播和文明传承等方面发挥好主阵地作用。博物馆从业者应深入学习贯彻习近平总书记关于弘扬中华优秀传统文化、培育社会主义核心价值观等一系列重要论述精神，并落实到陈列展览内容价值引导中去，教育和引导公众树立正确的历史观、民族观、国家观、文化观，发挥好博物馆在传承弘扬社会主义核心价值观中的重要阵地作用。

（二）严把审核关，坚持弘扬正能量。作为博物馆传播的主要载体之一，陈列展览在向公众传播意识形态内容方面发挥着重要的作用，因此，要强化陈列展览的价值提炼，特别是要审核展览内容，开设新的陈列展览要严格履行送上级宣传部门审核备案制度。不仅是针对红色主题展览，从人文历史到自然科学，从书画艺术到科学技术，从宏观叙事到微观表达，不同主题、不同类型的陈列展览都有其内在蕴含的文化价值和精神内核，或传播优秀文化、或培养审美情趣、或普及科学知识、或弘扬爱国主义。博物馆在布展设置、传播内容、话题选择上要充分反映人民群众的期待、愿望与要求，要密切关注群众关心关注的热点，对文物历史价值、文化价值和时代价值进行差异化的讲述和传扬。对于不同的受众群体，在传播内容、传播方式上都应有不同侧重。比如，在发挥博物馆红色文化传播作用方面，面对中小学生的素质教育内容与面对青年参观者的内容，在传播方式上应有区别和侧重。再如，在党和国家重大历史节点到来之际，可以通过策划、举办好主题展览的方式，吸引更多受众走进博物馆。

（三）严把阵地关，加强全媒体覆盖。新媒体时代，各种传播平台和载体推陈出新，信息传播渠道不断拓展，信息获取便捷性越发提升。博物馆要转变传统的“单一传播”模式，充分发挥新媒体手段多元化以及时效性、互动性、移动性等方面的突出优势，以“多维传播”的理念去开展新媒体工作，探索文化传播的新路径。但网络传播风险也很大。面对网络空间弥漫的不实与错误言论，博物馆必须加大新媒体平台监管力度，及时阻止和矫正。正确引导网民适度合理地释放情绪，尽可能防止网民产生对抗社会的逆反心理[1]。所以，加强博物馆新媒体平台管理，不仅要考虑到负面舆论的拦截，还应关注网络舆论的疏导，推动形成多元化网络舆论和谐局面。

面对意识形态领域错综复杂的形势，作为意识形态工作重要阵地之一的博物馆，要坚持以习近平新时代中国特色社会主义思想为指引，围绕牢牢掌握意识形态工作领导权这一重大任务，以更有力的领导和更有效的举措，把牢意识形态关，通过挖掘博物馆自身的文化内涵，充分利用新媒体的广泛性、便捷性、及时性和互动性等特点，传播知识、服务观众，传承和宣扬中华优秀传统文化，弘扬主旋律，传播正能量，引导人们树立和坚持正确的历史观、国家观、文化观，不断坚定道路自信、理论自信、制度自信、文化自信，提升国家的凝聚力和向心力。

（吴静波，刘少奇同志纪念馆馆员）

---

［1］ 竟辉：《新时代维护国家意识形态安全的路径思考》，《理论探索》2019 年第 5 期。

浅谈人物类纪念馆研究成果转化的路径

——以《孙中山宋庆龄上海史迹地图》为例

杭　垚

新时代，博物馆（纪念馆）的使命、功能不断发生变化，其输出的公共文化服务内容与供给的手段也随之更新和改变。博物馆（纪念馆）越来越注重通过宣传价值目标来凸显博物馆的社会角色。不可否认，史料研究是革命纪念馆一切工作的基础，在信息化与全球化的时代，纪念馆需要具备更强的知识传播、素质教育和艺术分享能力，让学术研究成果得到更大范围和更远距离的传播，惠及更多人群。这需要博物馆（纪念馆）注重回应社会诉求与公众需要，做好学术研究成果的转化，丰富纪念馆公共文化项目类型，加大优质内容产出，让输送方式既要“在场”，又要“在线”。

一、加快人物类纪念馆研究成果转化的必要性

（一）新时代文物工作方针的必然要求

“让文物活起来”是关于新时代文物工作的重要指示和遵循，而盘活文物资源需要准确提炼并展示中华优秀传统文化的精神标识，更好体现文物的历史价值、文化价值、审美价值、科技价值、时代价值。因此，博物馆（纪念馆）要对其所承载的历史价值、文化价值、审美价值、科技价值进行重新梳理和解读，加强对最新馆藏研究成果的活化利

用，并以新技术、新理念助力纪念馆在新时代焕发出时代价值，通过新故事、新表达为公众，特别是青少年提供丰富、多元的文化体验。

（二）满足观众需求日益增长的现实需要

2007 年 8 月，《国际博物馆协会章程》在宗旨、功能和服务对象三处调整了博物馆的定义，人们的文化需要变成博物馆的第一要务。随着经济社会快速发展，逛博物馆已经成为受人欢迎的新的生活方式，特别是 2023 年暑期，“博物馆热”持续升温。怎样满足人们旺盛的参观需要，成为摆在各大博物馆面前的必答题。国家文物局多次下发工作提示，新华社三评“博物馆热”，据不完全统计，仅 2023 年 7 月，上海 162 家博物馆接待观众超过 245 万人次。人们希望逛博物馆不仅可以学到知识、提升品位，还要“好看”“好玩”。因此，纪念馆需要在确保学术研究专业性的基础上，推出知识性与趣味性兼具的文化产品，积极回应人们对高品质文化生活的要求。

（三）数字化时代让纪念馆跨界出圈成为可能

2018 年 7 月，中办、国办联合印发《关于实施革命文物保护利用工程（2018—2022 年）的意见》，大力支持博物馆拓宽革命文物的利用渠道、提升其展示水平以实现新时代下对革命文物的传播，整合多媒体资源，利用数字化赋能革命文物，并进行全景化、三维化和扩展化宣传展示革命文物。三个月后，又印发相关政策文件，进一步提出文物保护利用的主要任务之一就是“创新文物价值传播推广体系”。文件还提出，在“互联网＋”时代，要实施“中华文物全媒体传播”，其中应该进行最广泛传播的是文物蕴含的文化精髓和时代价值。在新时代，博物馆（纪念馆）的作用力和影响力，是靠传播实现的。因此，要在深化纪念馆学术研究的基础上，加快成果转化的步伐，与观众进行多层次互动交流，让纪念馆的价值在信息时代“活起来”，并实现更广泛的传播。

二、人物类纪念馆研究成果转化的可行路径

上海是宋庆龄的出生地和史迹、故事留存最多、保存最完好的城市，孙中山也在这座城市留下了他为革命付出的心血，为工作殚精竭虑

和生活过的印痕。2018 年 11 月，上海宋庆龄研究会在广泛收集资料、深入实地调研的基础上，绘制了《孙中山宋庆龄上海史迹地图》，最终确定了 49 处相关史迹，为日后进一步深化孙中山宋庆龄在沪史迹的研究宣传、开展相关史迹的保护工作奠定基础。新时代，上海孙中山故居纪念馆、上海宋庆龄故居纪念馆以及宋庆龄陵园管理处以《孙中山宋庆龄上海史迹地图》为基础，通过展览、教育活动、文创产品等传统公共文化服务手段及融媒体平台等新兴传播形式，让孙中山宋庆龄的研究成果惠及大众，切实发挥了孙中山、宋庆龄思想及其文物资源在上海文化品牌建设中的积极作用。本文以《孙中山宋庆龄上海史迹地图》这一学术成果的创新转化为切入口，以上海三处孙中山宋庆龄纪念地的宣教实践为依据，探讨新时代人物类纪念馆学术成果转化的可行路径。

（一）陈列展览

博物馆履行传播与教育使命的核心产品是展览及相关的活动。展览也是博物馆被观众认识并利用自身资源树立形象的主要窗口。事实上，在多数普通公众眼里，博物馆就等于展览。上海宋庆龄故居纪念馆与上海孙中山故居纪念馆通过展览的形式进一步扩大了文物资源和学术成果向公众的开放程度，充分发挥社会教育功能，让文物展品在学术成果的指导下，使展览语境既不脱离历史情境，又不脱离当代社会脉络，让相关研究的最新成果更广泛地惠及群众。

2018 年 11 月 16 日，上海市孙中山宋庆龄文物管理委员会联合有关单位共同主办、上海宋庆龄故居纪念馆承办的“海上琼英　国之瑰宝——宋庆龄与上海”文物特展在上海市历史博物馆开幕。此次展览是全国首个以“宋庆龄与上海”为主题的大型文物展，真实再现了宋庆龄与上海这座城市共同成长、发展的历程。此次展览不仅以《孙中山宋庆龄在上海的史迹地图》为重要学术研究支撑，还以此为基础描画宋庆龄在上海的印迹地图作为展览的特殊展项。25 家在沪媒体的争相报道与 14 万名观众的实地参观，让更多的人了解到宋庆龄为上海乃至全中国、全世界留下的宝贵精神财富。

2020 年 8 月，上海市孙中山宋庆龄文物管理委员会联合有关单位共同主办、上海孙中山故居纪念馆承办的“上海城市记忆中的孙中山”文物文献展同样以上海为切入口，以地点为坐标，从革命的窗口、革命的舞台以及港湾三个层面再现孙中山生前在上海的史迹地，再现了孙中山为建设一个崭新的国家而奋斗的革命历程。

（二）“两微”平台

随着智能手机和互联网的快速发展，因微博、微信等社交媒体注重实效、图文结合、互动性强、获取便利，上海宋庆龄故居纪念馆与上海孙中山故居纪念馆正在以更加亲民的方式通过社交媒体讲好中国故事。

在微博平台，上海宋庆龄故居充分考虑到微博用户年轻化和信息发布时效性强等特点，立足《孙中山宋庆龄上海史迹地图》这一研究成果，推出“宋庆龄在上海的足迹”微旅行系列，累计阅读量突破 10 万。

2020 年 7 月，上海孙中山故居纪念馆结合《孙中山宋庆龄上海史迹地图》，在官方微信平台等自媒体平台和《新民晚报》融媒体平台同步推出“十日谈”栏目，从一封家书、一次会谈、一部著作等十个方面着笔，探寻孙中山在上海留下的城市记忆，品读上海深厚的人文底蕴。

（三）教育活动

博物馆（纪念馆）是社会教育的重要组成部分，以教育为根本，在充分尊重受众群体认知规律和成长需求的基础上，开发设计形式丰富、内容有趣、场景生动的教育活动与校本课程，供观众，特别是青少年深度参与体验，并以此为载体，传承红色基因、弘扬伟人精神。上海宋庆龄故居纪念馆和宋庆龄陵园管理处，更加细致地分类受众，通过城市定向赛、飞行棋、主题讲座等活动形式，让凝聚伟人业绩与思想的最新研究成果以一种让人愉悦的、有意义的、可信的方式润物无声地传播给受众。

2018 年 11 月，上海宋庆龄故居纪念馆以《孙中山宋庆龄上海史迹地图》为参考，结合“宋庆龄与上海”文物特展精心设计了与展览同名的定向赛，目的是让展览好玩有趣，让伟人精神深入人心。定向赛挑选周公馆、徐家汇地铁站文化长廊、国民伤兵医院旧址、上海市历史博物馆（“宋庆龄与上海”文物特展展出地）等与宋庆龄革命、工作和生活紧密相关的七个点位，通过拍照打卡、深情朗读、情景体验、线上答题、线下探索等方式，在短短的半天中让人们重温峥嵘岁月、铭记伟人精神。这是沪上红色教育的新尝试，更有参赛者表示“虽说是来参加比赛的，但是不自觉地就慢下来想看一看”。

2020年的国际博物馆日，宋庆龄陵园管理处着重突出宋庆龄在上海的史迹，秉承宋庆龄“缔造未来”的重要思想，设计推出定制版本的“真人版”飞行棋游戏，让大朋友带着小朋友在游戏中感受伟人思想，在游戏中发展身心健康。

在面向党员开放的在线学习平台——“上海干部在线学习城”上，党员干部们可以通过学习“宋庆龄：‘海上琼英’的非凡人生”这堂线上党课，学习了解宋庆龄根植于江南文化，彰显于海派文化，奉献于红色文化的人格典范。而“宋庆龄与上海”主题讲座一直是“三公里文化服务圈”的爆款，深受社区居民的喜爱。课程内容的丰富与生动都离不开《孙中山宋庆龄上海史迹地图》。

（四）短视频平台

随着移动互联网技术的更新迭代，媒介形式和传播手段也不断转型升级，从即时通信软件到社交媒体，再到引起广泛关注的移动短视频，新的传播手段和媒体深刻影响着日常生活，也改变了纪念馆的公共服务供给方式。

2019年起，上海宋庆龄故居纪念馆以“走近宋庆龄”系列微视频的形式打造“伟人足迹”系列故事，通过5分钟的讲述，直观地引导人们来探寻宋庆龄在上海的革命遗迹，了解宋庆龄为实现国家统一、振兴中华而不懈努力奋斗的一生，知晓上海这片土地上的光荣历史。其中，“为了和平”串联了宋庆龄在上海为了维护世界和平、促进中外友好、发扬进步文化留下的足迹。“真挚之友”联系起与宋庆龄相关的、在上海的名人故居。两则微视频呈现了宋庆龄的光辉形象、伟大精神和高尚情操。此系列微视频先后在学习强国、东方网、腾讯、爱奇艺、新浪微博等媒体平台进行发布，达到让故事动起来、让地标活起来、让群众参与进来、让人物丰满起来的良好效果。

为配合“上海城市记忆中的孙中山——纪念孙中山先生95周年文物文献展”的宣传，上海孙中山故居纪念馆将展览中涉及的孙中山在上海的史迹地拍摄制作成“史迹寻踪”系列微视频，围绕一个足迹点讲好故事，进一步传播孙中山留给上海这座城市的宝贵历史记忆和留给后人的宝贵精神遗产。微视频以“文字+视频+图片”的方式在官方自媒体平台推送，点击量创下新高。

（五）文创产品

2016年，国家开始重视“文化文物单位文化创意产品开发试点工作”，博物馆（纪念馆）纷纷响应，开始投身文创产品开发，旨在通过这种新的形式把文物所承载的文化内涵和精神底蕴传递给公众，让观众“把伟人思想带回家”。

2019年，上海宋庆龄故居纪念馆以《孙中山宋庆龄上海史迹地图》为创作灵感，开发“宋庆龄在上海的印迹”“一游卡”，首季选择其中的11处。小小的“一游卡”既是城市指南，也是明信片，还可当作艺术贴纸随心贴，兼具审美、人文、实用与收藏价值。

2020年，上海孙中山故居纪念馆以孙中山在上海的史迹为蓝本，遴选代表孙中山革命的窗口、舞台以及港湾的6处史迹地照片设计制作冰箱贴，让伟人思想更贴近人们的日常生活。

三、关于人物类纪念馆研究成果转化的思考

（一）思维的拓展

人物类纪念馆是保存和传承名人信息的重要载体，属于人文旅游资源。特别是近现代名人故居，不仅呈现人物的生平事迹、彰显人格魅力，而且是革命历史的见证与红色文化的宝库。长期以来，人物类纪念馆习惯用专题展览、学术研讨会与学术出版物等途径来宣传杰出人物精神，并用说教的方式诠释文物文化并进行知识的生产和传播，缺乏交互性与体验性。因此，人物类纪念馆应以更加平等与包容的姿态，积极承担更多社会责任，在各个不同的领域中扮演更积极的角色，邀请更多的人共同进行知识生产，共同加速学术成果的转化，助力人物类纪念馆传

播其所蕴含的历史价值、文化价值与审美价值。与此同时，跳出以文物为载体，以时间为轴的线性传播范式，跳出单一的文物历史叙事场景，通过改变传统的空间呈现、社会表达和与公众互动的方式，从而构建人物类纪念馆与社会公众的新关系，创造杰出人物思想传播的更多可能。

（二）合作的破壁

博物馆（纪念馆）从来不是一个封闭自足的主体。在信息时代，博物馆是一个互相合作、共同创造的知识共同体。在专业分工更精细与社会环境更多元的当下，博物馆要敢于打破学科壁垒，除了历史学科外，也要灵活运用更多学科及认知理论，并将这些理论充分运用到博物馆（纪念馆）的各项工作实践中去，让博物馆（纪念馆），尤其是人物类纪念馆从不同的诠释维度上阐释藏品丰富多样的文化内涵，生产出更多优秀的学术成果，并利用各种新技术与新媒体加速成果，真正实现让文物“活”起来。

（三）审视与反思

近年来自媒体迅速发展，在充斥着新技术与新媒介的“互联网+”时代，“流量”成为评判和衡量传播力、影响力的重要标准。在此背景下，博物馆（纪念馆）也开始被流量裹挟，呈现泛娱乐化和商业化倾向。在“流量焦虑”的氛围下，个别博物馆的展览、教育活动本末倒置，为求“吸睛”，致使博物馆的知识力与审美感让步于热门话题，并开始呈现出“低龄化”与“唯流量化”的趋势，把文化遗产简单等同于“国宝”“宝藏”“怀旧”等消费主义视角下的标签。因此，人物类纪念馆从业者要在“博物馆热”的背后，对文物“活起来”进行“冷思考”。杰出人物思想的传播及其学术成果的转化不能只追求快和新技术，最终目的是让文物、文献资源通过潜心研究和精心演绎进行创新性的艺术再加工，让群众可以更亲切、更生活化地近距离感受其思想。

一张史迹地图，经过上海三家人物类纪念馆的思索与创新，实现了五大类、近二十种不同方式的活化利用。上海，这座光荣之城，留下了丰富的孙中山、宋庆龄革命、工作、生活的遗存与印痕，而关于孙中山思想的“跨圈”传播和最新学术成果的快速转化，也始终是上海孙中山故居纪念馆、上海宋庆龄故居纪念馆、宋庆龄陵园管理处，乃至人物类纪念馆在高质量发展之路上需要思考和探索的重要课题。

（杭垚，上海宋庆龄故居纪念馆馆员）

数字化赋能高质量博物馆建设研究

——以上海孙中山故居纪念馆为例

王　路

博物馆是人类文明的重要载体和传承者，数字化是博物馆高质量发展的重要手段和方向。本文以上海孙中山故居纪念馆为例，探讨数字化赋能博物馆建设的理念、方法和对策。首先分析纪念馆数字化建设现状和存在的问题，然后结合国内外博物馆智慧化建设的先进经验和典型案例，提出从全面升级网络基础设施、建立纪念馆 BIM 系统、构建故居数字孪生、建设孙中山研究数据库、探索数字原生展览、尝试人工智能助力各项工作六个方面，分阶段逐步实现数字化赋能纪念馆文保、研究、宣教、文创等工作的思路和对策。

一、研究背景

博物馆是保护和传承人类文明的重要殿堂，是连接过去、现在、未来的桥梁，在促进世界文明交流互鉴方面具有特殊作用。在新时代，博物馆面临着新的机遇和挑战，需要推动中华优秀传统文化“创造性转化、创新性发展”，提高服务水平和社会影响力，满足人民日益增长的精神文化需求。数字化是当今世界的发展趋势，也是博物馆事业高质量发展的重要手段和方向。

习近平总书记在党的二十大上强调：“实施国家文化数字化战略，

健全现代公共文化服务体系，创新实施文化惠民工程”[1]。《中华人民共和国国民经济和社会发展第十四个五年规划和2035年远景目标纲要》《质量强国建设纲要》等规划文件，也从不同角度对文化建设和数字化发展提出了明确的目标和任务，强调“推进公共图书馆、文化馆、美术馆、博物馆等公共文化场馆免费开放和数字化发展”。[2]“大力推动图书馆、博物馆等公共文化场馆数字化发展，加快线上线下服务融合。”[3] 博物馆作为文化遗产的保护者和传播者，是文化数字化战略的重要组成部分。近年来，中央和地方各级政府部门出台了一系列政策措施，推动博物馆改革发展，强调“加快图书馆、博物馆、文化馆、美术馆等文旅场馆数字化改造”。[4]“加快推进藏品数字化，完善藏品数据库，加大基础信息开放力度。要强化科技支撑，大力发展智慧博物馆，逐步实现智慧服务、智慧保护、智慧管理。”[5] 由此可见，博物馆数字化建设，是对习近平总书记关于文化建设和数字经济发展的重要指示精神的贯彻落实，也是对相关领域发展规划的具体实践。

上海孙中山故居纪念馆对推进数字化建设工作的重要意义有着一定的认识，早在2018年就结合年度重点工作智慧化服务系统的建设，开展博物馆智慧化建设的调研课题，并完成《智慧化，让文物活起来——博物馆智慧化建设课题调研报告》。报告阐明智慧化博物馆是纪念馆未

[1] 习近平：《高举中国特色社会主义伟大旗帜　为全面建设社会主义现代化国家而团结奋斗——在中国共产党第二十次全国代表大会上的报告》，《求是》2022年第21期。

[2] 中华人民共和国国家发展和改革委员会：《中华人民共和国国民经济和社会发展第十四个五年规划和2035年远景目标纲要》，[EB/OL]. https://www.ndrc.gov.cn/xxgk/zcfb/ghwb/202103/t20210323_1270124.html。

[3]《质量强国纲要》，“学习强国”学习平台，[EB/OL]. https://www.xuexi.cn/lgpage/detail/index.html?id=11009937312036234329。

[4] 上海市人民政府网通办、上海市人民政府办公厅：《上海市全面推进城市数字化转型“十四五”规划》，[EB/OL]. https://www.shanghai.gov.cn/nw12344/20211027/6517c7fd7b804553a37c1165f0ff6ee4.html。

[5] 中央宣传部、国家发展改革委、教育部、科技部、民政部、财政部、人力资源和社会保障部、文化和旅游部、国家文物局：《关于推进博物馆改革发展的指导意见》，[EB/OL]. http://www.ncha.gov.cn/art/2021/5/24/art_722_168090.html。

来建设的重要方向，并提出未来三至五年要从以下六个方面开展博物馆的数字化建设：(1) 进行设备改造，全面部署无线网络；(2) 部署智能硬件，实现文物智慧保护；(3) 整合发布平台，统一发布管理系统；(4) 借力上级单位，建立文物管理系统；(5) 预留数据接口，实现系统融合交互；(6) 探索数字人文，创新孙宋研究方式。这些设想旨在为最终逐步实现智慧服务、智慧保护、智慧管理奠定基础。

随着数字信息技术的不断发展和创新，博物馆数字化建设也面临着新的机遇和挑战，需要不断更新理念和方法，完善规划和标准，提升能力和水平。我认为有必要继续进行博物馆数字化建设的调研，明确未来的建设和发展方向，为纪念馆数字化转型提供学理依据和智力支持。

二、数字化赋能纪念馆建设情况

在 2018 年智慧化博物馆调研课题的基础上，经过近几年的不懈努力，纪念馆在博物馆数字化建设方面取得一定成绩。

(一) 建设智慧化服务 (票务) 系统

2019 年，在前期开展调研的基础上，纪念馆历时一年建设完成智慧化服务 (票务) 系统。该服务系统可以实现实名登记、分时预约、线上购票、数据统计等多项功能；同时，线下购票可以直接读取身份证、护照等证件信息，便于完成实名信息登录。之后经过几年的调整优化，现运行情况良好。该系统的建成使用，为次年实现分时预约、实名登记等要求提供了技术保障、提升了工作效率。

(二) 以融媒体理念完成官网升级改造

2021 年，在分析大都会、MoMa、大英、故宫、国博等中外知名博物馆官网的基础上，以融媒体的理念完成官网升级改造。此次改版，一改过去一般的机构官网设计大而全的建设思路，从用户习惯、用户视角出发，简化首页设计，提升游客的用户体验。同时，借鉴融媒体的建设思路，优化信息发布流程，除了可以逐级审核外，实现了一次编辑，多平台同时发布的功能。同时，为了更好地实现网站未来的内容运维，制定相关的管理办法，明确各部门的职责分工，确保后续工作的持续推进。

（三）完成档案管理系统建设工作

档案数字化与信息化管理，是档案管理的必然趋势。2021 年，纪念馆对历年常用档案和研究资料进行了集中数字化，共完成包括文书档案和基建档案 43 384 件、活动照片 61 278 张、影像资料 304 件、老式录像带转录 51 盘共 45 小时的数字化，建立符合规范的档案管理系统。档案系统的建设，使纪念馆建馆以来的大部分资料都可以在内网分权限查阅。同时，结合档案系统建设完成纪念馆中央服务器的升级，以及专用储存服务器的增设，大幅度提高储存空间和安全性，也为未来部署其他信息化系统预留一定的空间。

（四）完成纪念馆网络实名制改造

根据上海市公安局 2021 年网络安全专项检查要求，2022 年对纪念馆办公网、游客网络进行实名制改造。部署审计设备，实现馆内网络使用情况的全面记录。根据纪念馆实际，采用有线网络登记使用、无线网络用户名密码登录使用的方式，在确保安全的情况下，简化职工登录上网的流程。同时，为更好地解决文保部等在外办公时需要用到馆内网络的问题，部署馆内 VPN，在确保安全的情况下，提供远程访问馆内资源的可能性。

（五）建立大数据查询展示平台

通过整合系统相关信息，纪念馆建立统一的大数据展示平台，集中展示网站、公众号、票务、人流、现场实景视频等数据，为纪念馆决策提供依据。由于统计局、文旅局等条线需要定期申报相应数据，因此，大数据展示平台涵盖年龄分析、客源地分析、身份分析等多方面数据要求，为相应工作人员对数据的统计汇总，和馆领导随时直观地了解网站和公众号各栏目点击数量、用户情况等多项信息提供了便利。同时，结合官网改造拓展新媒体统计平台，将微信相关指标项进行展示。

此外，纪念馆还在上级单位的帮助下，建立统一的馆藏文物信息管理系统，实现对文物藏品及其信息的有效管理；建立集中统一的储存服务器，对重要数据进行集中储存与备份，保障数据的安全；整合现有各类信息化系统平台入口，实现单点登录，方便工作人员的操作和使用等。虽然与业界信息化建设处于领先地位的博物馆纪念馆相比仍有较大的差距，但近五年纪念馆的数字化工作实现了零的突破，也为之后进一步开展信息化工作奠定了基础。

三、纪念馆数字化内部需求与问题分析

为了更好地了解纪念馆内部对于数字化建设的需求和建议，纪念馆对五个内设部门（办公室、保卫部、研究部、文物保管部、宣传教育部）逐一开展调研。主要目的是了解各部门对数字化赋能的理解、期望、需求和建议，以及存在的痛点难点。总体来看，各部门对数字化赋能有一定的共识，也存在差异。共识主要体现为对数字化管理和服务的强烈需求，大部分部门都提到希望建立统一的文物、文献信息管理系统，分权限供全馆使用，同时整合各类平台，实现更好的管理和使用。差异主要体现为对数字化展示、体验和创新的多样性需求，各部门根据自身的工作特点和发展方向，提出不同的数字化赋能方式和具体内容。其中，包括尽快建立纪念馆广播系统和为纪念馆的720度全景导览增加重要文物、展品深入介绍等一些较为急切的数字化赋能需求。

对照行业内博物馆、纪念馆数字化建设情况，结合内部需求的调研，纪念馆数字化建设仍存在以下问题：

（一）数字化建设意识和能力尚待提高

纪念馆在财务、人事、档案、票务、安防、融媒体平台等行政管理方面的数字化水平与此次调研中其他场馆基本持平，而文保、研究、宣教等核心业务工作的信息化水平则有待提高。在文保方面，经过长时间的努力，已经在纪念馆局域网部署馆藏文物信息管理系统，但是馆藏文物信息的完整性、准确性和可用性还需进一步加强，尚未实现全馆范围的分权限查询和使用。在研究方面，近年来通过购买读秀、知网充值卡等方式，获得相关数据库的部分使用权限，对馆内研究资源进行有效补充，但是对馆藏图书和资料的数字化推进力度较弱，导致馆内数字资源的数量和质量均尚显不足。在宣教方面，始终重视利用“两微一端一网”平台开展宣传教育工作，创新形式，取得良好的社会反响，但在利

用数字化技术开展宣教活动方面的尝试较少，数字化技术的优势和潜力有待提升。

这些情况说明纪念馆各业务部门对数字化赋能业务工作的重要性有一定的认识，并付诸相关探索与实践，但尚未形成提升工作效率和质量的有效手段和长效机制。纪念馆仍需继续加强对各业务部门的数字化培训和指导，提高相关人员对数字化的认识和理解，增强他们运用数字技术解决工作问题的能力和信心。

（二）数字化基础硬件设备及网络设备线路相对落后

纪念馆在近年来的信息化工作中，陆续新增和改造部分信息化硬件设备，但受限于空间、经费等问题，仍然存在着相对落后的情况。

首先，缺乏独立的标准化机房。大部分博物馆都有现代化标准机房，而纪念馆所有的服务器、网络安全设备都安置于监控室内，与安防设备共用机架。没有机房专用恒温恒湿设备，仅靠两台家用壁挂空调降温。此外，由于业务工作特点，文物数据、研究资料等都需要集中在本地存储与处理，随着近年来数字化建设的不断推进，各类增加的设备几乎占满所有的空间，现有条件难以支撑业务进一步的发展。

其次，网络设备与线路仍然存在问题。2019 年，纪念馆结合故居 720 度展示系统的部署，完成网络的初步改造，实现从无到有的突破。但受限于经费和客观条件，改造只是满足最基础的需要。随着游客数量的日益增多，馆内业务的不断发展，硬件设备负载能力捉襟见肘。考虑到未来纪念馆全面提升过程中的数字化展项、高清视频传输、物联网设备部署并结合未来软硬件的发展速度，既有的网络设备及线路难以匹配未来发展的需要。

最后，部分服务器性能较为落后。纪念馆共有三台服务器，分别用于文物信息管理系统、档案管理系统和储存。后两台服务器由于购置时间较晚，尚能满足系统需要。而文物信息管理系统所用的服务器为 2014 年配合上海市孙中山宋庆龄文管委开发的文物信息管理系统时一并下发的。2020 年纪念馆对文物信息管理系统进行升级，随着数据量的不断增加，使用中经常出现卡顿、长时间无响应等情况，服务器的性能已经无法满足日常工作的需要。尽管近年来陆续新增和改造了部分的信息化硬件设备，但由于空间、经费等原因，仍然存在着相对落后的情况。

（三）业务系统相互独立，数据和流程缺乏协调配合

纪念馆在过去的数字化建设中，根据工作进度与需求，信息化系统的建设是由不同部门在不同时间进行的，在数据库结构和接口方面缺乏整体规划和统筹安排。这导致各系统之间的数据和业务流程缺乏有效的协调与配合，造成信息与业务流程间仍存在一定的脱节现象。

首先，由于缺乏前瞻性统一规划，本馆没有专门的信息化部门，也没有专职负责信息化工作的同志，信息系统的建设则由需要数字化的业务主管部门根据工作需求分步进行。不同部门设计和实施信息化系统时，往往更多地关注当下本职工作的目标与需求，而忽视与其他系统的协作和数据交互，比如馆藏文物信息系统与 OA 系统、融媒体平台均无法实现对接，导致系统之间的数据隔离和信息孤岛现象，使得博物馆在信息管理和业务流程中面临诸多不便和困扰。

其次，出于成本考虑，纪念馆添置了部分成品信息化系统，而非根据需求定制开发系统。这些成品系统难以满足与其他系统的无缝对接和数据共享的需求，缺乏统一的数据标准和接口规范，使得系统间的数据传递和共享变得困难，导致信息在系统之间的断层。

此外，由于系统建设中缺乏协同考虑，底层数据库之间的共享和互通也受到限制。各系统采用不同的数据库管理或数据模型，使得数据在不同系统之间无法直接共享和访问。这既导致数据的冗余存储和更新维护困难，还使得系统之间的数据一致性和完整性难以得到保障。

四、数字化赋能的思路和对策

2025 年是孙中山逝世 100 周年，纪念馆拟对基本陈列进行改造提升，这也是进行数字化建设的重要时间窗口。针对纪念馆数字化建设中面临的问题，对标其他博物馆的经验和做法，初步计划重点进行以下五项建设工作：

（一）加强数字化工作的统筹规划，建设数据中台，实现数据的统一汇聚和管理

成立数字化工作领导小组，由馆长担任组长、副馆长担任副组长、各部门负责人为组员，负责纪念馆数字化建设的总体规划、协调指导、技术支持等工作。办公室作为信息化工作的职能部门，负责梳理数据权限、确定数据接口、推进数据中台的建设和运维等工作。结合国产化替代计划，对现有的信息化系统进行逐步升级改造，使其符合数据中台的接口标准和数据规范。

新建和改造各种业务的信息化项目，由业务主管部门根据自身需求和数据中台的统一要求进行设计和实施。办公室主要提供技术咨询和协助，确保各业务信息系统与数据中台的顺利对接和数据共享。

通过数据中台的建立，逐步形成纪念馆统一的信息化平台，集成各业务信息系统，实现纪念馆各项工作数据的互通和协作，为纪念馆提供一个便捷、高效、智能的数字化服务环境。

（二）全面升级网络基础设施，提升纪念馆信息化水平

结合2026年基本陈列的改版工作，2025年会对故居及展馆建筑进行整体维修。这是进行网络基础设施建设的恰当时机，应充分利用这次改版机会，全面升级网络线路和设备。在网络线路方面，建议进行扩容和升级，以满足日益增长的数据传输需求。通过增加带宽、优化网络拓扑结构以及引入高速连接技术（如光纤网络到房间），提高网络的传输速度和稳定性，确保纪念馆各项数字化系统和服务的顺畅运行。网络安全方面，建议建立健全的网络安全体系，同时采取升级防火墙、入侵监测系统、安全审计和数据加密等措施，以保障纪念馆系统和数据的安全性。

（三）建立纪念馆BIM系统，促进不可移动文物的数字化保护

2025年，上海孙中山故居和相关展馆计划进行全面维护保养和升级改造工程，这为建立和部署纪念馆BIM系统提供了合适时机。BIM系统是一种基于三维模型的建筑信息管理系统，能够在设计、施工、运维等全生命周期提高效率、降低成本、优化管理。一方面，修缮的闭馆期间，可以方便地进行建筑整体三维扫描，作为 BIM 系统的基础数据。另一方面，在建筑施工过程中，预埋部署物联网各类传感器，比如针对故居预防性保护的沉降、倾斜、白蚁等传感器。可以充分利用此次修缮的契机，建立全馆范围的 BIM 系统，为加强纪念馆日常管理和故居的预防性保护，奠定坚实的基础。

（四）实现故居的数字孪生，展示历史与现实的交融

2023 年至 2025 年，将有计划地对故居原状陈列文物进行 3D 扫描，并结合构建纪念馆 BIM 系统采集的故居内外部 3D 扫描数据进行加工，计划在 2026 年完成故居在元宇宙的数字孪生。借数字孪生技术，能够精确还原故居的各个细节，提供一个真实的、沉浸式的虚拟参观体验。

数字孪生不仅能够展示现有故居的情况，还可以还原故居在特定时期的历史面貌。历史文献资料显示，故居是根据宋庆龄的回忆，基本保持了孙中山先生在世时候的原貌，但仍有一些细微的不同。如故居二楼阳台原本是开放式的，后被封闭起来。此外，部分文物根据宋庆龄的要求进行重新布置，部分文物也被转移至库房。而通过数字化技术，可以突破时间的维度来复原故居不同时期的历史原貌，使不同时期不同样式的故居在虚拟空间同时存在，为观众提供一个更加全面、生动的参观体验。由此，观众可以身临其境地感受不同时期故居的历史魅力，探索孙中山的伟大思想与历史贡献。

此外，特别值得关注的是保存在故居的大量藏书。孙中山的藏书一直是专家关注的重点，宋庆龄也曾提出将孙中山故居“献于国家作为图书馆，专供公众研究三民主义之用”[1]。出于文物保护的考虑，故居的藏书早在 20 世纪 80 年代末就转移至恒温恒湿的文物库房进行保护、管理。建议逐步对孙中山的藏书进行数字化，并在虚拟空间对应的位置重现故居藏书。观众可在虚拟空间中，置身 20 世纪初的孙中山寓所，与当年的孙中山先生一样，阅读藏书内容，实现宋庆龄建立孙中山图书馆的愿望。

［1］《宋子文致钱大钧》（1945 年 12 月 13 日），上海市档案馆藏，档号 Q1-6-676。

（五）建设孙中山研究数据库，开拓数字人文的研究方式

2018 年的调研报告曾提到希望能够探索以数字人文的方式来开展对孙中山和宋庆龄的研究。通过本次调研，更加坚定了建设研究数据库、将孙中山和宋庆龄相关研究资料数字化的决心。建议自 2025 年起逐步开展馆藏相关文物和文献资料数字化工作，并在此基础上逐步探索利用数字人文的研究方式。

首先，纪念馆拥有大量孙中山和宋庆龄的高清照片。借助计算机视觉库如 Opencv 等技术，可以对这些照片进行分析。通过输入已知的照片时间、地点、人物等相关信息，开发识别算法，用于考证照片和视频中的地点、时间以及人物信息，大数据辅助文物考证的方法将为研究者提供更多线索和依据。

其次，建议将孙中山、宋庆龄等众多近现代人物的年谱、著作、书信等资料进行数字化，使其按照时间相互对应，形成“孙宋”研究大数据库。通过这个数据库，研究者可以任意时间为切面，了解相关历史人物分别在从事什么活动；或以任意地点为切面，了解当时当地发生的历史事件，涉及的历史人物等。这种研究方式将使历史跨越时间和空间的方式加以展现，为未来的“孙宋”研究提供全新的视角和方法，使研究的广度与深度得到极大的扩展。

此外，纪念馆还可以探索与其他数字人文平台的共建共享。如上海韬奋纪念馆、上海鲁迅纪念馆涉及的人物，大部分是与孙中山、宋庆龄同一时期的人物，相互之间有着千丝万缕的联系。在各馆数字化研究资料积累到一定程度的时候，可以联合开发，按照统一的标准对数据进行编录，将共同的人物、事件联系起来，构建民国人物的大型数字人文平台，为研究者提供丰富的数据和便捷的服务。这样，不仅可以实现数据的共用共享，还可以促进各馆之间的交流和合作，共同提高博物馆行业的数字化水平和影响力。

（六）探索数字原生展览，提升公众数字化体验

如今，越来越多的博物馆将实体展览上传至网上进行展示，这无疑拓展了展览的受众群。然而，无论是 720 度全景、还是 3D 数字化建模，

从根本上是通过数字化手段对物理世界进行仿真建模。这种方式仍受限于现实世界的条件和认知，无法充分发挥数字世界的想象力和创造力，难以体现虚拟空间的优势。因此，建议纪念馆尝试实现从数字孪生到数字原生展览的转变，策划纯数字展览。

首先，数字原生展览中的展品可以打破物理空间的限制，互相关联、嵌套、跳转、组织，这使数字原生展览设计不同于物理空间的展览，可为公众提供完全不同的观展感受。其次，数字原生展览可以突破空间的限制，即使没有实体的展品和展示空间也可以组织展览。比如，可借助孙中山宋庆龄纪念地联席会议平台，组织全球孙中山纪念地分别提供最有代表性的文物高清图片，共同在虚拟空间举办一个全球范围的孙中山生平展览。这个展览可以去中心化，即不存在某个机构、某个博物馆主办，而是所有参与者共同维护，如果个人有相关的重要展品，也可加入展览。最后，数字原生的展览可以是“活”的。物理空间的展览一旦展出，一般是固定不变的。而数字原生展览，可以是不断变化的。任何参加的单位都可以实时更新、补充史料、内容，甚至可以根据观众不同的行为、选择而呈现不同的内容，这是物理空间的展览很难做到的。通过这种形式，孙中山故居的历史价值和文化内涵可以得到更好的传承和发扬。

（七）人工智能赋能业务工作，探索博物馆的智慧化建设

近年来，随着人工智能技术的飞速发展，AI 技术再次引起全球的关注。经过多年的努力，AI 语音合成和 AI 绘画等部分技术已经相对成熟，完全可以应用于博物馆的各项工作。

AI 语音：纪念馆临时展览中的二维码语音导览通常需要专业播音员进行录制，并按分钟计费。临展由于经费有限，常常不能配备语音导览，影响观众的体验和展览的传播。现在的 AI 语音技术虽然无法与专业播音员媲美，但已经具备 90％的效果，语言流畅自然，成本较低，适于临展语音导览的制作。在未来临展中，可以适时地尝试 AI 语音录制讲解词，为观众提供更全面的语音导览服务。

AI 绘画：近年来，GAN、Diffusion 等生成模型的出现和优化，使得 AI 绘画的效果和速度都有了质的飞跃。AI 绘画的成熟，为博物馆文创研发带来以下几方面的价值。首先，可以提高文创产品的创新性和多样性。AI 绘画可根据不同的文本描述或图像素材，生成不同风格、主题、场景的图像，甚至可以超越人类认知和想象力的范畴，创造出全新的视觉效果和艺术表达。其次，可以降低文创产品的制作成本和时间。AI 绘画可在短时间内生成高质量、充满创意的图像，无需人工进行复杂和耗时的绘画过程，节省了人力和物力资源。最后，可以拓宽文创产品的受众群体和市场潜力。AI 绘画可以根据不同的用户喜好，定制和个性化生成图像，满足用户的多元化和差异化需求。AI 绘画还可以让普通用户也能轻松参与到文创产品的制作中，享受到创作的乐趣和成就感，提高用户黏性。在 2023 年的文创研发中，纪念馆正尝试融入 AI 技术设计，助力开发全新的文创产品，推动“孙宋”文创品牌的繁荣与发展。

五、结语

探索数字化赋能纪念馆的路径是一项开放性、持续性的工作，随着数字技术的不断发展和博物馆业务需求的不断变化，对于该项工作的认识也会不断改变。未来将继续探索，寻找一条适合孙中山故居纪念馆发展的道路，进一步释放博物馆的力量。

（王路，上海孙中山故居纪念馆馆员）

彰显时代印记，铸就文化辉煌

——以朱德故里为例浅谈红色文化资源的整合与协作发展

高炯森

要树立科学的红色文化资源保护与开发理念，加快推进体制、机制创新和法律法规建设，为红色文化资源保护与开发提供制度保障，延伸红色文化产业链条，加大与其他旅游资源的业态融合力度，增强产业间的横向渗透，提高产业规模，充分利用现代传媒加大宣传推广力度。下面以朱德故里为例，分析如何从两个方面入手把现有的资源做到科学保护与合理开发，充分发挥红色文化资源的潜能。

一、与生态、旅游、乡村振兴相结合

（一）以神奇的自然文化吸引人

朱德故里旅游资源众多，尤以红色资源为甚，拥有国家重点文物保护单位 3 处，省级文物保护单位 10 处，先后被列为全国 100 个红色旅游经典景区、全国 12 个重点红色旅游区、国家 5A 级景区，7 处人文纪念地展现了景区自然、神奇、独特的文化魅力。

规划定位紧扣“自然、神奇”，朱德故居管理局始终把握“朱老总是从百姓中走出来的”这一根本，始终坚持保留“原有的自然风貌”；始终坚持保留“原有的神奇风貌”；始终坚持保留“原有的独特风貌”。以朱德精神为主题，以红色文化为主线，以自然生态为依托，还原朱德

青少年时期的生活背景，力图原汁原味地展现活动场景，让人身临其境，感同身受，心灵受到洗礼，让游客既能思想上接受革命传统和爱国主义教育，又能视觉上观赏到秀美的原生态风光。为了达到这一目的，管理局践行以下三个结合：保护耕地与保持原生态景观相结合；保护文物本体与保持川北民俗风貌相结合；发展旅游与发展农村经济相结合。

在保护和开发相结合的同时，注重“自然、神奇”，始终把保护意识贯穿开发利用的过程，重点突出“红色”“神奇”的主题，致力于深入发掘红色旅游的内涵和精髓，结合景区厚重的朱德文化，保证红色旅游景区的内在品质，积极参加红色旅游宣传促销、红色旅游研讨会、旅交会等活动，定期开展“参观人文景观，感受伟人风范”“走进琳琅，品味自然”等主题活动。同时，强化大众传媒的作用，开通景区旅游官方网站，在人口重要集散地设置大型广告宣传，形成立体的旅游宣传营销网络和强大的宣传声势。

（二）以厚重的红色文化启迪人

设法处理好“开发为了保护，保护为了更好地开发利用”二者之间的辩证关系，将其作为一条底线长期坚持，取得较为理想的成效。

保护与开发并重，凸显伟人的情怀。按照国家文物保护相关的法律法规，严格划定区域范围，保护文物本体，按照规划对每一处文物建筑主体及其周边的环境进行科学的保护和修缮，做到还原本真。借助朱德纪念地平台，大力发展红色旅游，在其周边和规划区域进行旅游开发，按照旅游基本要素进行全方位打造、多方面融合、多角度覆盖，力争收到“寓教于学、寓教于乐、寓教于游”的效果。

开发与整合并举，注重朱德的精神传承。景区紧扣红色旅游和生态旅游两大主题，彰显红色文化、客家文化和“三乡文化”（书法、篆刻、剪纸）这三大文化的魅力，找准旅游与红色资源的最佳结合点，科学规划，合理开发，促进了红色旅游的健康、持续、快速发展。将历史、文化和资源优势转化为经济优势，推动经济结构调整，培育特色产业，促进生态建设和环境保护，带动商贸服务、交通电信、城乡建设等相关行业的发展，扩大就业，增加收入，将经济效益、社会效益和环境效益有机地统一了起来。

（三）以浓郁的地域文化感染人

这里的地域文化指的是人们的生活习惯、待人接物的方式、团队自身的管理和服务态度。在地域文化上，坚持互相交流、互相渗透、互相借鉴、互相融合，始终借鉴他人，完善自己，给游客留下深刻的美好印象。

用完美的五个结合打造和谐的人居环境：政府主导与全民参与相结合；保护资源与合理开发相结合；重点建设与完善配套相结合；市场营销与区域协作相结合；创新投资与探索机制相结合。在村民管理上，用引导、教育、培训等方法，激发群众“兴旅创业”热情，增强“景兴我荣、旅兴我富”的责任意识；在队伍建设上，狠抓思想教育。

（四）与乡村振兴相结合

利用红色文化资源，发展旅游，带动景区内村民实现乡村振兴，进行全方位打造。吃：突出地方饮食特色，针对各地游客的饮食习惯，引导和鼓励村民利用现有农房，大力发展有特色的农家乐。住：规划开发极具川北客家特色的旅游接待设施、项目、活动，融吃、住、玩，休闲、会务、游乐为一体。行：努力改善景区内外道路交通条件，完善景区内旅游车行道和步游道建设，保证内外旅游道路通达顺畅。游：尽可能增设景点、增加亮点、打造热点，增加参与性、游乐性的项目，开展形式多样、内容丰富的体验活动。购：精心设计制作富有特色的旅游文化纪念品，以满足广大的游客需求。娱：多方位、多层面开展景区游乐活动，除举办节庆和研讨活动外，还在丁氏庄园开展红色歌舞表演和客家婚庆活动，在朱德的祖业田——四方田里开发农事体验项目、节气应景活动，为景区农户制定可行性措施，提高了一定的经济收入，为乡村振兴打下了相应的基础。

二、与区域内红色基地的资源、线路、宣传、教育相结合

因地制宜强保护。红色文化资源的整合与协作，要因地制宜，让其发挥教育功能、价值引导功能以及文化审美功能，在红色文化资源所在地大力宣传文化价值，提高民众的文化保护素养。

因势利导促发展。着重加强周边的村民管理，用引导、教育、培训等方法，激发群众“兴旅创业”热情，增强“景兴我荣、旅兴我富”的责任意识。红色文化资源旅游产品的开发，不生搬硬套，做到形式多样。

树立精品意识，努力打造精品展览。在管理运营方面，大幅加大自身宣传和社会组织的力度，不断提高朱德故里的知名度和影响力，积极融入文化旅游。红色文化资源有其特定的文化氛围，具备特有的精神内涵，红色文化资源与文化旅游联系在一起，能更大限度地发挥其宣传教育功能。

在“请进来”的同时，积极主动地“走出去”，举办流动展览，拓展教育功能。朱德故居管理局本着“立足基地，面向社会，实施开放式教育”的理念，采用主动送“展”、送“教”上门的有效形式，进一步扩大教育覆盖面和影响力。发挥互联网的传播优势，开办网上故居，形成网上的爱国主义教育平台，多方联动，实施资源共享，优势互补，谋求更大的发展空间。与周边的邓小平纪念馆、罗瑞卿纪念馆、张澜纪念馆等多次合作，通力协调，互帮互助，取得很好的宣传效果。

朱德故居管理局与工会、团委、妇联、街道社区、学校、企业等不同类型的单位、团体加强联合，结合具体的形势开展各类活动，收到了事半功倍的效果。

红色文化资源的整合与协作发展，任重而道远，不可能一蹴而就、一劳永逸，而是需要步步为营、循序渐进。

应该把红色文化与各地历史文化脉络整合起来，展现红色历史文化发展的传承性和地域文化的独特性；应该坚持把市场作为配置文化资源的基础，在开发利用中保护好红色文化资源；应该把红色文化与体验式旅游相结合，寓教于乐，使广大游客更好接受中华优秀传统文化与革命文化等先进文化的熏陶。

今天，红色文化、红色精神、红色基因被赋予新的人文内涵，具有更广泛的历史和社会意义，成为中华民族精神不可分割的一部分，是“全面建设社会主义现代化国家、全面推进中华民族伟大复兴”的精神动力。

（高炯森，朱德故居管理局馆员）

论人物类场馆的时代价值

——以周恩来故居为例

金　秋

宣传思想文化工作事关党的前途命运，事关国家长治久安，事关民族凝聚力和向心力，是一项极端重要的工作。集人文、建筑和文物价值于一身的人物类场馆，是中华民族优秀历史文化遗产的重要组成部分，也是宣传思想文化工作的重要阵地。新时代，宣传思想文化工作面临新形势新任务，必须有新气象新作为。深入发掘人物类场所的时代价值，在坚守中创新，在传承中发展，将更多更好的文化遗产服务于公众，促进文化大发展大繁荣，是现阶段人物类场馆工作者共同关注的课题和努力实践的方向。

一、人物类场馆是城市精神地标的重要载体

（一）人物类场馆浸润着城市的历史与文化

作为触摸历史的“活化石”，人物类场馆不仅浸润着城市的历史与文化，是各地极其珍贵的历史文化资源，对城市文化的传承与弘扬具有重要作用；同时还具有独特的文化底蕴和精神魅力，是一笔极其难得的精神财富，是不可再生的人文资源。特别是不少人物类场馆，本身就属于不可移动和再生的珍贵文物。

周恩来故居就属于不可移动的珍贵红色遗产。1898 年 3 月 5 日，周恩来诞生于淮安古城驸马巷，在家乡度过了十二年的童年时光。在家

乡，他接受了中国传统文化教育的启蒙，优良的家风、严爱适度的家教，对其崇高品格的养成奠定了坚实的基础。周恩来故居本体文物建筑及院落留存着许许多多童年周恩来成长时期的家庭、家教、家风记忆，具有传承精神的重要价值。周恩来故居东宅院为原状陈列，有周恩来诞生房、童年读书房、周家主堂屋、嗣父母住房、乳母住房、榆树、水井、厨房、菜地等，再现了周恩来从幼年到童年的学习、生活场景。整个建筑青砖灰瓦，古朴典雅，是典型的明清时期苏北民居建筑，浸润着城市悠久的历史与文化，见证着城市的发展与变迁。

（二）人物类场馆是展示城市形象的绝佳名片

人物类场馆是一座城市的宝贵遗产，承载着浓厚的人文历史文化，反映了一个地方的特殊精神印迹，是引以为傲的文化资本。每座城市都有属于自己的文化、形象和气质。作为城市独特的文化底蕴和人文积淀的重要载体，人物类场馆正是一个城市文化、形象和气质的集中体现。因此，人物类场馆是一个城市的闪光点，是展示城市良好形象的绝佳名片。

习近平总书记在纪念周恩来同志诞辰 120 周年座谈会上强调，周恩来，这是一个光荣的名字、不朽的名字。每当我们提起这个名字就感到很温暖、很自豪。周恩来同志是不忘初心、坚守信仰的杰出楷模；是对党忠诚、维护大局的杰出楷模；是热爱人民、勤政为民的杰出楷模；是自我革命、永远奋斗的杰出楷模；是勇于担当、鞠躬尽瘁的杰出楷模；是严于律己、清正廉洁的杰出楷模。周恩来的崇高品质和伟大风范，是为世人留下的极为宝贵的精神财富。作为总理周恩来的诞生地，周恩来故居已成为人们纪念缅怀周恩来总理的重要活动场所。1979 年 3 月 5 日对外开放以来，先后接待党和国家领导人、重要社会团体、中小学生社团及海外友人达 3 000 多万人次，先后被评为“全国重点文物保护单位”“全国中小学爱国主义教育基地”“全国爱国主义教育示范基地”“全国百家红色旅游经典景区”“国家 5A 级旅游景区”，发挥了巨大的社会效益，是绝佳的城市名片。

（三）人物类场馆是激励城市进步的强劲动力

人物类场馆不是作为孤立的建筑存在，而是作为孕育名人的文化存在，它的意义不仅在于建筑本身的历史价值，更在于曾经居住过的人做过的事情以及留下的精神财富。人物类场馆在传承民族文化、弘扬民族精神、进行爱国主义教育和精神文明建设中发挥着巨大的作用，具有重要的历史价值、文化价值、宣传价值和旅游价值，是激励城市进步的强劲动力。

1910年周恩来离开生活十二年的家乡淮安，远赴东北求学，踏上了寻求救国救民真理的道路，从此他的革命足迹遍布大江南北。虽然未能重归桑梓，但是周恩来的崇高品质、伟大风范，永远留在了家乡人民的心中。通过瞻仰周恩来纪念地，淮安人民学习、传承、弘扬周恩来崇高品质，将其内化为精神力量，外化为发展力量，以昂扬向上的斗志、担当实干的作风，加快推动经济社会发展，充分展示建设好周总理家乡的象征意义。因此，人物类场馆中蕴含的精神力量，正是激励城市不断进步的强劲动力。

二、人物类场馆是推动文化传承发展的生动课堂

（一）人物类场馆是党员干部廉政教育的生动课堂

习近平总书记在党的二十大报告中指出，“必须持之以恒推进全面从严治党，深入推进新时代党的建设新的伟大工程，以党的自我革命引领社会革命。我们要落实新时代党的建设总要求，健全全面从严治党体系，全面推进党的自我净化、自我完善、自我革新、自我提高，使我们党坚守初心使命，始终成为中国特色社会主义事业的坚强领导核心”。人物类场馆是开展党员干部廉政教育的生动实境课堂，是发挥宣传教育功能的重要学习阵地，对于激励广大党员干部树立正确的权力观、亲情观、名利观，有着重要的引导作用。

为了学习周恩来的崇高品质和优秀家风等，近年来，周恩来故居从选题策划、资料整理、展览形式、讲解业务等方面不断创新，以家庭、家风为主线，推出一批主题鲜明、内容丰富，特别是能让观众看得懂、听得进、记得住的展览，使周恩来的崇高品质和优秀家风得到广泛传承。例如推出的“‘桑梓情深’——周恩来与家乡图片展”，展出的周恩

来总理动员侄儿回家乡工作支持地方建设等生动故事，充分展现了他始终坚持以身作则、廉洁自律的高尚品德，在对待亲属问题上严格坚持党的立场，再现了清正廉洁、亲民爱民的崇高风范，对于党员干部廉洁奉公、服从组织性原则性、始终严格坚守党的立场具有深刻的教育意义，对于党风廉政建设具有积极的推动作用。

（二）人物类场馆是青少年学生树立理想的生动课堂

习近平总书记多次用扣好“人生第一粒扣子”来强调引导青少年价值观、帮助青少年迈好人生第一个台阶的重要性。教育是国之大计、党之大计。育人的根本在于立德。人物类场所可以成为青少年学生树立理想的生动课堂、资政育人的重要载体。

作为全国爱国主义教育示范基地，周恩来故居始终高扬爱国主义教育旗帜，重视对青少年的教育与引导。2023 年推出《人生第一堂课——周恩来的家教故事》思政课辅助读物进校园，内容聚焦周恩来少年时代，结合社会主义核心价值观，从“爱国、勤学、诚信、友善”四个方面，编写一个个富有童趣和哲理的故事。《人生第一堂课——周恩来的家教故事》思政课辅助读物，正是具有时代特色、引导青少年“扣好人生第一粒扣子”的思政读物，目标在于为广大青少年学生呈现可亲可敬可信可学的精神榜样，让更多的青少年了解周恩来、学习周恩来，争做新时代有志有为好少年。

（三）人物类场馆是普通百姓修身齐家的生动课堂

家庭是社会的基本细胞，是人生的第一所学校。不论时代发生多大变化，不论生活格局发生多大变化，我们都要重视家庭建设，注重家庭、注重家教、注重家风。家风，关联着党风，关联着政风，是精神文明建设的重要组成部分。在树立良好家风方面，老一辈无产阶级革命家为我们作出了榜样。通过参观人物类场馆，学习革命先辈的优秀家风家规，激励广大群众树立正确的权力观、亲情观、名利观，打造特色党建品牌，是贯彻落实全面从严治党要求、开创红色旅游景点党建工作新局面的迫切需要。

在培育良好家风方面，老一辈革命家作出了榜样，周恩来等老一辈革命家是重视家风的典范。周恩来以身作则，严于家教，“十条家规”让后辈终身受益；他严爱适度，不徇私情，鼓励后辈到最艰苦的地方去；他注重家庭，伉俪情深，“八个互相”佳话为后辈树立婚姻典范。党的十八大以来，周恩来故居认真贯彻落实习近平总书记提出的“注重家庭、注重家教、注重家风”的重要指示精神，积极发挥资源优势，策划了“周恩来家风图片展”全国巡展活动，围绕“家世”“家教”“家庭”三个版块，精心挑选了多幅具有代表性的珍贵历史图片，生动展示了周恩来的童年家教以及周恩来建立的严格家风和具体家规。其中，家世部分展现了周恩来童年的良好家教及优秀品格的形成；家教部分展示了周恩来清正廉洁的高尚品德和优秀家风；家庭部分再现了周恩来、邓颖超夫妇相濡以沫，共同走过的风雨历程。自启动以来，展览走向北京、天津、上海等 20 多个城市，直接受众超百万余人次；同时，展览还走进南开大学、天津大学等多所高校，为广大青年学生正确树立人生观、价值观、爱情观和择业观提供了很好的范本。展览紧贴热点，内涵深刻，影响深远，有效地丰富、延伸了周恩来纪念地的教育内涵与教育形式，对于弘扬周恩来家风家规，引领社会风气具有重要意义，为广大群众立家规、正家风提供生动教材，得到广大群众的热烈欢迎和广泛好评。

三、人物类场馆是新时代文旅经济发展的重要引擎

（一）人物类场馆是吸引游客的理想地

新时代文旅经济发展，要更好地吸引游客，景区资源的独特性是一个重要的因素。而人物类场馆，正具备这一特质，享有资源的独特性。人物类场馆蕴藏的人物精神品质，是独一无二的精神财富，对于推动新时代文旅经济发展有着天然的引擎优势。

随着社会对公共文化服务的重视和游客审美素养的提升，一成不变的陈设、老套的内容、单纯的保护加简单陈列已经难以满足当今时代的要求。新时代如何让人物类场馆成为吸引游客的理想地，需要从两个方面努力。一方面是打造，另一方面是宣传。打造独具吸引力的人物类场

馆，必须解放思想，更新知识结构，改变长久以来“死看硬守”的思维模式，深入挖掘和展示人物类场馆所承载的历史内涵和名人精神，将数字化技术更好地运用到人物类场馆的开发利用中，将更多更好的文化遗产用于服务公众。另外，要做好宣传工作。如何吸引更多的游客通过喜闻乐见的方式了解人物类场馆，从而走进人物类场所，是现阶段人物类展馆工作者共同关注的课题和努力实践的方向。在坚守中创新，在传承中发展。人物类场馆要在传承、保护、发展中不断唤起游客的共鸣，真正成为吸引游客的理想地。

（二）人物类场馆是留住游客的栖息地

吸引游客靠的是资源禀赋，而想要真正留住游客，将人物类场馆变成留住游客的栖息地，更需要“苦练内功”。新时代如何让人物类场馆成为留住游客的栖息地，需要从创新和服务两个方面去努力。

一方面，创新展陈内容和宣教方式。进一步挖掘人物精神的丰富内涵，充分学习好、利用好这座精神富矿，以此作为我们守正创新、砥砺前行的精神动力。除了现有的讲解接待、专题讲座、陈列展览等宣教方式，增加宣传的渠道，如微信、抖音、小红书等更多观众乐于获得资讯的方式，开展丰富的特色活动，使广大观众积极主动参与到活动中。另一方面，提升服务质量。只有当观众对展览及其相配套的讲解有比较丰富和深刻的观感与体验时，展览传播的信息才可能在观众的脑海中留下印象，纪念馆的传播功能才有可能得到更好的发挥。只有真正重视和努力提升观众的观展体验，才能更好实现传播目的和效果，让文化融入城市发展，让游客走进来、留下来，从而带动地方文旅经济蓬勃发展。

（三）人物类场馆是深入人心的宣传地

做好新形势下宣传思想工作，必须自觉承担起举旗帜、聚民心、育新人、兴文化、展形象的使命任务。人物类场馆作为开展宣传教育的重要场所，其展陈呈现给观众的不仅仅是展品，更是其背后深厚的红色文化。

人物类场馆必须坚持以习近平新时代中国特色社会主义思想为指导，全面贯彻党的二十大精神，聚焦用党的创新理论武装全党、教育人民这个首要政治任务，深度挖掘人物类场馆所蕴藏的时代价值、社会价值、文化价值，紧跟时代步伐，坚持正确舆论导向，唱响时代主旋律，为爱国主义和革命传统教育提供更加生动鲜活的教材，为党员干部陶冶情操、净化灵魂、升华理想打造红色精神家园，促进红色旅游健康发展，真正成为深入人心的宣传地。

（金秋，周恩来故居管理处馆员）

地级市名人纪念馆高质量发展实现路径

——以常德市丁玲纪念馆为例

张　兰

2017 年，党的十九大首次提出“高质量发展”理念。高质量发展不仅仅是追求量的增长，更要注重质的提升。这对近年来博物馆的各项工作开展，提出了新的要求：贯彻高质量发展理念，强化博物馆体系建设，促进文化创新发展。《关于推进博物馆改革发展的指导意见》强调，到 2025 年，形成布局合理、结构优化、特色鲜明、体制完善、功能完备的博物馆事业发展格局。党的二十大报告提出，推进文化自信自强，铸就社会主义文化新辉煌。

一、地级市名人纪念馆发展的现实情况

2023 年 5 月 18 日，国家文物局发布的数据显示，2022 年，我国新增备案博物馆 382 家，全国博物馆总数达 6 565 家，排名全球前列。其中，人物类专题纪念馆数量为 369 家，占纪念馆总量的 40%。名人专题纪念馆类型日益丰富，发展多元化，多维度展现红色革命人物、文学大家等人物的优秀事迹，极大丰富了中华民族精神的内涵。

虽然从近些年数据来看，我国名人纪念馆在数量规模、层次类型、展览内容等各项指标上都发展迅速，但由于经济、社会等各方面原因，人物类场馆在高质量发展进程中依然存在不少问题，如发展不平衡、创

新不足、专业人才匮乏等。展望“十四五”博物馆事业建设目标，这些矛盾与问题都需要进一步克服和解决。

场馆基础设施建设不够完善。丁玲纪念馆自 2014 年对外开放以来，各项基础设施逐步建设完善，从长远来看，要发展壮大，需要解决场馆面积不足问题。丁玲纪念馆占地面积 4 614 平方米，展厅面积 1 570 平方米，仅满足日常基础接待需求。在“十四五”规划期间，试图开展基本陈列展览提质改造，但经过详细考量，原有场馆改造时即使规划新的布展格局，也无法很好将数字化技术与展览相融合。由于空间限制，展览走线也无法保证完整流畅。

“服务至上”的观念尚待深入。在文化场馆公共服务体系逐渐完善的今天，科技改变了生活，人们也在追求物质文化与精神文化的双重满足感。公众对文化场馆的理解也更加全面客观。人们主动获取知识的需求日益增加，因此对名人纪念馆管理应该进一步规范化、精细化。作为公益类场馆，名人纪念馆“服务至上”理念应该被高度重视。服务功能涉及场馆建设发展的方方面面，除了馆内的各项基础设施、陈列展览、文化活动等，更应该包括全体工作人员。作为面向大众的服务型团体，在工作岗位，应该牢记服务理念，深入理解“为人民服务”的科学理念，并落实到日常的细节工作中。从引导接待到应急处突，均以给参观者更好的体验为目标，完成从满足观众到吸引观众的完美转变。

展览活动创新发展后劲不足。长期以来，展览作为文化场馆的重要媒介，承担着对外宣传展示的重要功能。展览及相关活动的质量决定了游客体验的好坏。展览只有不断创新，才有足够的吸引力。就名人纪念馆的发展状况来看，常设的基本陈列展览不能频繁改陈布展，因此，临时展览可以解决基本展览更新不及时的难题。作为创新能力体现的必要手段，展览活动务必从策划选题、制作形式、更新速度等方面着力，推出符合实际且颇具吸引力的临时展览，穿插必要的群体活动、互动游戏等，充分发挥临时展览文化宣传、服务大众的作用。从各大纪念馆发展情况来看，由于资金、人员、场地等客观因素的影响，每年推出的临时展览数量少、制作简单、体验活动较少，数字技术应用不足，创新力不够，展出影响效果甚微。

文物保护利用项目相对落后。根据新颁布的博物馆定级要求，评估周期内要通过互联网、新媒体提供修复保护、虚拟展示、藏品赏析等服务。在名人纪念馆，文物修复、保护工作不成熟，需修复的文物较少，专业场地、设备、人员等与国内大型博物馆差距明显。近年来，随着名人纪念馆的发展壮大，一批批文物随着时间的推移，开展保护性利用迫在眉睫。从长远来看，数字技术不断发展，文物数字化保护工作也越来越成熟。保护与利用联系紧密，丁玲纪念馆文物保护利用工作均处于起步阶段，受客观因素的限制，仅开展了数字化建档工作，做好日常恒温恒湿维护，与大型纪念馆相比，3D 全景展现、模拟现实等数字媒体技术尚未应用。

数字新媒体基础建设不完善。很多地级市由于经济发展水平不高，用于支持公益文化事业的经费严重不足。名人纪念馆在数字化建设中，经费不足的现象十分突出。数字新媒体设施设备的维护、保养等不稳定，影响馆内正常运行，带给游客的体验不佳，从而影响名人纪念馆的发展。“数字鸿沟”是各大名人纪念馆避不开的难题，这不仅是地域因素，更是场馆建设发展的长期规划问题。

尽管存在不少现实问题，但在各方支持下，丁玲纪念馆依旧努力开创地域文化特色，利用有限资源，打造红色文化名片，助力地级市名人纪念馆高质量发展。

二、地级市名人纪念馆高质量发展的实现路径

名人纪念馆承载地区文化发展的历史，记载名人优秀事迹。丁玲纪念馆作为传承丁玲文化的大型专题名人纪念馆，紧紧围绕“切实把革命文物保护好、管理好、运用好”的使命任务，弘扬革命文化，传承红色基因，坚持以文化人，开展了一系列主题活动。

加强理论学习，深化红色基因阐释。党的二十大对发展社会主义先进文化，弘扬革命文化，建设社会主义文化强国作了深刻阐释，作为名人纪念馆，努力做到深刻领悟习近平总书记对革命文物工作的重要指示

精神，加强红色文化学习。“软文化”熏陶：丁玲纪念馆以习近平新时代中国特色社会主义思想为行动指南，共开展理论学习十余次，学习习近平关于文物工作的重要论述及《中国共产党宣传工作简史》《习近平总书记给中国国家博物馆重要回信精神》等文件内容，深入推进《宪法》等学习宣传走深走实，深入领会习近平总书记对文化工作的指示，夯实理论基础。“硬举措”实践：6 月成立“书香文旅　与‘玲’有约”主题青年读书班。分享会上，成员踊跃分享自己读过的好书，政治、文化、经济、艺术门类齐全，戏剧、小说、散文、诗歌百花齐放，大家畅谈心得感悟，将读书成果内化于心、外化于行。“多维度”引导：丁玲纪念馆积极配合上级机关党委承办青年读书会暨党建沙龙活动启动仪式，还参与“不忘初心·传廉声”青年读书会暨清廉常德故事展演评选活动。通过理论学习与实践活动，提升政治素养，查找自身差距，练就过硬本领。

树立服务理念，落实文化育人举措。一是推出临时展览。为迎接党的二十大，推出“虎年生肖文物图片联展”“党的历程”“全国道德模范事迹展”“浴血荣光——抗战时期党领导的重要战役展”四个临时展览，开展巡回展出六次；与冰心文学馆策划举办“‘冰’映成辉——中国现代女性文学双子星”交流展览及学术研讨。二是延伸教育阵地。以临时展览为依托，深入基层，赴桃源县、望月社区、桃花源敬老院等地，举办各类活动七场，顺利完成红色文化进学校、进军营、进景区、进社区、进乡村等惠民活动。三是丰富教育形式。始终本着为人民群众提供优质服务的理念，开设红色微党课教育，开展专题红色微故事文化宣讲、青少年爱国主义演讲等活动，其中《一封军用电报》《丁玲与〈中国〉》《一封感谢信》等微故事感人至深。

挖掘文物价值，提升保护利用效能。一是文物征集有珍品。2022 年，丁玲纪念馆通过征集、捐赠等方式共收到藏品 63 件/套，包含信件、书籍、画册、报纸等。其中党政相关的革命文物 35 件/套，如《红军长征记》《一颗未出膛的枪弹》等红色书籍。还有由丁玲的学生、朝鲜族作家金学铁翻译，于 1951 年出版发行的朝文版《太阳照在桑干河上》。该书数量稀少，对研究丁玲具有重要的价值和意义。二是文物保护有新意。纪念馆坚持采用音频录制、线上展播等方式，开展文物保护数字化行动。近年来，纪念馆文物保护部室，开展整理馆藏报刊、红色文物等资源工作，逐步推进文物数字化建档工作。通过文物鉴定定级，在展厅展出部分珍贵文物，并在官方网站公布部分丁玲相关珍贵文物的信息，向大众普及文物知识，提升文物利用价值。三是文物利用有品牌。在微信公众平台定期推出线上品牌栏目 3 类，其中“故事里的丁玲”36 期，“历史上的今天”34 期，“经典品读”10 期。此外，还加入由中国博物馆名人故居专委会单位成立的“虹·博汇”博物馆联盟，与全国各大博物馆联合打造推出“馆长说文物”专栏，用短视频形式介绍各个文博单位馆藏珍品及其背后的故事，已推出 24 期。

利用现有资源，拓宽媒体宣传渠道。一是建构红色宣传平台。纪念馆始终以红色文化为基础，开展公共服务。2022 年以后，官网、官微两大自主运营平台累计发布信息 400 余条，开展线上活动近 20 场（次），线上服务人次近 15.3 万。其中，微信公众号服务人次逾 7.6 万，有利于传播红色文化，扩大场馆影响力。二是发展红色研学之旅。2022 年下半年，围绕迎接党的二十大，承办“诵读中国”暨第八届湖南省语言艺术节比赛活动，开展“文化筑梦”系列青少年志愿服务行动，让青少年在玩中学，轻松让知识入心入脑。暑假期间，接待青少年研学实践活动团队达 100 多个，研学者 3 000 余人。纪念馆始终关注青少年成长，努力为他们提供更多更有意义的文化教育服务，为党和国家培育有爱国主义情怀和坚定理想信念的社会主义接班人。三是擦亮丁玲文化名片。根据名人纪念场馆特点，以本土民间艺术常德丝弦为依托，根据红色作家的光辉事迹，量身打造了曲目《永远的星辰》，以及相关的红色曲艺《永远的追寻》《她，活着》等文化节目，以歌伴舞的形式，宣传丁玲，擦亮丁玲这张文化名片。文艺节目在丁玲诞辰周年、清明节等时节，顺利演出 6 次，让文艺演出更有特色。

三、地级市名人纪念馆高质量发展的具体方向

在人民对物质文化与精神文化追求的双重要求下，人民对美好生活

的向往下，作为公共文化服务的支持者，我们更应该主动思考，对名人馆以往的管理运营方法做深度思考，用实践经验引导民众，满足人们的文化需要。丁玲纪念馆作为地级市名人专题纪念馆，着力在理论学习、文物保护、文化宣传等方面逐步开展工作，但还有很多不完善的地方。未来，我们需要在如下三个方面作探索。

明确文化教育活动主体。相关研究指出，只有当博物馆意识到并且对不同观众的需要和兴趣作出应对时，不同观众才会来到博物馆吸取知识，从博物馆体验中获益。狭义上讲，名人纪念馆观众指的是来馆参观的人群。博物馆学家习惯从不同角度对其进行分类，包括地域、年龄、教育、动机、兴趣等。但名人纪念馆作为承载文化的重要空间，它的观众应该是社会的所有公众，而不能限于与它发生直接联系的人群。从基本陈列展来看，主要群体为成年人，针对少年研学的专题陈列展览几乎没有。每年春季、秋季，是中小学生研学活动的高峰期，各大文化场馆应该开发一批针对中小学生的展览。可以不拘泥于展览形式，可以是漫画、卡通形式的展览设计，结合画作、色彩、音乐儿歌等，让小朋友参观学习体验，播撒本土名人文化的种子。针对青少年的研学活动，更应突破已有形式，举办流行文化“剧本杀”“第二课堂”“挑战自我”等活动，用游戏互动、才艺展示、实践活动等让名人文化与生活相结合。不仅如此，除了日常为成年人提供的讲解活动、文化服务等，充分实现工作的大众化、生活化，发挥“引进来”与“走出去”的巨大能量，让游客走进名人纪念馆的同时，走出去，提高名人文化知名度。与本土文化相结合，开展文化惠民活动，推出一批群众喜闻乐见的歌舞、诗词等，如常德丝弦、汉剧高腔等。同时，将展览、宣传册、文化产品等送进千家万户。

团结协作发挥聚合优势。博物馆要提高公众参与度，除了传统的分层决策外，还需要寻找其他途径。针对名人纪念馆的发展现状，特别是地级市场馆规模小、人员少、设施不足的状况，与相关单位或文博行业人员开展文化项目合作，借用联合策划、共同举办的方式，解决资源、人员不足的问题。当然，从首次合作经历互信、互通到合作内容的深化，是一个长期积累的过程。充分发挥文化交流与融合新优势，在人员、场地、展览、教育活动等方面，发挥各自的资源优势，互通有无，跨地域、跨区域、跨行业开展文化活动。

数字化助力创新业务工作。一线城市数字化博物馆工作试点运行已有成功案例。如四川博物院，作为国家文物局智慧博物馆建设试点单位，其在梳理、重构、优化业务体系和流程方面做了成功的探索，但是此项工作在地市级纪念馆还处于起步阶段。从居住环境来看，文化场馆数字化技术对中小城市居民的吸引力更大，发展潜力巨大。名人纪念馆是博物馆中特殊而具体的一类，为了让更多的人民了解地域文化名人，数字化创新是将文化展览与数字技术相融合。当前，由于资金、场地的限制，小范围局部提质改造，将数字化设备、技术引入展厅是较好的选择。名人纪念馆在场馆内引入智能语言机器人，可以为游客提供智能语音讲解、咨询等服务，能提升场馆的人气。

名人纪念馆高质量发展是一个长期过程。博物馆应以卓越与平等的精神来实施其公共服务职能。我们要做的不仅是通过文物、展览、活动等提供文化功能，还要担负起传播红色文化，阐释名人深度的文化价值与精神内涵的责任。红色文化的发展，要充分与本土文化融合，各方合作，形成合力，才能实现大发展、大繁荣。

（张兰，常德市丁玲纪念馆馆员）

人物类场馆的时代价值与研究意义

——以上海孙中山故居纪念馆为例

马　煜

人物类场馆作为博物馆的重要分支，一般多以其代表人物为中心开展各项场馆建设工作，其中，名人故居作为特定类型的人物类场馆，具有独特的历史、文化、开发价值与现实意义，承担着见证历史风采、记录时代精神、传播优秀文化、弘扬社会主义核心价值观的重要使命。

作为中国民主革命的先行者，孙中山的革命思想与实践对中国的现代化进程产生了深远影响。上海孙中山故居纪念馆自建成以来，一直以孙中山及其精神为核心、以孙中山上海寓所为主体，不断丰富场馆建设，与时俱进保护和利用故居，不断探索孙中山研究的工作，挖掘馆藏文物的内涵与价值。探索名人故居的时代价值与研究意义，有助于深化研究工作，丰富博物馆建设，推动文化遗产以及历史文化的传承发展、引发社会共鸣，为中国特色社会主义优秀文化事业添砖加瓦。

上海孙中山故居是一座建于20世纪初的砖木结构法式花园洋房，位于莫利爱路29号（今香山路7号），由当时旅居加拿大的华侨集资买下赠予孙中山。1918年至1924年，这幢寓所一直是“孙宋”二人在上海的家，1925年孙中山逝世后，宋庆龄继续居住于此，直至抗日形势更为严峻，1937年12月23日，宋庆龄从上海撤退赴香港避难。[1]

---

［1］ 尚明轩：《宋庆龄年谱长编》（上），社会科学文献出版社2009年版，第349页。

1945年11月12日，宋子文复函宋庆龄道："政府想给你一处永久的住所，因为你决定将你在莫里爱路二十九号的房子作为孙博士的纪念馆。"[1] 这幢寓所便作为孙中山的永久纪念地移交至国民政府。1961年，故居被国务院列为第一批全国重点文物保护单位，1988年1月正式对外开放。1993年，孙中山故居管理处更名为上海孙中山故居纪念馆，并紧跟时代发展步伐开启科学化、专业化保护管理的新篇章。

上海孙中山故居纪念馆以孙中山为研究中心，密切围绕着孙中山、宋庆龄及其相关中外历史人物与事件开展研究工作，以上海寓所主体建筑与名人遗物为馆藏资源，在保护管理的同时，不断深入挖掘其历史、文化价值。同时，孙中山故居作为上海城市文化的重要组成部分，见证了孙中山、宋庆龄及相关历史人物在上海特定时期留下的身影。故居作为孙中山的人文遗产之一，不仅具备独一无二的特殊性，而且体现出上海特色地域文化的深度与广度，在无形中展现着海派文化的魅力与特质。建设上海孙中山故居纪念馆，保护好利用好故居与文物等有价值的文化遗产，彰显名人故居的价值与意义，传承与弘扬中山精神。

一、名人故居的时代价值与研究意义

1982年11月19日，《中华人民共和国文物保护法》施行，第二条明确规定在中华人民共和国境内，下列文物受国家保护：与重大历史事件、革命运动或者著名人物有关的以及具有重要纪念意义、教育意义或者史料价值的近代现代重要史迹、实物、代表性建筑。名人故居作为不可移动文物的重要组成部分，随着国家文物保护管理体系与法律法规的不断完善，近些年也在逐渐强化保护、规范管理，这一变化折射出政府组织对名人故居的重视与保护管理。因此，做好名人故居的保护管理工作既是对特定历史时代建筑的保护又能探索名人事迹、延续名人精神，此外，名人故居对建设所在地区的特色历史文化内核具有重要意义，也是最具地域文化影响力的场所之一。

---

[1] 尚明轩：《宋庆龄年谱长编》（上），社会科学文献出版社2009年版，第485页。

在坚定文化自信，深入挖掘文化内涵，更好弘扬中华优秀传统文化方面，名人故居类纪念馆承担着传承人物精神、弘扬历史文化、推动城市旅游发展等诸多任务。名人故居不是简单的历史建筑，而是承载着厚重历史、特殊历史人物精神的重要物质载体。可以说，名人故居的价值不因岁月变迁而改变，唯有不断深入研究、挖掘文化资源，跟随社会、时代同步发展，才能更好地保护和开发有价值的文化遗产。与此同时，对名人故居的研究也要紧跟现代化发展的步伐，做好传承与弘扬需要深厚的研究作为基础。此外，研究工作也需要不断更新切入视角和表达方式，以更符合现代化的当代审美向公众宣传推广，才能与时俱进为名人故居类纪念馆提供源源不断的生机与活力。

党和国家重视对历史文化的研究与传承。党的二十大强调，推进文化自信自强，铸就社会主义文化新辉煌，繁荣发展文化事业和文化产业，加大文物和文化遗产保护力度，加强城乡建设中历史文化保护传承，坚持以文塑旅、以旅彰文，推进文化和旅游深度融合发展。积极发展文化旅游与博物馆研学事业，深入保护和开发名人故居，是传播优秀文化精神的重要路径之一，也是深耕城市文化特色发展的重要推动力。名人故居是构筑城市的重要部分，是城市名片之一，名人故居背后蕴含的特定人物的精神内核又成为城市独特文化的组成部分，其物质与精神层面的相互转换与彼此促进。以名人故居为载体，在城市现代化发展的进程中，名人故居类场馆的时代价值不断更迭，助力新时代的文博事业蓬勃发展。

二、新时代上海孙中山故居纪念馆弘扬伟人精神的实践路径

上海孙中山故居纪念馆作为孙中山在上海的永久纪念地，承载着保护人文遗产与传承伟人精神的双重使命，做好故居、馆藏文物的保护管理工作，推进纪念馆的持续发展，有助于以故居为物质载体进一步深化孙中山研究。

首先，故居作为不可移动文物，需要定期全面勘测建筑主体及相关附属物件、制定修护工程的方案，采用“十年大修、年年养护”的修缮

模式，认真记录修缮全过程，保存好文字、图片及相关影音记录，严格遵守“不改变文物原状”“修旧如旧”等原则。同时，在日常的管理工作中需要做好故居建筑及相关附属物件的观察保护、监控温湿度工作，尽量减少日常损耗对故居的影响，以确保建筑状态良好。

其次，对于馆藏文物，与时俱进建立专业化恒温恒湿的文物库房做好保管工作，紧跟时代发展与技术更新，配合文物类型订制无害化囊匣精细管理。迈入信息化时代后，纪念馆加快构建馆藏文物信息管理系统的步伐，利用网络数据配合各部门规范化协调工作。全馆上下整体同步实施智慧化建设，依托多年的孙中山学术研究工作成果搭建数字化文物平台，建立三维故居、打印 3D 文物等满足公众线上云展览、线下实物参观的不同需求。

通过挖掘馆藏资源，丰富研究成果，纪念馆开展一系列孙中山及相关历史人物、事件的学术研讨会、学术论坛、学术讲座等活动，以深化、拓展学术研究工作，不断加强与其他场馆、研究单位的合作与联动，依托学术成果举办如“中国民主革命里程碑——孙中山宋庆龄入住莫利爱路寓所百年纪念展”“故居百载　书香犹在——孙中山藏书展”“上海城市记忆中的孙中山”“心系家国　胸怀天下——上海孙中山故居珍藏照片展”等一系列主题展览，不断拓宽社会群体参与面，于展览活动进行社会教育，寓教于展。

此外，坚持打造故居品牌，提高故居知名度，加大对外宣传故居品牌及名人 IP 的力度，以文旅结合的形式宣传历史文化，传承伟人思想。纪念馆相继编演三部实验舞台剧《共同的岁月》《莫里爱路寓所的一天》《握手》，利用故居建筑整体布景，加深公众参观印象，展现孙中山的宏伟理想、天下为公的精神品格，助力开展青少年理想信念教育和爱国主义教育活动。宣传教育工作自“两微一端”逐步拓展至网络直播范畴，创新故居宣传方式，拓展宣传新“阵地”，加强故居与社会、公众的交流。坚持走出去与引进来结合的策略，联合中福会小伙伴学校，举办暑期“小先生”讲解团主题志愿服务活动，创新青少年爱国主义教育形式。顺应时代潮流与审美取向，创新运用伟人元素，不断开发文创新产品，选取孙中山墨宝打造“天下为公”系列文创，结合馆藏文物制作故居留声机蓝牙音箱等兼具美观和实用功能的文创产品，于文创产品中彰显伟人精神与时代风采。

三、小结

探索上海孙中山故居的时代价值与研究意义，有助于深化孙中山研究工作，丰富孙中山研究学术成果，为故居纪念馆的建设工作提供源源不断的生命力，助力中国特色社会主义文旅事业发展。

（马煜，上海孙中山故居纪念馆助理馆员）

教育与探索

将名人故居打造成城市“精神地标”的实践与思考

——以刘少奇同志故居为例

姜艳辉

名人故居是指那些与历史上重要人物生活和事迹密切相关的建筑遗产，这些建筑物因其历史和文化价值而成为人们关注和研究的对象。作为触摸历史的“活化石”，名人故居具有独特的文化底蕴和精神魅力，对一个地方的文化构建与传承具有重要作用。名人故居是一座城市的宝贵遗产，承载着浓厚的人文历史文化，反映了一个地方的特殊精神印迹，是引以为傲的文化资本。在城市化建设提速推进的当下，做好名人故居的保护工作、留住城市的人文生态和历史记忆，将其打造成城市的“精神地标”，并融入城市文化体系建设，推动地方文旅事业的发展，是地方政府的责任和担当，也是坚定和增强文化自信的重要抓手。一个个彪炳史册的人物，在成就一段段历史的同时，也成为地方的精神符号。城市在塑造自身品格的过程中，需要强化对名人故居的修缮保护，更应该发挥名人故居的精神引领作用，让其人文属性融入文旅等事业中来。

一、多措并举将名人故居打造成城市“精神地标”

（一）夯实硬件、优化软件，提升名人故居作为城市“精神地标”的内核力

地标不仅是城市的标志，更是城市的形象代表。将名人故居打造成

城市的“精神地标”需通过夯实硬件、优化软件，将名人故居保护好、建设好、管理好，做到环境优美、功能齐全、管理有序、服务优质。如刘少奇故居一是融入自然，打造山水和谐生态场馆。景区内所有场馆均采用江南园林式建筑、风格统一、和谐自然。景区内森林覆盖率达 90% 以上，故居周边遍植黄荆、枸骨等乡土树种，真实还原了 100 多年前江南农村的环境风貌。花明园内，成片种植柳树、杜鹃、荷花等，营造“山花烂漫、柳暗花明”的美好环境。景区内空气质量和地表水质量均达到国家一类标准，已经成为深受观众喜爱的“天然氧吧”和“生态公园”。二是坚持品质优先，打造精品工程。以文化特质为中心推动重点项目建设：2018 年以后，完善景区修建性详细规划编制；文物保护中心项目建成竣工，文物库房搬迁完毕；炭子冲学校旧址修缮提质项目、刘少奇同志故居周边环境整治一期工程、文物保护中心周边环境景观工程顺利完成。以环境品质为中心推动其他基础设施建设：近年来，先后完成故居和花明园厕所提质改造、景区高压线入地、升级更换景区污水处理系统等项目。各类硬件设施达到省级以上水平，提升了景区品质。三是创新管理方式，为观众提供优质快捷的服务体验。整章立制人岗匹配：遵循“人岗相适、人尽其才”的理念，完善 61 项规章制度，调整内设机构，适当调整部门负责人，实行岗位双向选择。开放管理有条不紊：制定“场馆运行管理制度”“督导人员工作流程”等开放管理制度，定期开展督导检查，为游客提供文明、有序的参观环境。率先在全国业界打造“无声展厅”，给游客较好的参观体验。科技促推智慧管理：积极推进景区数字化建设，完成智慧景区一期建设项目，初步建成景区导览系统、服务预约系统、在线语音讲解平台，实现“一部手机游景区”。

（二）凝练内容、丰富形式，构建名人故居作为城市“精神地标”的竞争力

在文化开放、多元化的今天，将名人故居打造成城市“精神地标”，发挥其宣传教育的窗口和阵地作用，必须增强其吸引力、感染力、竞争力。如《最忆韶山冲》红色文化歌舞剧，借助高科技手段大气磅礴地展现毛泽东的成长经历、革命历程，为红色旅游胜地韶山再添新名片。

2023年，“我的韶山行”湖南省中小学生红色研学正式启动，成千上万学生涌向韶山，韶山毛泽东故居推出了“毛泽东诗词赏析”等一系列研学课程，毛泽东诗词中以天下为己任、改造旧中国的豪情壮志、蔑视困难的革命乐观主义精神都会深深地影响和感染青少年观众。中共一大代表何叔衡的家乡宁乡推出的大型现代花鼓戏《永远的叔衡》实现了地方文化与红色文化的创新融合，用革命先辈的平常言语、点滴事迹激发观众的共鸣，感人至深的情节、精彩传神的表演深受广大观众的喜爱。湖南雷锋故居不断创新，让人们领略到雷锋精神更加生动和鲜活的一面，雷锋精神获得更强的生命力。针对青少年观众，该馆精心编排雷锋精神主题节目《雷锋七问》，微信公众号推出“雷锋之声”专栏，成功推广“雷小锋”主题形象IP，创办雷锋主题文创店“雷小锋的朋友圈”。雷锋乐于助人、勤于学习、服务人民的优秀品质深入孩子的心灵，雷锋精神在青少年心中更加可亲可感。刘少奇故居作为全国中小学生研学实践教育基地，为了让红色教育寓教于乐，精心打造时空互动情境研学剧《走出炭子冲》。全剧分为“刘九书柜”“立志报国”“确立信仰”三幕，采用第一时空舞台话剧演绎，其余情节用第二时空讲解员现场讲述来补充，真实、生动、完整地再现了刘少奇青少年时期为了寻求救国救民的真理，历经艰难险阻，最终确立共产主义信仰的故事。以这种红色剧目创新演绎形式呈现刘少奇的优秀品德和革命初心，让人耳目一新、互动感强。刘少奇故居的“三送六进”社教品牌活动（送流动展览、移动党课、文艺节目进学校、机关、工厂、农村、社区、军营）已坚持10年，达200余场次，受众达20余万人。为了用观众喜闻乐见的形式来宣传少奇精神、传播红色文化，还根据少奇生平故事和文物背后的故事创编排演歌曲、舞蹈、情景剧、弹词、音诗画、花鼓戏、快板等20余个文艺节目，这些丰富、新颖、活泼的形式深受观众的喜爱和欢迎。此外，还推出融讲、唱、演于一体的特色文艺党课，这堂特色文艺党课走进湖南信息学院、湖南环保学院、湖南民政学院等6所高校，为5 000多名高校学子送去一堂别开生面的特殊思政课。

二、拓展外延扩大名人故居作为城市“精神地标”的影响

名人故居只有不断扩大影响才能更好让城市人们产生精神上的认同感、归属感，彰显其独特的永恒的魅力。如刘少奇故居近年来从活动组织、宣传手段上开拓创新，知名度、美誉度、影响力明显提升。如组织中小学生“小小讲解员”夏令营、冬令营，组织“刘少奇与中国共产党”“人民心中的少奇”全国微故事征集创作大赛，组织全国书法家书写《论共产党员的修养》，建立全国刘少奇纪念地联盟，与周恩来革命纪念馆、南湖革命纪念馆、中共满洲省委旧址、袁隆平水稻博物馆等兄弟馆联合办展，举办和引进“人物情——刘少奇交往文物展”“立志求学交流展”“名人家书展”等特展，来加强和深化对刘少奇精神思想的宣传。同时，刘少奇故居创建了“一网两微三号四台”新媒体矩阵，其中仅“花明楼景区”微信公众号便拥有 38 万粉丝，宣传内容涵盖历史、学术、音乐、资讯、摄影、散文等，有鲜度、有温度、有亮度，综合运用图文、图表、动漫、音视频等各种形式，实现内容产品从可读到可视、从一维到多维的升级融合，满足多终端传播和多种体验的信息获取需求，实现互联网时代名人精神思想宣传范围、宣传效应、宣传影响的叠加。

三、结语

总的来说，将名人故居打造成城市“精神地标”，对于发挥名人故居文化传承的作用，促进文旅融合，对于彰显城市的精神气质，提升城市文明程度都是大有裨益的。期待更多的名人故居在新时代生发出绚丽的光彩，为推动城市文明建设贡献出自己的力量！

（姜艳辉，刘少奇同志纪念馆副研究馆员）

博物馆（纪念馆）文创开发实践与研究

陶　金　顾辉辉

近年来，随着人们对文化产品的需求日益增长，同时在国家政策的指导下，各文博机构正加大文创工作力度，开发元素多样，产品类型丰富。本文通过对上海各同行机构的调研，结合陈云纪念馆文创开发工作实践，深入总结文创产品研发和运营的经验，并结合当前市场对文创产品的接受和需求，积极探索文创工作的合理性与可持续发展性。

引言

2009年，国务院常务会议推出《文化产业振兴规划》，标志着文化产业已经上升为国家战略产业。随后，国家和地方层面又相继出台相关政策文件，为发展文化创意产业提供支持与保障，同时也指出方向。

2023年，陈云纪念馆被纳入第二批红色文创试点单位。在第一批试点单位取得优良成绩的前提下，为有效推动文化创意产品开发，陈云纪念馆志在打造更多具有社会传播力、行业影响力的文化创意产品和活动。结合2025年陈云诞辰120周年这一重要时间节点，坚持以社会主义核心价值观为引领，传承弘扬中华优秀传统文化、革命文化和社会主义先进文化，深入挖掘馆藏文化文物资源的精神内涵，使文化创意产品助力人们感悟中华文化、增强文化自信。把社会效益放在首位，实现社会效益和经济效益相统一，努力开发兼具艺术性和实用性、适应现代生活需要、符合市场消费需求的文化创意产品。依托陈云纪念馆馆藏文化资源加强文化创意产品开发工作，努力寻求适合陈云纪念馆的文创开发和管理道路，提升文创产品开发的能力和水平，助推中华优秀传统文化创造性转化、创新性发展，培育和弘扬社会主义核心价值观，助力社会主义文化强国建设。

一、相关概念的阐述

（一）什么是文创

所谓“文创产品”，就是文化创意产品，是在文化领域进行创意产业开发和经营，将文化资源和创新元素有机融合的产品和服务。文化既包含精神层面的意义，又拥有实质性的经济价值。而博物馆（纪念馆）里的文创产品，则是提取博物馆（纪念馆）内馆藏文物的某些元素，运用形象模仿、纹饰色彩提取以及象征引用等手段，与生活中的产品相结合，实现了实用性、文化性、美观性三者的统一。文创产品的开发对继承和传播传统文化有着重要的意义。

（二）博物馆（纪念馆）的职责使命和功能定位

首先，博物馆和纪念馆的职责使命是传承历史文化和人类智慧，展现民族精神和文化价值观，弘扬社会主义精神文明和物质文明。文创产品的设计和研发应注重赋予历史和文化内涵，以唤起人们对传统文化和社会主义精神文化的热爱和关注，同时也要注重现代性和时尚感，以吸引更多年轻人的关注和认同。

其次，博物馆和纪念馆的功能定位是旅游景点和文化教育基地。文创产品的营销和推广应该充分挖掘这些特殊的功能和定位，通过旅游和教育机构等渠道的支持和合作，将文创产品的研发和推广与纪念馆的业务融为一体，形成有机的整体效应。

此外，博物馆和纪念馆在文创产品的运营管理中，也承担着合理利用资源、保护历史文化遗产、推动文化传承与创新、促进经济发展等多种功能。博物馆和纪念馆需要注重文创产业的可持续发展，通过合理的管理和经营，既要考虑对历史文化遗产的保护和传承，也要遵循市场规律，达到文化效益和经济效益的双“丰收”。

（三）博物馆（纪念馆）文创职能的重要性

党的二十大报告提出，要“坚持把社会效益放在首位、社会效益和经济效益相统一，深化文化体制改革，完善文化经济政策”。在当前建设创新型国家的进程中，研究红色文化产业开发和管理，具有重要的理论及现实意义。文化产业是当下全球发展的重点领域，而文创作为文化产业的一个分支，越来越受到人们重视和关注。博物馆和纪念馆是传承和保护历史文化和文物的重要场所，挖掘和利用这些文化资源，推出适合不同受众的文创产品具有重要意义。

博物馆和纪念馆开发文创产品还有利于文化遗产保护工作。随着社会的发展，不少历史文化遗产正处于被破坏、流失和退化的危险之中。博物馆和纪念馆推出生动且具有吸引力的文创产品，可以提高人们对历史文化遗产的认知和重视，从而推动文化遗产的保护和修缮。

博物馆和纪念馆的文创产品也具有推广和营销的作用。博物馆和纪念馆肩负着向公众传达历史文化和纪念重大历史事件的职责，而文创产品作为一种媒介，可以向更多的人群传递博物馆和纪念馆的信息和内容，促进旅游的发展，提高博物馆和纪念馆的知名度和美誉度。

二、文创开发的现状

（一）政策条件

上海市政府为进一步推动文化文物单位文化创意产品开发，试点建立文化创意产品开发业绩与绩效工资挂钩机制，根据国务院办公厅《关于推动文化文物单位文化创意产品开发的若干意见》（国办发〔2016〕36号）、文化和旅游部等八部门《关于进一步推动文化文物单位文化创意产品开发的若干措施》（文旅资源发〔2021〕85号）等文件精神，制定了相关指导意见。《关于上海市文化文物单位实施文化创意产品开发收入分配激励的指导意见》（沪文旅〔2022〕310号）规定了基本原则、激励规则和考核方式等内容。其基本原则为按照事企分开原则，社会效益、经济效益相统一原则，激励与成效相结合原则，激励保障和支持原则。

（二）文博机构

依据国家关于博物馆（纪念馆）文化创意产品开发相关政策，针对博物馆（纪念馆）文化创意产品开发及经营体制机制等问题，我们走访了中共一大纪念馆、上海科技馆、上海博物馆、韶山毛泽东同志纪念馆等具有一定代表性的博物馆（纪念馆），进行实地调研。

第一批试点单位都严格贯彻落实文旅部、国家发展改革委、财政部、国家文物局《关于推动文化文物单位文化创意产品开发的若干意见》（国办发〔2016〕36号）等文件精神。截至2022年度，上海市博物馆文创产品开发总数达75 479种，全年新开发文创产品3 321种，年销售额为6 996.4万元。上海市博物馆文创销售排名前五的单位是中共一大纪念馆、上海科技馆、上海博物馆、上海玻璃博物馆和上海中国航海博物馆。

（三）市场分析

陈云纪念馆多次与东方网等第三方企业单位洽谈文创策划、设计等一系列开发事宜，给予纪念馆开发文创项目提供准确的分析评估。分析东方绿洲、吉咖啡、小熊咖啡、一尺花园等社会文化市场的文化创意产品开发的成功经验，探索国内博物馆（纪念馆）文化创意产品开发的有效实现路径、管理模式，以期解决博物馆（纪念馆）文创开发政策有效落地问题。

三、陈云纪念馆的文创产品开发工作

（一）陈云纪念馆的文化象征意义

地处陈云故里——上海市青浦区练塘镇的陈云纪念馆，是经中央批准建立的全国唯一系统展示陈云生平业绩的纪念馆。陈云纪念馆先后获得国家一级博物馆、全国爱国主义教育示范基地、全国廉政教育基地、全国红色旅游经典景区、上海市市民终身学习红色文化体验基地等国家、省市级荣誉称号。

陈云纪念馆地处长三角一体化发展示范区的青浦区练塘镇，区位优势明显，基础设施完善，具有深厚的历史文化底蕴。

（二）陈云纪念馆文创工作概况

陈云纪念馆在开拓文创的初期只是制作一些适于馆际交流的伴手礼，然后围绕展览进行开发，纪念品类型更加丰富。自 2023 年起，文创开发推广主要通过馆藏 IP 合作授权模式，将馆藏资源中的一部分授权第三方文化公司设计制作经营，签署正式合同，产出文创产品由文化公司经销，纪念馆负责运营和管理。

早期文创产品种类集中在书籍、系列连环画、拓印品等方面，更关注权威性和收藏价值。2023 年陈云纪念馆逐渐在产品转型升级上发力。这类文创产品不是对陈云书籍的简单复制，而是提取陈云书籍中的陈云元素和陈云精神进行创意设计，使其更适应当代普通人的审美和需求。为了响应国家关于文创产业发展的号召，同时提升纪念馆在体制机制上的合理运作，陈云纪念馆对文创工作做了一些调整，具体如下：

1. 资金模式

资金多来自有合作关系的企业，主要模式为企业申请 IP 授权，陈云纪念馆获得 IP 授权费。

2. 工作团队建设

由馆长监督，分管馆长牵头，各部门负责人负责相关工作沟通、协调及安排，各部门经办人负责具体落实相关工作。

3. 法务

有力的法律保障，尤其是在知识产权、著作权方面，能够保障文创工作者的权益，鼓励创作积极性。

4. 品牌建设

依托陈云纪念馆所处的练塘镇，重点打造江南元素和陈云精神为核心设计的文创产品品牌，包括注册商标、设计 Logo 以及拓宽宣传渠道；注重品牌质量建设与多元设计，增强用户体验与品牌认知，从而有效提升品牌影响力，扩大陈云纪念馆文创的影响。

已经陆续推出诗朗诵《纪念馆抒怀》、情景剧《一辆红旗牌轿车》《这是真的吗》、评弹《云老三唱》和微故事等特色宣传节目。2023 年国际博物馆日，陈云纪念馆推出大型情景剧《抉择》，以沉浸式实景演绎让人们深度感受博物馆中的历史真实。还推出了“此致　近你——名人家书展”，弘扬中华优秀传统文化，推动家风家教建设。陈云纪念馆通过研学活动进展馆、展览展品进校园等形式，推动陈云精神和红色思政教育提质扩容、创新发展，于实践中立德树人、铸魂育人。作为上海市最有代表性的红色纪念馆之一，陈云纪念馆以艺术塑造、研学和布展的方式，诠释陈云精神和美丽的江南文化，以创新文化传承方式，赓续红色基因，传承革命薪火。同时，陈云纪念馆组建青年专家讲师团，推出“主题教育系列专题党课”，为广大基层党组织和党员干部到陈云纪念馆参观学习提供更加多元、丰富的党史学习教育和革命传统教育服务。陈云纪念馆在第九届中国博物馆及相关产品与技术博览会上展现的文创产品受到广大群众的欢迎。

四、陈云纪念馆文创管理存在的困境及未来发展思路

（一）现有困境

1. 政策瓶颈

许多文博单位实施收支两条线，缺乏发展原动力；缺乏合理的激励机制，不能充分调动从业人员的积极性。与上海博物馆不同，陈云纪念馆无自己的全资企业，缺乏经营实体，在经营活动合法性上存在问题。

2. 管理人才瓶颈

在编人员经营意愿不强，社会招聘的职业经理人难以保证有效的监督和管理。

3. 设计瓶颈

专业设计力量不足，产品创意不足，同质化严重。

4. 投资瓶颈

好的创意产品需要相应的资金支持。没有资金跟进，就不能形成产业规模。事业单位自有资金有限，企业缺乏足够的资金投入和长期支持。

5. 生产瓶颈

制造工艺水平直接影响文创产品质量。好的设计方案、可靠的厂家、生产过程中的监督把关、生产批次不同导致的差异、优质工艺与成

本价格之间的矛盾等，都是亟待解决的问题。

6. 营销瓶颈

好的产品制作出来，如何销售？谁来销售？销售不好怎么办？产品营销的宣传资金从哪里出？销售量达不到预期，则面临库存成本增加和资金流转风险。

（二）未来发展思路

第一，推进有形资产的线上交易，形成线上、线下互动销售。

第二，推进无形资产的线上授权，解决产业资源对接整合问题。

第三，利用纪念馆无形资产优势，形成有形、无形资产互动经营。

第四，整合政府、市场与产业资源，实施文创产品“走出去”的战略。

第五，梳理自身资源，与市场优质成熟产业合理对接，实现双赢共进和可持续发展。

第六，打造专业的授权经营团队，探索馆藏 IP 合作模式、文创发展模式，创建新的文创产业生态体系。

五、陈云纪念馆进一步推进文创项目的工作方向

（一）建章立制：完善制度建设，夯实运营基础

进一步推进 IP 提炼以及文创工作整体策划工作。随着陈云纪念馆文创工作的开展，主动上门寻求合作的社会第三方日益增多，其所提合作需求、合作模式也不尽相同。为夯实商务运营基础、达成合作共赢目标，在推动工作做大做强的同时，应避免各类不规范现象、保障国资利益不受损失。陈云纪念馆文创团队不断总结实践经验，着力在商务模式构建和商务秩序规范上加大工作力度，分门别类制定了针对不同组织和机构的授权合同、委托代理合同、定制模式合同、经销代销合同等合同范本，同时细化各类商务运营制度，对合同执行过程中的各类问题进行备案，并从实际情况出发，积极制定各类问题防范及解决预案，以确保商务合作顺畅运行。

自相关文件下发以来，陈云纪念馆根据文件“鼓励多劳多得，兼顾收入平衡”的精神和试点原则，积极落实上海市文化创意产品开发工作

计划，完善馆内文化成果转化授权及激励的管理模式，聚焦“做优机制、做强队伍、做响品牌、做大市场”四个方向，通过行业调研、专家意见咨询等方式，积极制定相关制度和方案。

加强馆藏资源梳理及其 IP 化运营的管理，为进一步做好 IP 资源的管理及开发工作，提高社会效益和经济效益，激发文化创意产业活力，更好发挥在弘扬优秀文化中的积极作用，提供制度保障。

（二）完善文创基础设施，进一步推动文创空间打造

充分利用馆内空间，将纪念馆事业与文创产业紧密结合，促进文化事业与文化产业共同繁荣发展。已完成下沉式庭院——集阅览、会议、洽谈多种功能于一体的文化创意空间——竹庭项目的初步打造，意在发挥场馆阵地作用，满足不同人群的多元文化需求。已完成评弹艺术馆空间项目打造，旨在更好地服务观众，让观众了解评弹、走进评弹，推动评弹艺术健康发展。结合陈云诞辰 120 周年，陈云纪念馆正积极筹划部署停车场业务综合楼提质升级。

拟深入挖掘练塘古镇特色文化、环境背景、风俗及人民群众生活习惯等，提炼精髓，结合陈云纪念馆特色资源，打造具有地域特色的文创空间。让空间规划和业态规划同步发展，不断拓宽文创产业发展空间，以文塑旅、以旅彰文，多措并举推动文、农、旅深度融合。

（三）打破固有模式，推动线上线下同时推广宣传

进一步开展文创产品的推广宣传，拟线上线下同步开展展示和销售：线下陈云纪念馆通过 IP 授权的方式，与第三方企业合作销售纪念馆的文创产品，积极参加各类展会，同时开拓其他线下销售渠道；线上以陈云纪念馆公众号、文创淘宝店铺、网上购物平台、文创微博、文创抖音号等展示推广。

（四）立足馆藏，研发多元文创精品

一是积极开发明星文创产品。按照创新和宣传红色文化的要求，陈云纪念馆精心创作《画说陈云的故事》系列连环画丛书，包括《特科岁月》《陈云出川》《四保临江》《情系评弹》《竹之高洁》，把陈云的革命业绩、精神风采与重大历史事件结合起来，分别叙述陈云在上海、四

川、东北的重要革命历程，他对评弹艺术的大力支持。2023年，陈云纪念馆与上海工艺美术职业学院合作出品的“忆云”迷你蓝牙音箱和“唯实”桌面氛围灯两件作品获第三届上海红色文化创意大赛文化创意产品设计优秀作品奖。

二是注重文创人才培养。陈云纪念馆积极搭建平台，制定具有针对性、可操作性、多样性的文创人才培养方案，建立权责清晰、激励适当、监管有力的文创人才管理体系。根据《关于上海市文化文物单位实施文化创意单位产品开发收入分配激励的指导意见（试行）》，陈云纪念馆拟制定《陈云纪念馆关于文化创意产品开发收入分配激励考核管理办法》。

三是打造沉浸式特色情景剧和原创精品陈列展览和临时展览。

四是聚焦知识产权保护，采取完备的知识产权保护利用措施，能够向社会提供便捷的搜集、整理、利用博物馆（纪念馆）藏品的数字化信息的窗口渠道，便于社会商业机构设计开发博物馆（纪念馆）文化创意产品。

（五）文化科技交互赋能打造沉浸式文化秀场

陈云纪念馆作为上海江南文化的标志性纪念馆，在未来将营造一个兼具“科技性、数字性、互动性”的沉浸式文化秀场，以更好地服务于观众。更多的情景剧的创作，对未来打造沉浸式文化秀场打下了良好的基础。

结语

博物馆文创产品的开发与运营应建立在传承博物馆文化的基础上。陈云纪念馆在文创产品的开发与运营中，将继续肩负传播陈云元素和精神的使命，视传播陈云精神为第一要义。在传承陈云文化与追求商业变现中，如何寻找两者间的平衡是值得深思的问题。如何让文创产品从内涵、审美等角度丰富陈云纪念馆这一文化符号内涵，让更多的受众主动了解陈云纪念馆文化，实现红色文化的永续传承，进一步发挥红色文化元素，是陈云纪念馆人不断探索的新方向。

（陶金，陈云纪念馆综合保障部主任

顾辉辉，陈云纪念馆综合保障部项目管理主管）

红色纪念地微信公众号的运营实践与思考

——以刘少奇同志纪念馆为例

吴力斌

以微信（WeChat）为代表的移动互联网社交软件改变了人们的交流方式，尤其是微信朋友圈、公众号的出现，拓宽了人们获取信息的途径，也为信息传播提供了新平台。红色纪念地应该充分利用这些新方法、新平台，为增强民族文化自信、守好意识形态阵地添砖加瓦，为满足人民日益增长的美好生活需要作出应有贡献。本文以工作地刘少奇同志纪念馆在微信公众号（名称“花明楼景区”）运营方面的实践为例进行了一些梳理和思考，旨在为红色纪念地信息传播和红色文化宣传提供一些经验与总结。

回顾波澜壮阔的伟大历程，党带领人民在革命、建设和改革的实践中创造、积累了先进的红色文化，这是我们宝贵的精神财富。红色纪念地（博物馆）作为红色文化的重要载体，首要任务就是宣传好红色文化、弘扬好革命精神，而以微信公众号为代表的新媒体便是移动互联网时代高效便捷的宣传平台。对于红色纪念地来说，要做好微信公众号运营，回顾历程、总结经验和思考未来是必不可少的。

刘少奇同志纪念馆（刘少奇故里——花明楼景区）是以刘少奇同志故居为核心建立的红色纪念地、伟人故里景区，位于湖南省长沙市宁乡市花明楼镇，是国家一级博物馆、国家5A级旅游景区、全国爱国主义教育示范基地、全国廉政教育基地，2008 年向社会公众免费开放。刘少奇同志纪念馆新媒体矩阵建设起步于 2010 年，已经发展成为拥有多个平台的新媒体生态系统。其中，“花明楼景区”微信公众服务号已开通 8 年之久，拥有 45 万粉丝，发布内容 1 640 余次，成为纪念馆最重要的移动互联网新媒体平台。本着实用性功能吸引关注、创新性内容留住粉丝的运营策略，“花明楼景区”微信公众号经历了三个发展阶段：起步阶段，重在探索运营策略；发展阶段，重在创新内容制作；上升阶段，重在积累粉丝扩大传播面。在从无到有、由弱及强的蜕变中找到自身发展之路。

平台名称	目前粉丝量	2020年度阅读量	2021年度阅读量	2022年度阅读量
官方网站	无统计数据	3.9万	7.1万	9.2万
微信公众号	35万	41万	52万	64万
微博	2.3万	14万	16万	19万
学习强国号	无统计数据	3万	140万	67万
微信视频号	0.26万	尚未开通	12万	38万
今日头条号	2.6万	30万	38万	35万
抖音平台	2.5万	20万	27万	46万
喜马拉雅平台	0.2万	8.2万	9.2万	8.2万
梨视频平台	0.3万	11万	19万	22万

刘少奇同志纪念馆新媒体矩阵三年统计数据

一、起步阶段（2014—2016）：开拓新平台，确定运营战略

2014 年，经过数年发展经营，微信已经发展成为重要平台，拥有数亿用户。微信公众号以互动性强、运营成本低、精准推送等优势，在刘少奇同志纪念馆新媒体矩阵中逐渐成为不可或缺的宣传阵地。

2014 年 9 月，为了拓宽信息传播途径，扩大红色文化传播范围，刘

少奇同志纪念馆官方微信平台订阅号“刘少奇故里”正式开通运营。彼时，微信公众号还是新鲜事物，无可供参考的经验案例。既然公众号是媒体，就必须达到让所发布信息得到有效传播的目的，这就需要运营人员思考两个问题：发布什么信息，如何进行有效传播。

在运营初期，为了能摸清楚网民喜好，而后结合网民兴趣创作内容，纪念馆进行了大量的探索。这个时期，平台发布的内容种类和数量都较多，发布频率也比较高，几乎每天都发。内容涵盖历史、学术、音乐、文艺、摄影、资讯、散文等，试图摸清粉丝喜好，确定运营方向。通过两年左右的摸索，发现以下内容浏览量较高：（1）刘少奇及家属、战友的历史、往来，如他们的回忆录、口述历史；（2）景区的四季美景、文艺节目，如景区摄影大赛作品、少见的雪景、讲解员讲解视频；（3）景区重大活动、公示公告，如每年的清明节、国庆节和刘少奇诞辰的活动，单位的招聘简章、开放公告等。经过这段时期的探索，结合自身的文化特色和资源特征，进行了内容的统筹策划和提质创新，有了明确方向和初步成果。

“酒香也怕巷子深”，运营好媒体平台，除了要过内容关，扩大受众的范围，才能让信息产生价值。在此期间，由于平台粉丝有限，而且增速缓慢，主要通过两个途径实现此目的。一是将推送的内容不断转发到各种微信群，尤其是人数在一百以上的行业大群，想方设法提高信息的曝光量和平台的存在感，这个阶段是“粉丝被动阅读阶段”。二是通过开发简单的实用性功能，提升平台的吸引力和粉丝黏性，进而吸引更多粉丝关注。2015 年 4 月，微信公众号开放了自动回复、自定义菜单功能，可以群发图文和视频、音频消息。微信公众号的这一更新催生了一种全新的导览方式，那就是以二维码为介质、微信为平台、音频为应答的自助导览系统。2015 年国庆节前夕，“刘少奇故里”微信公众号以此为切入点，率先开发微信二维码语音导览系统服务大众，受到观众的热烈欢迎和同行的高度认可，在湖南省旅游行业属首创，各大媒体争相报道，2015 年国庆节期间涨粉上万。

“万事开头难”，微信公众号的起步阶段是最艰难的，面临人手短缺、前景不明的问题，因此这一阶段主要工作还是探索方法、积累经验、摸清道路。通过这一阶段的努力，最重要的收获莫过于明确平台的运营策略，那就是两条腿走路：一是提升平台内容和服务质量，二是积累粉丝数量，进而形成链式反应，提升整个平台的影响力和品牌力。这个策略也始终贯穿于后期的运营中。

二、发展阶段（2017—2019）：坚守做内容，丰富平台内涵

在互联网时代，新媒体以低成本、全天候、强互动、多向传播、平民化等优势，逐渐成为最受欢迎的文化传播方式。这一阶段的微信公众号势如破竹，链式传播的优势开始显现，在刘少奇同志纪念馆新媒体矩阵中独领风骚，成为很多原创性内容的首发平台。

作为红色纪念地的对外宣传平台，微信公众号运营者不能在互联网大潮中随波逐流，依然要保持定力，找准自身的定位，认清自身的任务，树立长远发展目标。这就要求运营方在坚持正确舆论导向的前提下，以受众需求为出发点、以内容的供给创新为根本、以媒体技术为支撑，提升用户体验，打造一个具有自身特色和社会效益的平台。于是“内容为王”成为我馆微信公众号的首要运营目标，也是让公众号走得更远的“第一步”。

（一）让内容有鲜度

微信公众号的本质属性是媒体。既然是媒体，其内容就像新闻一样有新鲜度。尤其是对于新媒体平台来说，原创性的独家内容更容易获得平台推荐和受众分享。在大数据时代，受众都有求新的欲望，保证内容鲜度，甚至获取第一手资料，是提高阅读量的重要因素。如果能适当地结合当下的时事热点做一些内容策划，更能无形中提高内容的吸引力和可读性，实现与受众个性化需求的有效对接。

2017 年清明节，“传承红色基因　凝聚中国力量”主题清明缅怀活动在刘少奇故里铜像广场举行。刘少奇之子刘源上将、刘少奇的女儿刘爱琴等参加缅怀活动。我们意识到家乡父老第一时间最想看的可能是刘源将军风采，于是安排专人跟拍刘源将军，在活动结束半个小时之内，

精选了本次活动拍摄的 60 余张与刘源将军有关的精彩照片，制作了图片专题“刘源上将回家乡”在微信公众号发布。专题记录了刘源将军参加活动的“点点滴滴”。当时平台粉丝量很有限，但是在两天之内，这个专题的阅读量达到 8 万左右，有近千人转发，创下运营以来的新纪录，也涨了近 5 000 粉丝。

这个栏目的成功最重要的原因就是内容有鲜度。独家的原创内容是第一手资料，也是受众最期待看到的，它的稀缺性又激起受众分享的欲望，内容的链式反应就自然而然发生了。

（二）让内容有温度

在全媒体时代的全新环境中，无论是专题筛选还是信息呈现，用户思维是重要的逻辑起点，要努力同受众建立价值信任和情感认同。这就需要我们的内容是有温度的，而不是冰冷的说教。

红色文化的宣传，突出以情动人，才能达到润物细无声的效果。在运营中，我们定期策划刘少奇同志与家人、同事、朋友、身边工作人员相处的回忆录、故事、评价等，突出呈现爱情、亲情、战友情、师生情、同事情、同胞情等感人的故事，还原真实的历史，让受众看到一个有血有肉的刘少奇同志，他不只是党和国家领导人，还是父亲、丈夫、儿子、兄弟、朋友、战友、学生，也有普通人的喜怒哀乐。受众看了这些内容后反响非常好，纷纷留言交流讨论并转发。

互动性是新媒体的一大特点。内容发布后，会有粉丝在后台私信或者留言，运营者要及时地回复、处理。通过给粉丝答疑的方式增加和粉丝的互动性，形成良性循环，同时增加粉丝的黏性，让他们感受到平台的温度。

（三）让内容有亮度

对于微信公众号受众来说，浏览信息就是花费他们的时间换取公众号的内容作为价值收获。达到让观众觉得读有所得这种效果，就需要内容的策划、加工、编辑和展示出更多的亮点。

1. 适当转发官媒信息

在整合新闻资源的基础上，根据宣传需求，甄别遴选官媒发布的有深度、有内容、有典型性的民众关心、需要的信息进行转发，增强平台内容的多样性和传播效果的多向性，覆盖更多目标人群的同时可以提升自身平台的权威性和公信力，也是提升平台亮度的一个方面。

2. 丰富内容呈现形式

运用新技术、新形式，利用新媒体信息发布的速度和广度优势，实现内容产品从可读到可视、从一维到多维的升级融合，满足多终端传播和多种体验的信息获取需求。如，专题“我的父亲刘少奇”用连环画（小人书）的形式讲述刘少奇一生的光辉历史，2018 年开通以后备受欢迎。这些新的形式和内容都收到事半功倍的宣传效果。

3. 重点把握运营细节

内容成文后要做好审核，再开始编辑、发布。刘少奇同志纪念馆新媒体平台发布信息时须填写《信息发布审批单》，经过相关领导签字并三审三核后才能发布。编辑内容时，尽量起一个易懂、醒目、吸引人的标题；选择与内容贴合的封面图和配图，尤其封面图是给受众的“第一印象”，要贴切吸睛；内容界面精美、层次分明，框架排版要让受众一目了然。微信后台有用户分析、内容分析等各种统计功能，运营者应该经常对内容的阅读量、转发数、点赞量、受众属性、阅读时长、完成度等参数进行科学客观分析，对受众的喜好、习惯力争做到了如指掌，不断尝试、解读、改进，让内容创作更具亮点、吸引力和价值感。

三、上升阶段（2020—2022）：创新平台服务，大幅提升关注度

内容和粉丝是微信公众号运营的两条腿，缺一不可。通过第二阶段的实践，对内容的策划、制作全周期有了清晰的思路，但粉丝量仍不能很好地满足红色文化传播的需求。

（一）开发优质服务，解决游客痛点，提升平台价值

2019 年年底，适逢刘少奇同志纪念馆智慧景区建设正式开启，智慧服务是智慧景区的一个重要方面，而智慧服务需要依托一个可靠可控的平台，微信公众服务号成了首选。

2020 年年初，微信公众号由“刘少奇故里”订阅号升级并更名为

“花明楼景区”服务号，其定位为花明楼景区“网上游客服务中心”。更名后，网民可以在微信中直接搜索并关注公众号，平台年审的程序也简化了。服务号“花明楼景区”可以进行深度开发，满足业务需求。之后，在“花明楼景区”服务号中开发集成景点导航、语音讲解、自助储物、免费 WiFi、找洗手间、找出入口、景点直播、微商城、一键求助等十余项优质服务，并免费提供给游客使用，满足游客参观全过程的各类刚性需求，解决游客参观过程中的难点、痛点，游客赞不绝口。“花明楼景区”微信服务号作为游客享受所有智慧服务的唯一入口，也在半年内粉丝量达到了 13 万。

（二）上线预约服务，协助疫情防控，引导粉丝关注

2020 年，新冠疫情爆发后，经过全国上下半年的艰苦努力，防控工作从应急状态转为常态化。按照《国务院应对新型冠状病毒感染肺炎疫情联防联控机制关于做好新冠肺炎疫情常态化防控工作的指导意见》，国家文旅部发文推动旅游景区完善预约制度，强化流量管理，保障旅游景区安全平稳有序开放，要求 4A 级以上景区加强宣传引导，倡导预约旅游理念，培养游客预约旅游习惯，并鼓励文旅部门与第三方平台合作。

美团作为平台型企业，需要流量的引入壮大市场，提升品牌吸引力和价值。2020 年 7 月，刘少奇同志纪念馆与美团在保障游客个人信息安全的前提下达成合作，美团为纪念馆建设实名制参观预约系统，花明楼景区有了专用的游客预约大数据系统，可以更好地掌握游客画像，助力疫情防控。

经过两个月的建设，景区把参观预约系统和游览车购票系统集成到微信公众号。游客关注“花明楼景区”微信公众号后，可在几分钟之内完成预约，在入口闸机处刷预约二维码即可入园参观。景区游客中心、停车场、入口处等地放置大量引导游客实名制预约的宣传栏，同时安排志愿者辅助预约，并进行大范围的网络宣传报道。经过两个月左右的时间，实名制参观渐渐为游客所接受，同时也积累了大量的粉丝。

2020 年 9 月，游客扫码预约后进入花明楼景区参观

（三）优化运营策略，重新确立定位，提升平台形象

经过更名升级、集成免费服务、上线实名预约等一系列创新动作后，平台的传播影响力和服务美誉度都得到大幅提升。为了让平台保持良好发展势头，在总结多年运营经验的基础上，结合工作需要，进一步优化调整平台运营策略，重新确定平台定位。

在平台内容方面，开始选择性发布、有重点运营。内容策划重点突出公众号运营主体的博物馆属性，更侧重于展览、文物、历史、研究、美景等内容；同时与其他平台差异化运营，对不符合新定位的内容坚决说不。如政务类的资讯在官网发布，娱乐性的发抖音，公告类的发官网、微博等。升级后的服务号每月最多可发布 4 次，每次 8 条内容。2020 年开始，“花明楼景区”公众号每年都精心策划运营好一个专栏，如 2020 年策划了“花明楼赏文物”专栏，将文物背后的故事制作成短视频、音频在各平台发布。2021 年为庆祝党成立 100 周年策划了视频专栏——微故事《共产党人刘少奇》，通过 6 个专题 27 个故事展现了刘少奇同志在救国救民、强国富民道路上的艰辛探索和卓著功勋。2022 年的“少奇手迹”专栏则展示受众很少接触到的少奇同志的题词手迹及相关的红色故事。以上三个专栏都收到预期的效果和积极的反馈。

在平台风格上，力求打造专业权威、精美精炼、有趣务实的品牌形象。内容尽量简短充实、直奔主题，去掉不相关的内容。题目尽量有趣、吸睛，符合移动互联网时代的受众习惯和爱好。在内容呈现形式上，将开通运营的“花明楼景区”视频号与微信公众号进行绑定，实现内容多元化；注重细节把握，把符号、小标题、配图做到精美精致，一切以方便阅读为原则，为受众呈现逻辑清晰、布局合理、图文并茂、用心用情的内容。

四、突破之路，未来可期

回顾多年运营历程，“花明楼景区”微信公众号内容运营经历了被动阅读、主动阅读、主动转发的不同阶段；粉丝积累经历了实用功能吸引粉丝、特色内容吸引粉丝、优质服务吸引粉丝的不同阶段。运营者对微信公众号内容和粉丝量的关系也有了更深刻的理解，内容再好，没有一定量级粉丝的支撑，就无法形成传播效应；粉丝再多，没有好的内容、功能持续为受众创造价值，粉丝迟早会掉光，无法可持续发展。两者相辅相成、互相成就，是微信公众号运营的“两条腿”，缺一不可。

下一阶段，“花明楼景区”微信公众号的运营应该朝高端化方向进行突破。在每月发送次数降至四次的情况下，内容策划和运营应该做减法，实现垂直化、精品化运营，砍去和红色文化、平台定位无关的内容，与其他新媒体平台做出差异化。但内容质量要进一步做加法，可以以已出版的论文书籍、影视作品、文物文献数据等文化艺术作品为素材基础，结合短视频、中长视频等新趋势和 MG 动画、航拍、VR、数字人、3D 扫描等新技术，每年策划两个专栏，集中力量做优做精、做出影响力。

粉丝是平台重点服务对象和信息受众，随着旅游业迎来复苏，实名制预约会带来持续的粉丝增量。在稳存量、保增量的大好形势下，还应通过开展各类线上线下相结合的文化活动、会议论坛，与其他新媒体平台互动互推互促等场景提升微信公众号的曝光度、关注度。2020 年年初推出的十余项在线旅游服务只是初代版本，随着社会的进步、技术的迭代、需求的拓展，还可以升级为 2.0 版、3.0 版等更为完善、智能的服务，吸引更多游客关注使用。

在憧憬美好未来的同时也必须承认，红色纪念地微信公众号运营还存在一些问题和困难，比如起步水平参差不齐、运营经费无法落实、专业人才青黄不接等。红色纪念地和相关部门可以从以下几个方面去努力：（1）加大政策倾斜，为纪念地发展创造宽松、优良的生长环境；（2）鼓励管理人员和运营人员加强学习，加快知识迭代，用最新的管理理论和业务知识武装自己；（3）加强行业内交流，补齐短板、锻造长板，互相借鉴，共同进步；（4）多渠道争取运营资金，为红色纪念地新媒体提供充足的物质保障；（5）积极发掘、招揽、培养红色纪念地新媒体运营人才，建设强大有力的新媒体队伍。

五、结束语

红色纪念地新媒体运营是红色文化一直“红”下去的重要宣传保障，也是互联网意识形态工作的重要组成部分，更是推进文化自信自强的重要抓手。在移动数字媒体技术飞速发展的今天，红色纪念地需要适应现代传播方式、传播形态、传播格局的深刻变革，主动把握全媒体发展大势，紧跟各种传播平台发展步伐，创新传播手段，把红色文化内容优势和新媒体传播优势紧密结合起来，不断提升红色文化和红色纪念地的品牌力、传播力、影响力，打造经典红色 IP，进一步讲好中国故事，传播好中国声音，展现可信、可爱、可敬的中国形象，担当起应有的社会责任，为中华民族伟大复兴贡献自身的力量。

（吴力斌，刘少奇同志纪念馆馆员）

浅析新时代人物类纪念馆如何更好地传播和传承人物的精神

——以陈云纪念馆为例

范莎莎

人物类纪念馆是以历史人物为承载的历史传承殿堂，是纪念和缅怀历史人物丰功伟绩的礼堂、弘扬和传承历史人物精神风范的课堂、学习和汲取历史人物经验智慧的学堂，也是我们传承历史文脉，担当历史使命的重要教育场所和培训基地。陈云纪念馆作为全国唯一系统展示陈云同志生平业绩的爱国主义教育示范基地，突出展示陈云在我党历史上的地位和作用，用陈云“五种精神”立德树人，用陈云的文物史料教育人、思想理论启发人、崇高精神激励人、革命风范教育人。新时代人物类纪念馆如何更好地传播和传承纪念人物的精神是我们应该思考的重要工作。

一、强化学术立馆

学术研究作为人物类纪念馆常规工作之一，是衡量纪念馆基础工作和可持续发展的重要标志，直接影响纪念馆在爱国主义教育中发挥作用的有效性。学术研究应着力体现理论研究的专业价值、时代价值，将杰出人物贡献与时代精神相结合，将人物研究融入新时代文化工作中去。

一是出版书目。近年来，陈云纪念馆坚持学术立馆，围绕陈云的生平思想与精神风范研究，先后编写出版《陈云生平研究》《陈云党建思想研究》《走近陈云——口述历史馆藏资料辑录》《周恩来与陈云》《上海陈云研究》等书籍。如期推进全年《陈云纪念馆》馆刊的组稿、编排、校对和出版工作，稿件质量逐步提高、影响扩大，受到读者好评。

二是撰写文章。注重打造专业的学术人才，陈云纪念馆研究人员围绕陈云研究，近年来在《上海党史与党建》《党的文献》《邓小平研究》《解放日报》等报刊公开发表数篇具有影响力的稿件。其中，陶蕾撰写的《稳中求进：陈云倡导的重要经济工作方针》获评 2022 年度上海党史系统党史工作优秀论文。研究人员房中的《三大政策：抗美援朝背景下的稳定经济举措》文章被文摘类权威期刊《新华文摘》全文转载，并列为封面文章。其另一篇文章《陈云民主集中制思想论析》被人大复印资料《马克思主义文摘》全文转载。这些学术成果不断拓宽陈云生平业绩、思想理论、精神风范研究的广度和深度，提升陈云纪念馆学术研究的权威性。

三是推进系列重要课题研究。立足已有工作基础，结合新时代视角，以展示陈云在党和国家历史中的业绩贡献为重点，集中纪念馆学术研究优势力量，扎实推进《永远的风采——陈云文物故事》《永久的记忆——馆藏口述历史辑录》《永存的贡献——历史转折中的陈云》《陈云纪念馆研究成果辑录》等陈云研究重点项目丛书编写出版工作，基本完成各项书稿撰写。

四是史料挖掘。对评弹专题展进行改造升级，收集与评弹相关的物品、载体。为了增强展示效果，不仅拿到江浙沪三地评弹团的画册，还联系评弹艺人，征集到高清图片、完整文献、实际物品若干。同时，主动挖掘与陈云相关的身边人，事件的亲历者，采访与陈云曾经接触过的老同志施振眉和周良，首次采访 20 世纪 60 年代在陈云身边工作过的张振田，为以后开展专题研究储备线索，为陈云研究增添新史料。

二、侧重多面展览

伟人纪念馆的基本陈列展览是相对单一的，不能包罗万象。而陈列展览是纪念馆的中心工作，是弘扬历史人物的精神的重要手段，一个好的展览既要有思想知识内涵、文化学术概念，又要符合观众的审美趣味。因此，应注重多面性策划展览，在展览内容上推陈出新。

首先，开展基本陈列改陈提升。立足新时代，人物类纪念馆的基本陈列需不断更新，与时俱进，体现时代价值。陈云纪念馆以即将到来的陈云诞辰 120 周年为契机，启动纪念陈云诞辰 120 周年重大项目筹备活动，其中最重要的一项工作即基本陈列的改陈。陈列大纲在进一步修改过程中，以习近平新时代中国特色社会主义思想为指导，明确以习近平总书记提出的陈云同志的“五种精神”为展览主线，以“杰出的马克思主义者”为展览主题，充分融入近年来陈云研究新成果、文物征集新收获，并向中央和上海党史研究、陈云研究领域权威部门和专家学者多轮次征求意见建议，不断完善陈列大纲。

其次，优化陈列形式设计。新时代对人物类纪念馆提出了新的要求和挑战，陈云纪念馆在改陈工作中，积极结合最新展览理念、展陈技术，基本形成改陈设计方案初稿。同时对设备、设施进行改造更新，丰富展览呈现形态，实现知识性和观赏性的有机结合，增强陈列的表现力、吸引力、感染力。此外，对空间布局和参观动线进行合理优化，提升观众参观体验。

最后开展巡展、专题展。结合主题教育学习需要，将“陈云与调查研究”“陈云与党风廉政建设”“党史中的陈云”“向陈云爷爷学习”“名人家书展”等展览送进刘少奇同志纪念馆、邓小平故居陈列馆、镇江博物馆、同济大学、上海工程技术大学、朱家角中学、颜安小学、徐汇天平街道等全国各地文博场馆、大中小学和社区街道，推出巡展百余场。

三、注重研学工作

党的二十大报告指出：“坚持以文塑旅、以旅彰文，推进文化和旅游深度融合发展。”如何合理利用文化文物资源，使文化创意产品成为群众感悟中华文化、增强文化自信的重要载体，是新时代红色场馆的使命担当。

一是研学热度持续高涨。陈云纪念馆以文创研学试点工作为抓手，加强场馆教育内容建设。在上海市文旅局的指导下，积极申报参与市属事业单位文创激励试点工作。自2023年5月12日推出“主题教育系列专题党课”活动以来，文创研学项目吸引全国8个省份的团队来馆，学员涵盖党政机关、企事业单位、大专院校及各类群团组织等，社会反响热烈。2023年共接待研学团队356批次，服务观众12 000余人。研学热度持续高涨，反映了广大党员、群众对理想信念、家国情怀、革命文化的追求和期待。

二是研学产品丰富多彩。陈云纪念馆以第二批上海市文创试点为契机，深入挖掘陈云纪念馆红色资源发挥教育引导功能，加强文化创意产品开发，把红色资源利用好，把红色传统发扬好，把红色基因传承好，让纪念馆的专题党课、仪式教育、沉浸式体验活动和系列专题展览等有机融合和转化，以市场化运作，打造服务新模式、新路径和新载体，推出集红色教育资源与古镇江南文旅体验于一体，分众化、菜单式的主题研学系列产品。此外，纪念馆还积极与江南红色文化“第一村”东庄村合作，不断拓展红色文化体验新场景的研学体验项目。

三是研学场所提质升级。研学之旅是一场深入灵魂的综合旅程，观众从中能体验到丰富的历史文化、温暖的人文情怀和难以忘却的精神传承。为此，陈云纪念馆努力优化场馆功能，夯实场馆运行管理硬件基础。文化创意街专题场馆改造、社会停车场修缮开放、各类会议室提质升级、能源中心打造成公共文化服务空间，满足对外接待服务的需求，彰显纪念馆用心用情用力满足于广大观众来馆开展党史学习、接受红色教育的各项服务需要。

四、做好立体宣传

宣传工作对人物类纪念馆传播传承杰出人物的精神起着重要作用，适应新形势、新要求，发动社会各界力量，提升社会对博物馆公共教育的重视，传播中国历史文化和爱国主义精神是人物类博物馆的重要使命。传统的人物类博物馆宣传方式以现场展览为主，在融媒体的时代背景下，如何全方位、多角度宣传伟人精神，成为新时代杰出人物纪念馆需要适应的新课题。

一是借助媒体力量进行宣传。信息时代为新媒体宣传提供机遇，人物类纪念馆应该抓住机遇，充分利用好新媒体这个“利器”，积极开发新媒体宣传渠道。陈云纪念馆近年来与上海电视台、《新民晚报》、学习强国、东方网、澎湃新闻等主流媒体广泛合作，联合开展“初心之地·光荣之城”“陈云十大贡献”等视频作品拍摄，积极推进纪念馆的宣传工作。加强纪念馆“一端两微三号”自媒体平台建设，“陈云与调查研究”系列理论文章在澎湃号平台推出成为爆款，原创短视频“探馆评弹艺术馆：且听江南水乡里的吴侬软语”受到广泛好评。吴江融媒体中心、《新京报》、嘉善电视台、《新民晚报》、中共上海地下组织斗争史研究中心、乌鲁木齐电视台等多家单位通过线上来宣传陈云，陈云纪念馆通过提供线索材料、审阅采访提纲、接受采访等方式来协助展示陈云形象。陈云纪念馆研究人员先后接受中央电视台关于红色金融、央视纪录片《百年红档》、青浦区融媒体中心关于陈云与保密工作、新民晚报等媒体和电视台的采访，另外，联合上海广播电视台纪录片中心成立文献片摄制组，推进《陈云的故事》六集文献片摄制工作。

二是借助社会力量进行宣传。要让公众觉得亲切，更容易走进纪念馆接受精神洗礼，传承红色基因，那么纪念馆不仅需要讲好历史人物的故事，还需要接近公众的生活。陈云纪念馆与上海市委党校联合，开展“党史百年：馆长学者三人谈·走进陈云”党史学习教育。与青浦区教育工作党委合作，推送“共和国的红色掌柜”微课程资源包进校园，讲好中小学生“开学第一课”。作为上海市民终身学习红色文化体验基地牵头单位，联合上海市 14 家红色场馆开展多样化的红色文化学习服务。

三是借助同行力量进行宣传。人物类纪念馆应该充分利用临时展厅引进同行展览，形成馆际联动。从纪念馆方面，场馆之间互相补充新的研究成果，弥补基础陈列无法经常更新的短板，使场馆常看常新，保持人物类纪念馆的持久吸引力；从观众方面，顺应观众喜欢新事物的心理习惯，增加观众再次走进人物类纪念馆的可能性。陈云纪念馆每年引进优秀专题展览，如引进韶山毛泽东同志纪念馆等文博场馆优秀红色主题展览等。同时，作为主任委员单位，陈云纪念馆牵头召开中国博物馆协会名人故居专委会年会暨学术研讨会，联合专委会 70 余家名人故居纪念馆，共同打造“此致　近你——名人家书展”。

立足新时代，我们要关注人物类纪念馆在实际开放过程中遇到的问题与困难，整合各方力量，深入挖掘历史人物的精神文化内涵，努力提升人物类纪念馆在发扬红色传统、传播红色文化方面的影响力，努力在铸就中华文化新辉煌、建设中华民族现代文明中作出更大的贡献。

（范莎莎，陈云纪念馆馆员）

新时代博物馆宣教模式的创新与发展

——以上海孙中山故居纪念馆为例

卿　莉

博物馆是保护和传承人类文明的重要场所，肩负着传承中华民族优秀文化的重任。在文化大发展大繁荣的新时代，作为博物馆与群众联系的桥梁，宣传教育工作者应不遗余力创新宣教模式，策划并开展形式多样的公众喜闻乐见的宣教活动。上海孙中山故居纪念馆经过近十几年探索，已形成一系列具有场馆特色的宣教活动，通过群众参与和互动，充分发挥馆藏文物教育作用，扩大博物馆的社会影响力，取得良好和广泛的社会效益。

2015 年 2 月 15 日，习近平总书记在参观西安市博物院后强调："一个博物院就是一所大学校。要把凝结着中华民族传统文化的文物保护好、管理好，同时加强研究和利用，让历史说话，让文物说话。"[1] 博物馆作为保护和传承人类文明的重要场所，肩负着传承中华民族优秀文化的重任，是连接过去、现在、未来的一座桥梁。博物馆是以教育为第一职能的社会文化中心，宣教工作又是博物馆联系群众的桥梁。在新时代，如何"让收藏在博物馆里的文物、陈列在广阔大地上的遗产、书写在古

[1]《习近平春节前夕赴陕西看望慰问广大干部群众》，《人民日报》2015 年 2 月 17 日第 1 版。

籍里的文字都活起来”？创新宣教模式是博物馆社会教育工作的根本。

一、博物馆宣教工作的重要性

1905 年，我国博物馆创始人张謇先生在创建南通博物苑时，就将博物馆的性质定义为“社会教育机构，政治、学术参考的重要部门，学术教育的有力助手”。[1]1990 年，美国博物馆协会在定义博物馆时将“教育和为公众服务”视为博物馆的核心要素。[2]2015 年 3 月 20 日起施行的《博物馆条例》规定，“博物馆，是指以教育、研究和欣赏为目的，收藏、保护并向公众展示人类活动和自然环境的见证物，经登记管理机关依法登记的非营利组织”。教育作为博物馆的首要职能，是收藏、研究工作价值的重要体现。博物馆不仅是展示人类文化历史遗产和展示人类自然科学文化的宣传教育机构，更承载着宣传中华优秀传统文化的重要使命，所以发挥好社会教育功能十分重要。宣教部是博物馆的窗口，处于博物馆工作的第一线，是博物馆与观众密切接触的第一阵地。新时代下的博物馆面对人民日益增长的精神文化需求，除了努力做好宣传讲解，还应该坚持“贴近群众、贴近生活、贴近时代”的原则，利用馆藏资源优势，开展形式多样、群众喜闻乐见的宣教活动。积极与观众互动，有效吸引并调动观众的热情，充分发挥馆藏文物的教育作用，扩大博物馆的影响力，取得良好的社会效益。

二、当前博物馆宣教工作存在的问题

（一）宣教模式刻板单一

长期以来，不少博物馆形成以说教为主的单一教育模式，讲解员以讲为主，观众被动接受。这种刻板简单的说教模式只是最原始的知识灌输，不利于激发观众的参观兴趣和调动观众思考的积极性，严重制约了博物馆宣传教育功能的发挥。

---

［1］ 王斐：《创新宣教形式　服务社会大众》，《中国纪念馆研究》2015 年第 1 辑。

［2］ 郑奕：《博物馆强化“观众服务”能力的路径探析》，《行政管理改革》2021 年第 5 期。

（二）宣教对象针对性不强

来博物馆参观学习、接受社会教育的观众，无论是在年龄、职业，还是在文化层次、道德修养等方面，都存在较大差异，同一种宣传教育活动形式很难满足观众多样化的需求。博物馆宣教工作者要全面准确地把握不同教育对象的参观需求，针对不同人群设计不同的参观学习内容，做到有的放矢。

（三）宣教活动缺少品牌和特色

近年来，随着博物馆事业的不断发展，博物馆的教育活动开展得如火如荼，虽然活动看似丰富，但存在千篇一律，形式缺乏自身特色，内容不够新颖，与藏品结合不紧，品牌意识不强，范围不够广泛，社会化程度不高等问题。

三、探索新时代博物馆馆内宣教模式的新途径、新方法

2011 年以后，上海孙中山故居纪念馆宣教工作推陈出新，在调查、分析和研究了不同群体的需求和特征后，有针对性地策划和开展各类馆内宣教活动，用不同的宣教内容和方式进行探索尝试，开展一系列丰富多彩的馆内宣传教育活动，取得一些成效。

（一）把握主题，围绕展览创新宣教形式，激发观众参观热情

在博物馆活动中，观众并不是接受某种知识灌输的对象，而是博物馆活动的直接参与者。在过去，观众对参观博物馆兴趣不大的原因在于博物馆陈列手段雷同、讲解刻板、缺少相应配套的宣教活动。新时代，博物馆进行非正式教育，应不限于传统的语言模式，可以扩展到提供视觉体验、听觉体验，增加互动元素，让观众在心情愉悦的同时获得亲身体验，加深知识印象，并从中受到教育。

2022 年是中共二大召开一百周年和党的统一战线政策提出一百周年，也是孙中山李大钊会晤一百周年。为纪念这一特殊年份，上海孙中山故居纪念馆紧紧抓住这个契机，举办“伟大的握手——孙中山与李大钊会晤百年纪念展”，展览展现孙中山、李大钊在推动国共合作的统一战线形成过程中的卓越贡献，彰显他们为民族独立、人民解放和国家富

强、人民幸福建立的不朽功勋。为了使观众对展览有更深刻的印象和更深入的了解，策划编排与展览相配套的反映第一次国共合作的实验舞台剧——《握手》。作为一部在故居实景演出的红色文化宣教作品，《握手》向观众讲述孙中山、李大钊二人在上海酝酿第一次国共合作的故事，展现其为中国革命的成功不懈奋斗、矢志不渝的崇高精神，彰显中国共产党人的博大胸怀和高尚气节。除了剧目，为了扩大展览在社会公众中的影响力，还联合上海邮政博物馆，在馆内设立上海孙中山故居纪念馆主题邮局，并推出《孙中山主题邮局》邮戳与《上海孙中山故居纪念馆主题邮局》CX51 型邮资机宣传戳，设计制作《伟大的握手》系列邮品，包括邮册、邮折、纪念封，以特有的方式纪念这一伟大的“握手”。活动一经推出，吸引众多邮迷前来打卡。

把握展览主题，创新与之配套的教育活动，能使整个展览变得更加生动和具有感染力，在充分调动观众参与热情的同时，增强观众对博物馆的参观兴趣，让更多的观众走进博物馆，使观众在深入了解展览的同时潜移默化地受到文化的熏陶，博物馆的宣教工作得到进一步的提升。

（二）抓住时机，紧扣热点，创新馆内活动

博物馆的工作必须适应社会和社会发展的趋向，适合公众的需求。博物馆的教育需要注重时机，与时俱进地抓住社会关注的热点来策划和开展各类宣教活动。

中华优秀传统文化是中华民族的精神家园，是人类文明的生存智慧。作为公众服务机构，近年来，上海孙中山故居纪念馆围绕“中华优秀传统文化”，依托中山精神深厚的文化内涵，常年面向上海市民特别是青少年开展丰富多彩的中国传统文化活动，传播中华优秀传统文化，培养青少年对传统民俗文化的兴趣和爱好，感受传统民俗文化的魅力。春节期间开展“指尖上的故居”系列体验活动，涵盖写孙中山的名言名句与春联、年画拓印、打中国结、剪纸等；元宵节期间推出以孙中山、辛亥革命、近代史等内容为主的“猜灯谜，闹元宵”民俗活动；清明节期间组织学生和社区居民参加“缅怀伟人精神，弘扬革命传统”辛亥志士诗词朗诵会，吟诵孙中山、黄兴、秋瑾等辛亥志士撰写的具有代表性的诗词，这些活动吸引了大批观众尤其是青少年的参与。通过这些具有思想性、知识性、普及性的馆内传统文化活动，架起博物馆与观众沟通的桥梁，普及中华优秀传统文化。

（三）发挥第二课堂作用，以馆校合作延伸文化空间

博物馆作为文化事业的一个宣传教育机构，同学校一样履行着教育职能。但它与学校又有不同之处，它是学校教育的延伸和补充，是学生的第二课堂。馆校合作可实现博物馆与学校之间的资源共享，通过联合举办各类活动，突破空间限制，实现优势互补，使博物馆资源进一步走向社会，走向民众，走向青少年，达到互利共赢的目标。宣教工作者要以更加积极主动的姿态，开展文化服务工作，不断提升博物馆的服务水平，通过各类形式开展活动，拉近与学校的距离，制造社会效应，增强博物馆的辐射力与影响力。

上海孙中山故居纪念馆找准纪念馆馆藏教育资源与学校课程资源的切入点，将中小学课程中关于孙中山、宋庆龄的相关内容进行梳理，与部分中、小学教师共同设计适合不同年龄层次学生的教案，组织“中山故居课堂”，吸引中小学校将有关孙中山和辛亥革命的课程搬到故居来。课堂上，老师、学生和上海孙中山故居纪念馆讲解员一道结合课本，就武昌起义、实业计划等内容进行现场授课。通过让学生找一找展品、看一看文物，触摸并充分利用馆内各类多媒体等方法和手段，与学生展开学习互动、趣味知识问答。尤其是讲解员通过身着中山装向学生普及“中山装”知识，让学生在看得见展品、摸得到实物的过程中，了解孙中山、学习孙中山。“中山故居课堂”打破以往校内枯燥授课形式，把实践课搬到博物馆，让学生在身临其境中提高学习兴趣，增长历史知识，为学校教学提供授课新思路，开创馆校合作新模式，实现馆校双方资源共享。

（四）树立品牌意识，用特色活动满足观众的文化需求

博物馆教育作为学校教育和家庭教育的辅助和延伸，以其特殊的形式发挥着特殊的作用。它是了解民族历史文化，培养爱国主义情感，振奋民族精神，加强精神文明建设的重要场所。因此，博物馆被誉为“立体的‘百科全书’，实物的‘图书馆’，民族记忆的殿堂”。博物馆教育要通过特色活动让博物馆成为青少年的朋友、成为素质教育的重要品牌，因此博物馆自身要不断创新，打造品牌活动，开辟青少年教育的广阔空间。

上海孙中山故居纪念馆根据自身特色开展一系列适合青少年特点的各种活动，已逐步形成特色品牌。如“‘章’显伟人精神，篆刻体验活动”是专门针对青少年设计的传统文化体验课程。选取与孙中山精神相关的字作为篆刻内容，将相关精神融入篆刻知识讲座，再通过篆刻体验，让青少年感受中华传统文化的魅力。六一“画说孙中山”主题活动，学生在专业老师的指导下，发挥自己的想象，结合自己的感受现场画出孙中山故居主体建筑、孙中山铜像、中山装、大元帅指挥刀等与故居有关的内容。每年寒暑假，会招募、培训和组建一支“小先生讲解团”参与场馆讲解服务。这种“学生讲给学生听”“学生讲给大人听”的方式使学生的参与积极性空前高涨，在传扬孙中山宋庆龄精神的同时，又打造实践学习新平台，培育新时代少年儿童志愿者。还有“追寻伟人足迹”亲子定向寻访活动。选取与孙中山相关的重要革命活动史迹作为活动点，选手以徒步和轨道交通的方式，在指定任务点完成与孙中山相关的知识问答、拍摄主题微视频任务等品牌特色活动，这些已成为孙中山故居纪念馆青少年教育活动的重要内容，能让公众充分了解孙中山的革命史迹，学习中山精神。定期开展这些丰富多彩具有孙中山故居特色的品牌宣教活动，培养青少年的实践能力，树立博物馆在公众心目中的良好形象，成功保持了活力和吸引力，博物馆成为深受大众欢迎的社会教育阵地。

博物馆作为社会教育的重要基地，具有独特的资源和优势，在新时代下要以新的理念和新的宣教活动来提升形象，在实现中华民族伟大复兴，推动社会主义文化大发展大繁荣，提高国家文化软实力中，更好发挥文化引领风尚、教育人民、服务社会、推动发展的作用。

（卿莉，上海孙中山故居纪念馆馆员）

新时代名人故居爱国主义教育探索

——以“时代小先生”计划为例

荆　然

少年儿童是祖国的未来，是中华民族的希望。名人故居是激发青少年爱国热情、培育民族精神的重要场所。宋庆龄故居（北京）作为全国爱国主义教育示范基地、全国青少年教育基地、全国中小学生研学实践教育基地，始终坚持落实立德树人根本任务，引导青少年厚植爱党爱国情怀。

2011 年，为弘扬宋庆龄“永远和党在一起”的崇高精神，继承发展宋庆龄未竟事业，培养德智体美劳全面发展的社会主义建设者和接班人，“时代小先生”计划正式在宋庆龄故居启动。宋庆龄故居本着“试验性、示范性”方针，面向 8—14 岁少年儿童，组织举办“时代小先生”系列活动，开展爱国主义教育，搭建志愿服务平台，打造国际交流载体，取得良好效果。近年来，该项目多次获国家级、省部级表彰，2020 年被中宣部评为“新时代爱国主义教育创新实践案例”。

新时代强化爱国主义教育，推动“时代小先生”计划发展，对于引导青少年学史明理、学史崇德、学史增信、学史力行，弘扬宋庆龄为振兴中华而矢志不渝的崇高精神，树立爱国主义情怀，努力成长为堪当民族复兴大任的时代新人，具有重要意义。

一、历史传承：从“小先生”到“时代小先生”

1932年，陶行知在上海郊区大场创办上海工学团，开展普及教学运动，创立了“小先生制”，依据“即知即传”的教育原则，采用小孩教小孩、小孩教大人的教育方式，践行“生活即教育”“社会即学校”“教学做合一”的教育理念，把劳苦儿童从谋生活动中组织起来开展学习活动，解决日常教育中师资奇缺、文盲众多的矛盾。

宋庆龄十分认同陶行知的教育理念，她将“小先生”蕴含的教育思想与自己致力的少年儿童工作实践结合起来。抗战胜利之后，她在上海成立了三个儿童福利站，并以儿童福利站为试点，发起了“小先生运动”。她倡导由已经学会某些知识的孩子来教还没有学过或者还没有学会的孩子，还亲自去教室指导孩子读书写字，给孩子讲解国内外大事，带领教师和志愿者培养出一批批“小先生”。1949年7月，在宋庆龄的关怀下，中国福利基金会还举办了上海解放后的第一个少年儿童夏令营——小先生夏令营。内容不仅有政治学习、文化课和文艺体育活动，还有瞻仰鲁迅墓，参加陶行知纪念会，访问附近农村、工厂，与解放军、工人联欢等活动。

宋庆龄认为，小先生制是扫除文盲、传播知识的有效办法。小先生每天带着小黑板到弄堂、棚户区、工厂、难民营去上课。他们在墙上、树上插起一面“识字班”的三角小旗，挂上小黑板，一教十，十教百。1948年，宋庆龄在致友人的信中自豪地说，我们“已培养了300余名‘小先生’”。[1]到1949年1月，受惠儿童“已达一万五千人”。[2]

宋庆龄指出，这种方式将对儿童的未来以及社会的发展产生深远影响。她称小先生的精神为“助人自助”精神，即“给他们工具，让他们去锻造中国最光明的未来”，[3] 通过自助，“可使儿童负起社会责任，

[1] 宋庆龄：《宋庆龄书信集》（上卷），人民出版社1999年版，第634页。
[2] 宋庆龄：《宋庆龄书信集》（下卷），人民出版社1999年版，第10页。
[3] 宋庆龄：《宋庆龄书信集》（上卷），人民出版社1999年版，第726页。

爱护和改进他们周围的环境”。[1]

“时代小先生”是“小先生”理念的当代新实践。2011 年，在中国共产党成立 90 周年，同时也是辛亥革命 100 周年、宋庆龄逝世 30 周年之际，中国宋庆龄基金会“时代小先生”计划于 5 月 31 日六一国际儿童节即将来临之时，在宋庆龄故居启动，中国宋庆龄基金会时代小先生计划办公室在宋庆龄故居成立。

“时代小先生”计划已形成较为稳定的组织架构。以中国宋庆龄基金会时代小先生计划办公室为主导，宋庆龄故居为主要活动场所，辐射带动北京市 30 余所“时代小先生”示范校，并逐渐开始向全国各地乃至海外发展“时代小先生”示范校和示范基地。近年来，重庆抗战遗址博物馆、宁夏彭阳草庙小学和城阳中学、孙中山故居纪念馆（翠亨）、新西兰路易·艾黎中文学校等学校和纪念馆陆续加入“时代小先生”示范校和示范基地队伍。

二、活动现状

宋庆龄故居认真贯彻落实《新时代爱国主义教育实施纲要》，通过多年教育研究和实践探索，打造“时代小先生”计划品牌项目，不断丰富教育内容，完善活动体系，探索“实践育人”新路径。

（一）教育内容

宋庆龄指出，要“把最宝贵的东西给予儿童”。[2]宋庆龄故居之中“最宝贵的东西”即宋庆龄生平展、主楼原状陈列展和古建园林，里面保存着宋庆龄生前工作、生活的原貌，并藏有孙中山、宋庆龄文物 2 万余件。宋庆龄故居以此为依托，开展“时代小先生”教育活动。

1. 弘扬宋庆龄的爱国主义精神

宋庆龄故居之中两项常设展览——宋庆龄生平展和主楼原状陈列——为时代小先生学习宋庆龄爱国主义精神的重要载体。

---

[1] 宋庆龄：《宋庆龄书信集》（上卷），人民出版社 1999 年版，第 722 页。

[2] 《宋庆龄选集》下卷，人民出版社 1992 年版，第 195 页。

“宋庆龄生平展”着力弘扬宋庆龄爱国主义、民主主义、国际主义、共产主义伟大战士的崇高风范，以宋庆龄的信念“永远和党在一起”为主题，以宋庆龄“为新中国奋斗”的光辉历程为主线，分 9 个篇章、560 余项展项，展出文物藏品 200 余件（组），图片 270 余幅，全面展示宋庆龄光辉的一生。

主楼原状陈列展展出的是 1963 年 4 月到 1981 年 5 月宋庆龄生活、工作、学习过 18 年的场所。1981 年宋庆龄逝世后，中央即成立八人小组，由邓颖超、廖承志等同志负责处理她的后事，将这座二层小楼封存，保持原状，其中包括宋庆龄的小客厅、小餐厅、卧室兼办公室、书房、小厨房及康乐棋等。

宋庆龄故居努力把红色资源作为坚定理想信念的生动教材，教育引导时代小先生传承红色基因，赓续红色血脉，讲好党史故事、讲好宋庆龄的故事，听党话、感党恩、跟党走，争做堪当中华民族伟大复兴重任的时代新人。

2. 传承中华优秀传统文化

宋庆龄故居用中华优秀传统文化助力时代小先生成长。宋庆龄故居古建园林拥有悠久的历史。园内有“宋庆龄故居的前世今生”专题展，详细介绍这座园林 300 余年的历史文化。根据考证，这里始建于明末清初，在成为宋庆龄的居住地之前，共经历了 5 个主人。清朝康熙年间，这里是大学士明珠的府邸花园。明珠的儿子“清代第一词人”纳兰性德也曾居住于此，他经常邀请文人墨客在此吟诗作赋。乾隆年间（1736—1795），明珠之孙纳兰成安遭权臣和珅诬陷被抄没家产，这里一度被和珅霸占。嘉庆四年（1799 年），皇帝赐和珅自尽，抄没家产，并将这座宅院赐给其兄长成亲王永瑆，这里成为成亲王府。光绪十四年（1888 年），慈禧太后将这座宅院赐给光绪的父亲——第一代醇亲王奕譞。之后，第二代醇亲王载沣的儿子爱新觉罗·溥仪成为皇帝，载沣被封为摄政王，因此这里还是两代摄政王府的花园。这里为时代小先生学习中国古典园林、四合院、古树名木等传统文化知识提供了丰富的资源。

宋庆龄故居是时代小先生学习纳兰词文化的绝佳场所。宋庆龄故居曾是清代词人纳兰性德的故居。故居南楼是300年前纳兰性德和朋友吟诗作赋之地，也是纳兰词《南楼令》中“正风雨，下南楼”所指的场所。南楼前面还保存着纳兰性德亲手栽种的“明开夜合树”（学名卫矛）。南楼之中现有“纳兰性德生平展”。展览分“须知名士倾城”“相门翩翩公子”“清代第一才士”“江湖落落狂生”“千古伤心词人”“历史评价”六个部分陈列，生动反映清代词人纳兰性德的生平事迹。

引导时代小先生学习中华优秀传统文化，领会其精神内涵和价值品格，有助于孩子接受传统文化熏陶，打好传统文化基础，激发文化传承自觉，树立正确的世界观、人生观、价值观。

宋庆龄故居整合红色资源和传统文化资源，在知名专家指导下，精心研发教材《宋庆龄故事——青少年学习手册》，采用中英双语，深入浅出地讲述宋庆龄的故事和宋庆龄故居的历史文化。该书是开展爱国主义教育的生动读本，也是时代小先生必读的书籍。同时，专门编制青少年版讲解词，鼓励时代小先生学习并讲解宋庆龄伟大光荣的一生和宋庆龄故居的历史文化，让红色基因代代相传，将中华优秀传统文化发扬光大。

（二）活动形式

宋庆龄故居官网和微信公众号每年发布一两次“时代小先生”招募通知，中小学生经示范校推荐或直接报名、笔试面试、注册等环节，成为时代小先生，参与后续系列活动。

1. 志愿讲解活动

志愿讲解，服务社会。每逢周末和节假日，时代小先生都会身披红色绶带，在宋庆龄故居给小朋友、大朋友提供志愿讲解服务。上岗前，宋庆龄故居的老师会对其进行培训，阐释青少年版讲解词背后的故事，教授讲解礼仪，并模拟游客提出关于宋庆龄和宋庆龄故居的问题。当日值班的时代小先生分工合作，自行分配任务，每人讲解一部分内容，共同完成宋庆龄生平展、主楼原状陈列展、古建园林的讲解。讲解结束之后，会随机邀请观众填写评价表，对满意程度进行评价，并提出意见和建议，以便进一步提升讲解水平。

2. 常规活动

常规活动是“时代小先生”计划已形成惯例的活动。宋庆龄故居发挥传统节日、纪念日的涵育功能。每逢学雷锋纪念日，举办“扣好人生第一粒扣子”时代小先生学雷锋活动，邀请“北京榜样”入选人物与时代小先生共同宣讲学雷锋故事，表彰最受喜爱的“学雷锋小先生”。在清明之际举办“清明时节、走进故居、缅怀伟人”时代小先生经典诵读活动，朗诵伟人经典名篇，表达深切缅怀和崇高敬意。在六一国际儿童节之际举办“在宋庆龄奶奶生活过的地方过六一”活动，每年结合时政选定不同主题，如“时代小先生心向党”——2021年“在宋奶奶生活过的地方过六一”，“时代小先生爱劳动”——2020年“在宋奶奶生活过的地方过六一”，邀请时代小先生进行主题文艺汇演，评选年度“十佳”、优秀时代小先生与“最美实践育人教师”，展示中小学生书法、绘画、体育、科技等实践成果，在故居草坪放飞和平鸽，共同祈愿世界和平。

继承宋庆龄举办小先生夏令营的传统，每年暑假期间举办时代小先生夏令营。中外教师联合授课，武警教官专业指导，引导时代小先生在“做中学”。时代小先生学做结合，知行合一，中英文讲宋庆龄故事，学习外事礼仪，参观革命圣地，参加军训活动，体验劳动课程、艺术课程。同时，时代小先生会组建营委会，选举营长、副营长、文体委员、纪律委员、宣传委员、军体委员、小组组长、小组委员等角色，确保各尽其职，进行自治管理，培养团队合作意识和能力，助力德智体美劳全面发展。

时代小先生参与基金会定点扶贫工作，助力全面打赢脱贫攻坚战。在宁夏彭阳县博物馆举办宋庆龄生平展，组织京宁两地时代小先生线上线下共同宣讲宋庆龄精神，激发孩子们报效祖国的远大志向。

不定期与“时代小先生”示范校共同开展社会大课堂和展览进校园活动。时代小先生在宋庆龄故居举行少先队建队仪式，学习“宋庆龄的民族精神”“优秀党员宋庆龄”等专题课程，深入了解宋庆龄的伟大事迹，参观宋庆龄故居，进行竞赛答题并发表活动感言。宋庆龄故居以流动展板的形式将展览送进“时代小先生”示范校，展示宋庆龄事迹、故居历史沿革、名花名木等人文历史、自然科学、思想品德等内容，并对各校推荐的时代小学生进行培训，指导他们在学校开展“小孩教小孩”的讲解实践活动。

3. 国际交流活动

宋庆龄故居为时代小先生提供中外人文交流平台。参与外事活动的时代小先生需要接受前期常规活动的历练，并进行活动专门的外事培训。时任德国总理默克尔、时任新西兰总督杰里·迈特帕里、科特迪瓦总统夫人等外国元首和政要参访宋庆龄故居时，身边都有时代小先生的身影；每逢四月海棠文化节开幕式暨海棠诗会之时，时代小先生都会来到宋庆龄故居迎接外国大使和夫人，用流利的英文与之交谈并陪同游园；东盟和非洲各国各地区青少年来宋庆龄故居交流时，时代小先生用中英双语讲宋庆龄故事，讲中国故事。优秀的时代小先生还有机会赴白俄罗斯、韩国、马来西亚等国交流参访，展示中国少年儿童良好精神风貌。

此外，还有海内外少年儿童云故事会活动、“上合文化小大使”等线上青少年国际交流活动。时代小先生线上与五大洲青少年共讲中国故事，参与网络视频展播和主题征文活动，经网络投票和专家评审，评出“文化小大使”。

4. 其他活动

结合时事热点和工作实际，开展“时代小先生”其他相关活动，如2020年发起的时代小先生“抗疫防疫，从我做起”主题作品征集活动。时代小先生积极捐款，严格防护，创作文学书画作品等，做自己力所能及的事，助力疫情防控，展现了心系祖国、勇于担当、坚韧自强的中华少年精神风貌。除此之外，还有“声合杯”时代小先生青少年诵读大会、“光盘，我先行”时代小先生倡议暨主题作品、时代小先生讲述成语故事等活动，让时代小先生获得施展才华的舞台，助力成长成才。

三、发展方向

宋庆龄故居赋予了“小先生制”新的时代内涵。利用丰富史料资源，为青少年搭建培塑爱国情怀、拓宽国际视野、提升综合素质的平台。通过参与活动，时代小先生涵养家国情怀，增强“请党放心，强国有我”的责任感和使命感，提升表达能力，强化团队意识和奉献精神，德智体美劳全面发展。故居已培养超过三万名时代小先生，取得了阶段性进展。然而，“时代小先生”计划仍然存在研究不够系统、时代性仍需加强、影响范围有限等问题，需要进一步探索发展路径，提质升级。

一是做好宋庆龄精神的新时代阐释。把握时代主题，整合优质资源，使宋庆龄的故事常讲常新，结合新时代的伟大变革，对比百年来中国发展的艰难历程，让时代小先生在倍感自豪中接受爱国主义教育，感受新时代的伟大变化，坚定为中华民族伟大复兴贡献力量的信心和决心。紧贴青少年认知逻辑与思维层次，将理论转化成通俗易懂的语言，引导时代小先生在理论学习中滋养爱国情怀，让时代小先生有“共鸣”、能“共情”地讲好宋庆龄故事，讲好中国故事。通过制作短视频、微电影、文艺节目等方式，借助丰富的融媒体手段，以青少年喜闻乐见的方式、方法，让宋庆龄故事更有辨识度、记忆点，传播更加广泛。

二是增强研究的系统性、学术性。活动开展十余年来，时代小先生队伍中涌现了诸多先进典型，如环球国际小姐曹悦歆、全国博物馆“十佳”讲解员张奕朗、全国青少年英语阅读大赛金奖获得者李奕凝、“首届北京博物馆优秀志愿者”张宸翰等。然而，因师资力量有限，仅建立了“时代小先生”系列活动档案，缺乏时代小先生个人档案，也尚未对时代小先生的总体情况进行统计和调查。在后续发展中，应强化研究的系统性、学术性，采用定量研究和质性研究相结合的方式，逐步建立时代小先生的个人档案，跟踪走访其后续发展，增强对时代小先生总体的了解。

三是扩大影响范围和影响力。“时代小先生”计划大部分活动在宋庆龄故居开展，师资力量有限，辐射范围和人数有限。因地域原因，北京市外乃至海外的“时代小先生”示范校、示范基地开展活动有一定困难。应努力加强与京外示范校、示范基地的交流与合作，与当地联合开展活动，或指导较为成熟的示范校、示范基地独立开展活动，提升示范校、示范基地的参与感和积极性，壮大时代小先生队伍。加强与海内外孙中山、宋庆龄纪念地的联系，争取建立更多的时代小先生示范校、示范基地，吸引更多海内外青少年加入时代小先生的队伍，让宋庆龄的崇高精神在更广泛的地区发扬光大。

（荆然，宋庆龄故居管理中心馆员）

馆校合作视域下淮安人物类场馆教育资源的开发与利用

张翔雯　纪以干

近年来，随着新一轮基础教育课程改革工作的不断推进和素质教育的不断深化，新课程资源的开发与利用逐步得到重视。在此背景下，将公共教育机构的纪念馆博物馆等资源课程化，对青少年的成长大有裨益。淮安作为第二批全国历史文化名城，历史名人荟萃，文物古迹丰富，众多的人物类纪念场馆为本地区乡土教育课程的开发提供了广阔的平台。本文依托淮安丰富的乡土资源，结合高中历史部编版新教材内容，分析淮安地区的人物类场馆资源概况，以更好地服务新教材新课程教学，并探索新形势下建立馆校合作的可持续发展合作机制。

一、馆校合作的概念及意义

基于建设学习型社会、提高国民素质的需求，文化学术界多有倡导将作为公共教育机构的博物馆纳入国民教育体系，开展馆校合作。馆校合作是指场馆与学校双方为了共同的教育目标，充分利用场馆丰富的教育资源、先进的教育理念和开放的教育活动空间，资源优势互补，相互配合而开展的一种教学活动。学校作为正规的教育机构，承担培养未成年公民的法定义务，强调基础知识的学习，侧重于知识学习的渐进性，更多地突出学习内容的通识性；博物馆是社会系统中重要的教育场所，拥有丰富而独特的教育资源，能够作为学校教育的补充，进一步拓宽学校教育的渠道，促进教育和文化的有机融合。学校和博物馆同为教育框架中的重要组成部分，应为共同的教育目标而通力合作。

2020 年，教育部与国家文物局联合发布《关于利用博物馆资源开展中小学教育教学的意见》，进一步促进馆校合作机制的建立健全，各地纷纷制定有关制度文件推动落地实施。2021 年 6 月，国务院印发《全民科学素质行动规划纲要（2021—2035 年）》，在“青少年科学素质提升行动”中明确提出“建立校内外科学教育资源有效衔接机制……推动学校、社会和家庭协同育人”。此外，《义务教育历史课程标准》（2022 年版）也鼓励教师多开发与利用博物馆、纪念馆、展览馆等社会资源。

人物类场馆作为博物馆资源重要的组成部分，不仅是文化遗产的守护者，而且是一座城市的历史文化积淀的集中体现。推进博物馆特别是人物类场馆融入教育体系，能够使其从学校教育中汲取养分，完善自身宣教功能，还能够让学校教育克服自身弊端，通过实境体验式教学等方式培养学习兴趣，提高自主探究能力，从而更好地整合教育资源，开拓一种共享共赢的教育模式，实现育人模式的更新。

二、淮安人物类场馆教育资源情况介绍

全国历史文化名城淮安，位于大运河与古淮河交汇处，地处我国南北地理气候分界线秦岭—淮河线上，向有“居天下之中”“扼漕运之冲”的美誉。从战国末年的楚韩遗民到明洪武年间（1368—1398），朱元璋迁苏松杭嘉湖诸府十四万多户来淮，淮安渐渐成为中国南北文化汇聚的典型城市、江淮文化的杰出代表，历史上也涌现出一大批闻名全国、享誉世界的名人。其中包括，开国总理，伟大的无产阶级革命家、政治家、军事家、外交家周恩来。历史文化名人包括“汉初三杰”之一，杰出的军事家韩信；《西游记》作者吴承恩；明代抗倭状元沈坤；清代民族英雄、爱国将领关天培；清末著名小说家、《老残游记》作者刘鹗；以花鸟画闻名于世并被称为扬州八怪之一的边寿民等。这些杰出人物在淮安居住过的故居或是后人为纪念他们建立的馆、祠等场所留下了深深的印记，这些不仅是他们精神的象征，更是淮安地域文化的重要承载，

是留给后人宝贵的精神文化财富。

名人纪念场馆是凝固的历史，其深厚的文化底蕴、丰富的精神内涵，是传承历史文化、展示文化软实力的重要载体。淮安当地政府历来高度重视名人故居等的保护和利用工作，高标准制定名人纪念场馆的保护、修缮规划，不断加大资金投入力度推进名人场馆的保护和利用工作，打造了一批具有影响力的参观场所和旅游景点，较好地保存了淮安深厚的历史文化资源。据不完全统计，淮安共有近 40 处历史名人纪念场所。其中，按照级别分类为国家级 1 处，省级 2 处，市级 27 处，县级 5 处；按照时间分类为宋代 3 处，元代 1 处，明清 24 处，近现代 7 处。结合现有的保护开发状况，并从馆校合作的可能性及课程研学的可操作性等因素考量，对淮安人物类场馆进行整理共计 13 处，按人物历史时期排序整理如表 1 所示。

表 1　淮安地区适合馆校合作的人物类场馆资源汇总

序号	人名	场馆名称	人物时期	所在区域	保护级别	人物名片
1	韩　信	韩侯祠、漂母祠、胯下桥	汉代	淮安区	市(县)级	汉初三杰之一
		韩侯故里		淮阴区		
2	梁红玉	梁红玉祠	南宋	淮安区	市(县)级	抗金英雄
3	吴承恩	吴承恩故居	明代	淮安区	省级	《西游记》作者
4	施耐庵	施耐庵著书处（修建中）	明代	淮安区	市(县)级	《水浒传》作者
5	沈坤	沈坤状元府	明代	淮安区	市(县)级	抗倭状元
6	刘鹗	刘鹗故居	清代	淮安区	市(县)级	《老残游记》作者
7	吴鞠通	吴鞠通中医馆	清代	淮安区	市(县)级	中医温病学家；山阳医派的创始人
8	关天培	关天培祠	清代	淮安区	省级	民族英雄、爱国将领
9	周恩来	周恩来故居	近现代	淮安区	国家级	开国总理，伟大的无产阶级革命家、政治家、军事家、外交家
		周恩来纪念馆		淮安区		
		周恩来童年读书旧址		清江浦区	省级	
10	张纯如	张纯如纪念馆	现代	淮阴区		《南京大屠杀：被遗忘的二战浩劫》作者

淮安人物类场馆资源纷繁芜杂，并不是所有的人物类场馆资源都适合运用于教学。本文列举的淮安人物类场馆资源，以具有典型的淮安地方文化特征，在全国有一定的知名度，或者与其相关联的人物、历史事件、文化具有一定的影响力为前提和标准，避免选择影响力只限于淮安当地的人物类场馆教育资源。

三、淮安人物类场馆教育资源的实践运用——以部编版高中历史教材为例

博物馆作为文化机构，集收藏、展览、研究、公共教育、文化交流等功能于一体，传承中华优秀传统文化、革命文化和社会主义先进文化。因地制宜地利用当地的人物类场馆教育资源开发研学课程，可以拉近历史文化与学生的距离，更直观形象地帮助学生理解课程教材内容，是更好地实现课程目标的有效途径。淮安人物类场馆拥有丰富的文化教育资源，在此基础上构建的不同于传统课堂教学的实境课堂、研学课堂极大地丰富了课程教学形式，调动学生的思维，激发学生的学习兴趣，引起学生对历史进行思考，引领学生投入形式多样的学习活动。此外，馆校融合教学，可以使学生加深对乡土文化资源的认知，成为家乡名片的宣传者，把爱祖国、爱家乡的种子埋入心灵。

为了在新教材历史教学中，准确、合理地运用淮安人物类场馆资源，现根据表1梳理的人物类场馆资源，结合现行的部编版高中历史教材《中外历史纲要》等内容绘制表2，给出具体的课程建议，或可为馆校融合教学提供一定的教学参考。

表2　淮安地区人物类场馆与高中历史学科教学融合参考建议

历史人物	相关场馆	对应教材章节主题	课程资源教学建议
韩　信	韩侯祠、漂母祠、韩侯故里	西汉与东汉——统一多民族封建国家的巩固	韩信为汉初三杰之一，是楚汉战争时期的重要历史人物，涉及知识点有汉初“汉承秦制”，推行郡国并行制等；通过实境感悟，讲述韩信在淮安的历史典故，如胯下之辱、一饭千金等。充分挖掘课程教育资源，让学生体会历史人物的优秀品质。

续表

历史人物	相关场馆	对应教材章节主题	课程资源教学建议
梁红玉	梁红玉祠	两宋的政治和军事——南宋的偏安	可由淮安名菜——开洋蒲菜引入教学，淮安民间又称蒲菜为“抗金菜”；位于淮安区的梁红玉祠两旁擎柱上挂着一副长达 54 字的泥金对联：青眼识英雄，寒素何嫌？忆当年北虏鸱张，桴鼓亲操，半壁山河延宋祚；红颜摧大敌，须眉有愧！看此日东风浩荡，崇祠重整，千秋令誉仰淮壖。可带领学生通过实地感悟，提升家国情怀。
吴承恩	吴承恩故居	明至清中叶的经济与文化	明清小说四大名著中有三部与淮安有关联，分别是施耐庵、罗贯中在宋元话本基础上创作的《水浒传》和《三国志通俗演义》以及明中期吴承恩的《西游记》神话小说。可通过参观明代风格的古典园林建筑群吴承恩故居及苏北名居施耐庵著书处了解明至清中叶的经济与文化。
施耐庵	施耐庵著书处（修建中）		
刘　鹗	刘鹗故居	选择性必修三：文化的传承与保护	刘鹗涉猎广泛，著有晚清四大谴责小说之一的《老残游记》，出版了我国第一部著录甲骨文的著作《铁云藏龟》等，他的研究对罗振玉、王国维等甲骨文研究大家产生重要影响，可通过实地考察了解有关文化的传承与保护知识。
吴鞠通	吴鞠通中医馆	选择性必修二：历史上的疫病与医学成就	吴鞠通是著名的中医温病大师，以擅长治疗急性发热性疾病而举世闻名，著有《温病条辨》一书，标志着温病学作为一个学派正式形成，是中医学发展史上的里程碑事件。通过实地参观感受浓郁的中医文化氛围，进一步了解历史上的疫病与医学成就。
沈　坤	沈坤状元府	从明朝建立到清军入关	沈坤与吴承恩是近邻和同窗好友，明嘉靖二十年（1541 年）考中状元，是淮安地区的第一位状元；丁忧期间，还变卖家产组建状元兵击溃了进犯淮安的倭寇。通过在沈坤状元府的实地参观学习可了解中国古代的科举制和明代的沿海形势。

续表

历史人物	相关场馆	对应教材章节主题	课程资源教学建议
关天培	关天培祠	两次鸦片战争	关天培是虎门销烟的功臣、抗击英军的名将，通过祠内牌匾、挽联等的讲述感受其坚决捍卫国家主权、壮烈殉国的民族气概。
周恩来	周恩来故居、周恩来童年读书旧址、周恩来纪念馆	中国共产党成立与新民主主义革命的兴起；中华民族的抗日战争和人民解放战争；中华人民共和国成立和社会主义革命与建设	作为周恩来的诞生地，淮安周恩来纪念场所各具特色，互为补充，形成“周家、周塾、周馆”完整的纪念性系列景区，通过丰富的历史照片、历史影像以及大量珍贵的文物与文献资料，全方位展现周恩来光辉的一生。这里不仅是一份极其珍贵、丰富的历史文化遗产，更是学习周恩来崇高品质、传承红色基因的精神家园。
张纯如	张纯如纪念馆	中华民族的抗日战争	张纯如纪念馆是世界上首家全景式展示历史学家、作家张纯如一生业绩的专题馆。一份份翔实的资料、一段段珍贵的视频，生动地还原了张纯如思考、创作、撰写《南京大屠杀》书稿的过程。可通过展览参观揭开那段惨痛的历史，教育学生勿忘国耻、珍爱和平。

在全新的大教育背景下，随着新课程改革的深入开展，馆校合作的研学教育模式越来越受到重视。近年来，淮安文博、教育等部门进行了积极有益的探索和实践，淮安各中小学校也逐步重视将人物类场馆融入学校的教育教学，不定期地组织研学活动。如淮阴中学开设“周恩来与文物保护”专题研学课，实境探讨什么是文物、怎样保护和利用文物等问题，并深入了解周恩来总理在不同历史时期为文物保护工作作出的巨大贡献，并以“对文物的修复是保护还是破坏”为辩题的辩论会进一步引发学生思考，在领略伟人远见卓识的同时进一步激发爱国热情。北京师范大学淮安学校组织学生走进周恩来纪念馆，开设“你是这样的人——寻伟人足迹，立报国之志”研学课，以史料解构和学思融合的方式，带领学生去认知“一位伟人”、感悟“一种品格”、仰慕“一种理想”、体味“一种精神”、坚守“一份责任”，在徜徉历史中追慕伟人风

范，在感悟时代里共铸家国情怀。

四、推动人物类场馆与学校教育有机融合的策略与思考

人物类场馆资源课程化，应该成为场馆、学校和教师三方合作的一个重大课题。场馆有资源、学校有需求、教师有愿望；场馆文物需要活起来、学校教育需要多样化、教师教学需要转变方式。如何有效推动校馆合作共建，实现学校教育与场馆文化资源的有机融合，是需要着力解决的问题。结合淮安本地馆校合作现状，我们就推动淮安人物类场馆与学校教育有机融合的策略提出如下建议：

（一）强化保障，构建合作机制

淮安市运用人物类场馆资源开发学校课程的实践还处于起步阶段。学校对人物类场馆而言，犹如“最熟悉的陌生人”。所谓熟悉，指学生是场馆的一大目标观众，学校更多扮演消费者角色；所谓陌生，则指现有学生利用场馆的模式往往局限于参观，馆方对学情了解不够，也未充分研究。其中一个重要的原因在于馆校之间缺乏有效的对接协调机制，大部分情况下多为单方面运行，另一方予以配合。人物类场馆与学校分属不同的体系，为促进学校与人物类场馆的合作，实现学校教育与场馆文化资源的融合，需要构建完善的馆校合作制度，为双方教育的开展提供机制保障。

首先，从建立常态化沟通协调部门，政府相关部门需提供资金、政策扶持，为馆校合作提供咨询、协调、后勤保障等方面的服务。可由市教育局、市文化广电和旅游局、市文物局签订战略合作框架协议，建立长期合作工作机制，在馆校资源整合、人才培养等方面进行合作。各中小学校与包括人物类场馆在内的博物馆签订合作协议，建立长期稳定的合作模式。

其次，构建教师共同体。人物类场馆资源的开发和利用离不开教师指导团队。团队由学校教师、人物类场馆的宣教人员以及志愿者共同组成。教师与人物类场馆宣教人员共同研发校本课程，利用人物类场馆资源进行教育教学。

最后，凝聚社会力量。稳定有序的馆校合作机制应是家庭、学校、场馆三方共同配合的结果，但是家庭一方常常被忽视，家庭资源的调动和配合是馆校合作有序开展的重要前提。学校及各类场馆应加大宣传力度，引导家长、社会公众等社会力量，共同构建全民教育的环境。此外，馆校合作还可以进一步协同高校以及更多专业组织、非营利性组织等，为场馆有充足的经费、专业的人员以及灵活多样的教育项目提供保障，以满足不同年龄学生参观、体验等个性化学习需求以及各级各类学校开展课后服务、研学实践、教师培训等需求。

（二）更新观念，开发课程内容

人物类场馆传统的教育形式以展览参观为主，但不同人物类场馆的展览方式、藏品类型及适用对象有着较大的差异。因此，人物类场馆资源的开发利用要具有针对性和目的性，采取多样化的方式，创新教育形式。在淮安市人物类场馆课程资源的开发中，统筹安排，根据不同的教学任务以及不同阶段的学生特点，结合具体的学段、学科，进行有目的、有针对性的应用，引导学生主动参与学习和探究活动。

首先，人物类场馆课程资源要与学科教育紧密联系。学科课程是学校教育中较为全面、完整、系统的教育体系，将人物类场馆课程资源深度融入学科课程中，能够最大化地发挥场馆资源优势作用。但要注意人物类场馆教育资源的开发要贴合课程标准，达成学校教育的扩充和延伸，要针对不同学段、学科进行分化设计。

其次，举办人物类场馆资源专题教育活动。在学科融合资源的基础上，可结合淮安人物类场馆的实际特点开展教育专题活动，例如地域文化红色主题教育、名人家教家风主题教育等。

第三，围绕展品进行一系列延伸教育和拓展服务。人物类场馆的教育活动多以展览展品为中心，许多实物展品具有很强的教育性、科学性和直观性，能够充分激发学生的求知欲。基于此类展品资源研发与教学内容相契合的教育资源，让学生在实境中开展探究式学习；同时，结合数字化多媒体的运用，丰富馆校合作的形式和扩大活动空间。如，沈坤状元府将历史人物以三维动态体验等数字化形式呈现，丰富学生的感官体验，并设置游戏互动区介绍历史人物生平和重要历史贡献，相较于PPT灌输式讲解更能让学生获取信息，进一步提高其分析问题、解决问题的能力等。

（三）双向奔赴，分工合作推进

课程改革要求充分发掘博物馆、图书馆等多种社会资源与自然资源。因此，学校要转变观念，结合本地资源和校情推动教育与文化的融合。学校要组织教师走进博物馆，学习和探讨包括人物类场馆在内的博物馆的教育作用，结合教育实践，选择与调动场馆资源，将其引入学校课程教学中。组织、调动教师积极开展人物类场馆的教育活动，利用各场馆的资源优势，丰富教学内容，提升教学质量。另外，人物类场馆也要进行定位调整，提升宣传教育的能力，通过成立宣教部门、培养场馆宣教研究团队等方式，与学校合作共同实现教育目标。

加强馆校合作，推进博物馆，特别是人物类场馆融入教育体系，并非一时一域的探索，其必将成为构建家庭、学校、社会协同育人机制的重要支撑以及学校教育的有益补充，切实促进学生全面发展。

（张翔雯，周恩来故居管理处馆员
纪以干，北京师范大学淮安学校中教一级教师）

文旅与创新

保护利用好红色资源
担负起新的文化使命

——武汉革命博物馆与文旅融合

肖诗静

武汉革命博物馆始终围绕党的初心教育不断探索，把讲好红色故事传承好红色基因作为使命。近年来，武汉革命博物馆高度重视构建文化和旅游资源共享、互为支持、共同提升、共同发展的新格局。在宣教模式、策展内容、文物保护和培育志愿者等方面都得到显著提升。我们要把党的历史学习好、总结好，把党的成功经验传承好、发扬好，让广大党员干部和人民群众在重温党的光辉历史中汲取宝贵经验和精神力量，做到学史明理、学史增信、学史崇德、学史力行。红色，是中国共产党的底色，也是中国梦的底色，是革命博物馆的底色。武汉革命博物馆也将继续弘扬红色文化，传承红色基因，将博物馆打造成为新时代红色文化的新高地，担负起新的文化使命。

党的二十大报告提出，坚持以文塑旅、以旅彰文，推进文化和旅游深度融合发展，充分体现了以习近平同志为核心的党中央对文化建设和旅游发展的高度重视。在 2023 年 6 月召开的文化传承发展座谈会上，习近平总书记指出，党的十八大以来，党中央在领导党和人民推进治国理政的实践中，把文化建设摆在全局工作的重要位置。经过这些年的不懈努力，文化传承发展呈现出新的气象、开创了新的局面，社会主义文化强国建设迈出坚实步伐。

红色文化是我们党艰辛而辉煌的奋斗历程的见证，是党的百年奋斗史最鲜活生动的历史教材，是具有鲜明中国特色的文化形态、文化现象，为形象说明、生动诠释“中国共产党为什么能，中国特色社会主义为什么好，归根到底是马克思主义行，是中国化时代化的马克思主义行”提供了可看可感可信的文化视角、体验场景和实物证明。革命文物承载着党和人民英勇奋斗的光荣历史，记载着中国革命的伟大历程和感人事迹，是党和国家的宝贵财富，是弘扬革命传统和革命文化、加强社会主义精神文明建设、激发爱国热情、振奋民族精神的生动教材。红色旅游蓬勃发展，彰显红色文化强大的吸引力、感染力和影响力，体现广大人民群众听党话、跟党走、感恩奋进的真挚情感和思想自觉，是高度历史自信、文化自信的直接体现和时代表达。

习近平总书记始终高度重视革命文物的保护利用工作，多次强调“要把红色资源利用好、把红色传统发扬好、把红色基因传承好”。党的二十大闭幕不到一周，习近平总书记带领中共中央政治局常委专程从北京前往陕西延安，瞻仰延安革命纪念地，重温革命战争时期党中央在延安的峥嵘岁月，缅怀老一辈革命家的丰功伟绩，宣示新一届中央领导集体赓续红色血脉、传承奋斗精神，在新的赶考之路上向历史和人民交出新的优异答卷的坚定信念。

在武昌黄鹤楼下，距离户部巷北边的不远处，有一条长 417 米的青石小路，它就是武昌都府堤，也被称为“中国第一红街”。都府堤原是清朝修筑在武昌古城司湖边的堤坝，由于靠近都察院御史府的衙门，晚清又逐渐沿堤形成居民区，就此命名为都府堤大街。尽管只有短短几百米，都府堤大街却并不简单。这条街由南至北，拥有武昌中央农民运动讲习所、毛泽东旧居、中共五大会址纪念馆、起义门、中国共产党纪律建设历史陈列展五处红色旅游经典景区。它们都是武汉革命博物馆下辖的革命旧址和红色场馆。

武汉革命博物馆为国家一级博物馆、全国重点文物保护单位、全国爱国主义教育示范基地、全国廉政教育基地、全国百个红色旅游经典景区，年接待观众 223 万人次以上，每年举办、引进、输出展览 10 多个，举办社教活动 50 余次。已成为征集、收藏、保护、研究武汉地区近现代文物、革命文物、党史文物和展示大革命史、中共党史及重大历史事件的综合性博物馆，更是大革命史和武汉地区党史的研究中心。是武汉地区红色景点最多、内涵最丰富、资源保护最早、知名度最高的红色旅游资源富集区，已成为全面从严治党的圣地、纪律教育的基地和红色旅游的胜地。

武汉革命博物馆始终围绕党的初心教育不断探索，把讲好红色故事传承好红色基因作为使命。近年来，武汉革命博物馆高度重视构建文化和旅游资源共享、互为支持、共同提升、共同发展的新格局。具体表现在如下四个方面：

一、创新探索红色文化宣传途径

国务院办公厅 2021 年 11 月印发的《“十四五”文物保护和科技创新规划》指出，要加大革命文物保护力度，提升革命文物展示水平，强化革命文物研究阐释，拓展革命文物运用方式。为此，武汉革命博物馆积极展开探索，进行文化传统业态向沉浸式文旅融合新方向转型的全新尝试，实现展览内容和展览形式相得益彰，增强代入感、沉浸感、愉悦感，促进革命文化的广泛深入传播。武汉革命博物馆借助志愿者资源，结合讲、演、展等多种艺术形式，精心打造湖北省首部博物馆沉浸式思政课“武汉 1927”。该课程根据不同场馆分为“历史的回望”“最后的团聚”“庄严的宣誓”《监委主席王荷波》四幕剧。上线以后，好评如潮，已累计开展线上线下活动百余场，受益观众达 3 000 余万人次，获湖北省志愿服务项目大赛“金奖”、武汉市“十佳志愿服务项目”等多项荣誉。

武汉革命博物馆还在各种社会活动中传承红色革命精神。为庆祝中国共产党成立 100 周年，深入开展党史学习教育，在文化和旅游部举办的“百名红色讲解员讲百年党史”宣讲活动中我馆讲解员成功入选。2021 年 4 月 2 日，“江城读书节红色阅读季”武昌区分会场“武昌大讲堂——红巷爷爷讲党史”阅读推广活动在武昌红巷拉开序幕，“红巷爷爷”是居住在红巷附近的一批退休老干部、老党员自发组成的讲解队，向全国各地的游客讲述红巷一带的风土人情、历史故事。“身处这片红色街区，把红色基因传承下去，把红巷文化传播出去，是我们的责任和义务!”这是“红巷爷爷”成员共同的心声。本次活动旨在探寻红色景点、挖掘红色故事、推广红色阅读，庆祝党成立一百周年。

二、打造红色精品展陈

武汉革命博物馆始终坚持把实施革命文物陈列展览精品工程作为一项长期的系统性工作来抓，在重大节庆日、纪念日等重要时间节点推出一系列革命文物陈列展览精品，讲好党的故事、革命的故事、英雄的故事。

2021 年 6 月 16 日，经过近半年的紧张施工，武汉革命博物馆全新升级的“紧急时期的艰难探索——中国共产党第五次全国代表大会历史陈列”与观众见面。2007 年 11 月，中共五大会址纪念馆建成开放，十余年间累计接待海内外观众近 2 000 万人次，已成为武汉市一张亮丽的红色文化名片。近年来，随着党史研究的不断深入，越来越多的珍贵史料和文物相继被发现，无论是对展览内容、表现形式还是对观众服务都提出了更高的要求。此次改陈展示面积从 660 平方米增加到 1 100 平方米，展出历史图片 300 余幅，上展文物资料 180 余件/套，其中珍贵文物 29 件。原展览中因展线不足而无法详尽展现的五大会议代表等重点展项有了更大的展示空间，能更完整地诠释展览主题。展览既依托旧址办展，增强年代代入感，又在形式设计上运用全新思维，通过雕塑、场景、微缩景观、多媒体、艺术品、VR、AR 等多维度展示手法的综合运用，提升艺术表现力和感染力，达到最佳观展效果，增强观众沉浸式观展的体验感和参与感。展览被中宣部和国家文物局评为“庆祝中国共产党成立 100 周年精品展览”。

2023 年 5 月 18 日，国家文物局在国际博物馆日中国主会场福建公布 2023 年度“弘扬中华优秀传统文化、培育社会主义核心价值观”主题展览推介名单，武汉革命博物馆“信仰铸忠魂——中国共产党首届中央监察委员会成员专题展”入选。

“信仰铸忠魂——中国共产党首届中央监察委员会成员专题展”是武汉革命博物馆对原有首届中央监委成员生平展的全新升级，展览回顾首届中央监委成员的历史功绩，共展出历史图片200余幅，实物30余件，彰显革命先烈对革命事业的赤胆忠心。展览注重从“新”出发，在内容和形式方面均有重大突破，有力印证“红色江山来之不易”。为进一步弘扬英烈精神，武汉革命博物馆微信公众号推出“首届中央监委成员巡礼”栏目，全面讲述首届中央监委10名成员的革命事迹。同时，武汉革命博物馆还以巡展的方式让红色文化进学校、进社区、进乡村、进企业、进景区，丰富群众文化生活，激励群众为实现中华民族伟大复兴中国梦贡献力量，让红色基因代代传承。

三、加强革命文物保护工程

湖北是中国近代革命的核心区域之一，革命文物资源非常丰富。近年来，在全国第三次文物普查、第一次可移动文物普查以及湖北省革命文物调查工作基础上，湖北对全省革命文物资源进行全面梳理、实地调研和保护状况排查，实现全省革命文物资源数量准确、现状清楚、问题清晰，建立全省革命文物资源信息台账，为全省革命文物保护好、管理好、利用好奠定基础。自2020年以来，湖北已先后开展两批革命文物名录的核定公布工作，共公布不可移动革命文物1 597处，占湖北省不可移动革命文物总数的90%。武汉革命博物馆藏1937年抗敌协会“誓雪国耻”木匾等文物入选。

武汉革命博物馆以两批革命文物名录公布的契机，坚持“保护第一、加强管理、挖掘价值、有效利用、让文物活起来”的工作方针，着力夯实革命文物保护利用基础工作，改善革命文物尤其是低级别文物保护状况；深化革命文物研究阐述，将价值较高的未定级不可移动文物遴选推荐公布为保护文物；加强革命文物展示利用，传承红色文化，弘扬革命精神。

为充分保护好、利用好馆藏革命史料，发挥其在研究、展览、教育中的重大作用，博物馆派专业技术人员参与古籍修复技艺培训班学习，并遴选一批珍贵的档案文献史料，策划“抗美援朝历史文献”这一选题成功申报入选湖北省历史文献修复项目，是湖北省文博系统唯一一家成功入选单位。博物馆以此为契机，全面推动馆藏纸质文物保护，从硬件、软件两方面提升修复技术创新研究，培养修复技艺人才，注重理论成果转化及应用。依托该项目，与湖北省图书馆合作举办“妙手书医巧补天——湖北省古籍修复技艺展”，展示古籍修复技艺、湖北省古籍修复成果，以及博物馆近年来修复工作的破冰起航。为了让观众更好地了解古籍修复技艺，武汉革命博物馆依托展览举办互动体验活动。活动按照传统技艺分为古法造纸、装帧、拓印三个区域，让观众在亲身实践的过程中感受博物馆文物修复的魅力。

近年来，武汉革命博物馆以科技赋能馆藏资源管理和数字化利用，启动藏品信息综合管理系统建设、智慧博物馆综合服务平台建设。在革命文物保护方面，创新博物馆藏品管理服务模式，做好新入藏文物的信息采集、录入工作，建立文物数字账本，对既有的馆藏文物资料分期分批次做好文物信息化、数字化工作。下一步，拟实现对馆藏革命文物智慧管理、保护和展示，全面提升文物数字化保护和展示水平，为文物数字化修复、文物历史研究、文物展示等提供数字基础和平台。

四、拓展红色志愿者团队

新时代大学生作为堪当民族复兴大任、全面建设社会主义现代化国家的接力者，加强其理想信念教育必要且重要。红色文化是中国共产党在推进马克思主义中国化的进程中创造的先进文化，凝聚了党的奋斗历程、凝结了党的建设经验、蕴含了党的优良作风。因此，应充分利用红色文化助力新时代大学生理想信念教育。将红色文化蕴含的精神内涵融入对大学生的教学实践。

武汉革命博物馆自 2008 年起招募大学生志愿者，已形成一套完整的管理体系，建成一支具备一定规模的志愿者队伍。每年组织大学生志愿者培训，包括岗前培训、讲解观摩和活动观摩等内容，年底还会进行年度志愿者结业暨“十佳志愿者”评选活动。全馆志愿者注册总人数达900人，占全馆讲解总批次的12%，观众满意度保持100%。至2023年，博物馆志愿者团队已经坚持15个春秋。志愿者始终坚持“奉献、友爱、互助、进步”的志愿精神，依托博物馆丰富的革命遗存，秉承着“讲好武汉故事，传播革命精神”的理念服务公众，无论严寒酷暑，坚持参与日常导览咨询、文明参观引导、展览讲解等各类公众服务。他们耐心细致的讲解、热情周到的服务，获得无数观众的好评。志愿者团队已成为博物馆传承红色基因、传播红色文化的重要力量。

在武汉革命博物馆开展的特色活动中都可以看到志愿者的身影。他们先后走进武汉市中心城区优质校、普通校和进城务工人员子女校，新城区乡村校、留守儿童学校，以及新疆内地高中班、西藏中学等民族学校，受到同学和老师的一致好评。在“我们的节日”系列活动中，志愿者自己动手制作PPT、自主编排节目，向孩子们讲述传统文化，带领孩子们领略传统文化的魅力。在学雷锋纪念日，他们联合武汉旅游志愿服务队开展“精准扶贫畅游武汉”活动，带领蔡甸区土东村的精准扶贫贫困户50余人参观我馆……

武汉的高校也频频和我馆合作开展红色教育。武汉商学院思政课部与武汉革命博物馆共建“革命传统教育基地”，该院还开设人才改革试点班——“马克思主义经典原著学习兴趣班”传承红色文化。中南财经政法大学思想政治理论课实践教学基地也在博物馆挂牌。博物馆与湖北省社会主义学院签署合作协议，共建实践教学基地，双方将在现场教学、实践调研、人才培养、学术研究等方面开展深度合作，充分利用好双方的优势资源，用优秀的历史教育人，用红色的文化感动人，不断提升理论研究水平和社会教育水平。博物馆和高校发挥好各自优势，共同打造一个优质的社会教育和学习实践的平台。

每一个红色场馆都是一个常学常新的生动课堂，蕴含着丰富的政治智慧和道德滋养。红色文化可以引导大学生树立正确的价值取向。在多元文化思潮的冲击下，历史虚无主义等不良思潮给大学生的思想造成极大负面影响。红色文化凝聚着中国共产党人立党为公、一心为民、百折不挠、自强不息等优秀品质，具有强大精神感染力，是帮助大学生树立正确价值取向的有效资源。习近平总书记 2021 年 4 月 19 日在清华大学考察时强调：“要锤炼品德，自觉树立和践行社会主义核心价值观，自觉用中华优秀传统文化、革命文化、社会主义先进文化培根铸魂、启智润心，加强道德修养，明辨是非曲直，增强自我定力，矢志追求更有高度、更有境界、更有品位的人生。”我们正处于实现民族伟大复兴的关键期，要用好红色文化，强化大学生的优良作风教育，提升大学生迎难而上、艰苦奋斗的作风，培养大学生务实担当、敢闯敢干的品格，让新时代大学生有效应对挑战、抵御风险，并在其中提振精神、勇于担当、积极作为，在党的领导下书写出无愧于时代、无愧于人民的青春华章。

在扎实推进中华民族现代文明和社会主义文化强国建设、推进文旅深度融合发展的时代背景下，需要更加深刻认识红色文化传承与红色旅游发展之间的互动关系，进一步在资源挖掘、形式创新、有效传播上下功夫，以红色旅游高质量发展促进红色文化高水平活化利用，让红色文化与红色旅游相得益彰。要坚持高质量发展，推进旅游为民、发挥旅游带动作用，大力发展大众旅游、智慧旅游、绿色旅游、文明旅游。要坚持以文塑旅、以旅彰文，推动文化和旅游在更广范围、更深层次、更高水平上深度融合。

武汉革命博物馆将认真贯彻党的二十大精神，以习近平新时代中国特色社会主义思想为引领，全面贯彻落实全国文物工作会议精神，按照新时代文物工作方针要求，不断夯实革命文物工作基础，深入研究阐释革命文物内涵，统筹实施革命文物保护项目，不断拓展革命博物馆的教育功能，打造更多主题突出、导向鲜明、内涵丰富的精品展览，让革命文物真正活起来，奋力推进革命博物馆事业高质量发展。

（肖诗静，武汉革命博物馆副研究馆员）

让人物类场馆更好助推文旅融合的一些探索与思考

——以周恩来纪念馆和故居为视角

王　健

随着社会发展和人民精神生活的需要，在党和国家的重视之下，一大批人物类场馆得以建立和发展，发挥着见证历史、记录时代、传播先进文化、弘扬社会主义核心价值观的重要作用。在文旅融合的大背景下，人物类场馆也是旅游资源的组成部分，是旅游者的目的地之一，因此人物类场馆与旅游有着密不可分的联系。江苏淮安周恩来纪念馆和故居，是重要的文化和旅游资源，2015 年淮安周恩来故里成功申报国家 5A 级旅游景区，为人物类场馆助推文旅融合提供了成功案例，充分发挥了人物类场馆旅游资源的作用。

一、人物类场馆助推文旅融合的重要性

随着人物类场馆日益成为文旅融合发展的前沿阵地和重要领域，科学认识人物类场馆助推文化旅游融合的重要性，对实现人物类场馆事业高质量发展、促进地方经济社会发展都具有重要的现实意义。

（一）人物类场馆助推文旅融合是顺应时代发展需要

党的十八大以来，以习近平同志为核心的党中央，准确把握文化产业和旅游产业密不可分的关系，坚持以文塑旅、以旅彰文，推动文化和旅游融合发展。全国各地的博物馆相继实施免费开放。2018 年文化和

旅游部组建以来，全面统筹旅游工作已上升为国家战略，标志着我国文旅融合正式迈入了新阶段。这说明文化事业和文化产业的融合将会日益紧密，旅游业发展进入注重人文感受的更高阶段，文化传播达到新的高度。与此同时，人物类场馆是公共文化服务的重要窗口单位，也是旅游行业的重点参观对象，在文旅融合背景下，人物类场馆的文化旅游功能将越来越重要，文化旅游价值进一步凸显。其实，到人物类场馆旅游并非文旅融合时代出现的新命题，早在20世纪下半叶以来，现代博物馆的社会职能发生了深刻变革，“旅游、教育”逐渐成为与“收藏、研究、展示”等传统职能同等重要的现代职能。人物场馆不再仅仅是文化遗产保护、公共文化服务机构，同时也成为满足社会大众旅游文化产品消费需求的生产者、国民终身教育需求的提供者。

（二）人物类场馆助推文旅融合是打造城市“文化地标”的需要

随着城市化进程不断推进，历史人文遗存是彰显城市特色、提高城市知名度、提升城市品位的有效载体，而人物类场馆是触摸历史的“活化石”，具有独特的文化底蕴和精神魅力，对一个地方的文化的构建与传承具有重要作用。人物类场馆是城市的宝贵遗产，承载着浓厚的人文历史文化，是一个地方的特殊精神印迹，是人们引以为傲的文化资本。在城市化建设提速推进的背景下，应做好名人故居的保护工作，留住城市的人文生态和历史记忆，将其打造为城市的“文化地标”，并融入城市文化体系建设，推动地方文旅事业的发展。比如，淮安周恩来故里景区就成为淮安一张文化名片。

（三）人物类场馆助推文旅融合是推进文旅高质量发展的需要

推动旅游业高质量发展行稳致远，更好地服务美好生活、促进经济发展、构筑精神家园，需要不断地创新和发展。文旅融合背景下，人物类场馆旅游将不再拘泥于传统模式，而是掀起席卷整个人物类场馆领域的时代浪潮，推动场馆资源整合与效能提升，提高文化产品和服务供给质量，满足人们多样化、个性化的文化需要。文旅融合，将大大拓展文旅产业的广度和深度，助推文化旅游市场秩序规范化。场馆与文旅融合，使过去场馆的观众转变成了全域旅游游客，无论是场馆还是旅游景区，都要更加突出服务意识、市场意识、全局意识，以更广阔的视野和途径拓展游客来源、丰富服务内容等，成为文化价值体验十足的全域旅游窗口。

二、人物类场馆助推文旅融合存在的问题

尽管人物类场馆助推文旅融合十分重要，但从宏观上看，一些地方场馆与地方文旅的融合还存在融合不深、投入不足、人才匮乏，配套不全、后劲不足等情况。

（一）融合不深，包装不足

无论是旅游总体规划、景区建设，还是要素配套，都存在着“拉郎配”式的硬伤，没有做到文旅有机融合，文化内涵没有得到应有的彰显，景区品质没有得到有效提升，旅游产品没有得到很好开发，旅游服务没有得到明显改善，难以满足游客对旅游产品个性化、体验化、情感化、休闲化的需求。一些地方虽然制定了《旅游发展规划》，也出台了加快发展服务业，促进文化与旅游融合发展的相关文件，但缺乏全域文化旅游发展的统一规划，目标性、创意性、可操作性不强，比如淮安的刘鹗故居、关天培祠堂等人物类场馆还存在景区旅游规划起点低、标准不高、专业性不强等情况，与旅游市场的需求融合不够紧密，对卖点的包装不够突出。

（二）投入不足，人才匮乏

文化旅游产业涉及第一二三产、农文旅商城等各个方面，需要大量的资金投入。而目前人物类场馆旅游发展的资金主要来自政府，民营资本很少介入，招商引资亦难以找到你情我愿的合作伙伴，融资渠道较为单一，这在一定程度上制约了文化旅游业的长远发展。随着人物类场馆游客承载量不断增大，文博专业人才紧缺更加突出。文博讲解员待遇低，流失严重，现有的人员编制远不能匹配现有的工作需求。同时，随着服务空间的扩大、功能的增加、文化活动的增多等，有越来越多的观众前来参观，亟须引入文物科技保护、博物馆学、历史学、考古学、文物修复、信息自动化、消防安防等方面的专业人才，以保证场馆的正常运转，从而为参观群众提供更优质的服务。

（三）配套不全，后劲不足

一些地区旅游交通网络没有形成，景区景点缺乏有效关联。旅游接待能力不强，服务水平不高，景区旅游配套设施不完善，要素残缺不全，特别是旅游公厕、停车场等设施还没有配套到位。一些人物类场馆由于规模小、级别低，又缺乏营销和文化宣传手段，其跨区域影响力和吸引力不大，发展后劲不足。

三、让人物类场馆助推文旅融合的主要路径——周恩来纪念馆和故居的实践经验

（一）从文化认同的高度来助推文旅融合

一要增强历史自信。坚定历史自信，是我们党在深刻总结百年奋斗重大成就和历史经验的基础上提出的重要论断。一个没有历史记忆的民族难以自立自强，一个没有文化支撑的城市难以持续发展。周恩来身上所体现出来的历史担当、民族情怀和家国责任，以及他与淮安这座古城之间割舍不断的深厚情缘，展现出了深厚的历史底蕴。作为全国爱国主义教育示范基地和旅游胜地，在促进文旅融合的过程中，周恩来纪念馆和故居始终自觉把周恩来的崇高品格作为一种内在追求、精神激励、行动指南，不断增强对自身历史价值的认同感和自豪感，将周恩来的崇高精神风范化为前进动力，从全方位、多角度发力，推动红色文化和旅游深度融合发展。二要强化文化自觉。增强文化自觉，关键要把握文化的历史性、实践性和人民性。周恩来纪念馆和故居立足于丰富的馆藏资源，深入挖掘其背后的历史内涵和精神实质，从文物藏品中发现文化基因，从文化基因中汲取智慧营养，打造具有鲜明特色的文化品牌。同时，借助现代科技手段，创新表达方式，用鲜活的语言讲述文物故事，努力提升文化传播的影响力，讲好中国故事，传播好中国声音。三要坚定文化自强。随着我国社会主要矛盾转化为人民日益增长的美好生活需要和不平衡不充分的发展之间的矛盾，人民群众对于文化的需求已经不再仅仅停留在观赏层面，而是更加注重精神享受和文化熏陶。在这种情况下，我们应顺应时代发展的潮流，不断推进文化事业和文化产业发

展，逐步形成覆盖城乡的现代公共文化服务体系，不断满足人民群众多层次、多样化的精神文化需求[1]。与此同时，还应该大力培育新的文化业态和文化消费模式，推动文化旅游融合发展，让人民群众共享文化改革发展成果。

（二）从深挖红色资源的角度来助推文旅融合

一是深挖馆藏资源。馆藏文物是人物类场馆的核心资源，也是其核心竞争力所在。作为目前国内规模最大的展示周恩来光辉一生的综合性场馆，周恩来纪念馆共拥有文物、音像资料、报刊等各类藏品 41 207 件。1 453 件文物中，具有国家一级文物 76 件、二级文物 137 件、三级文物 494 件。周恩来在迎接尼克松时所穿的那件毛呢大衣、CA770 红旗轿车、2758 号飞机、旅欧时期送给邓颖超的小银人、最后一次佩戴的“为人民服务”纪念章……这些文物真实记载了周恩来光辉的一生，展现了老一辈无产阶级革命家的卓越贡献和崇高风范，为纪念馆开展专题陈列展览提供了重要支撑。2018 年，周恩来纪念馆推出“人民总理周恩来”专题展，集中展出 550 张图片、84 组 103 件实物、274 组文献资料，运用壁式景观、垂幕环屏、沉浸式剧场、全息影像、触控展柜等展陈手段，生动地再现了周恩来同志光辉的一生。其中，60％的文物和 70％的资料为首次公开展出。此展荣获第十六届全国博物馆十大陈列展览精品优胜奖和首届江苏省博物馆陈列展览十大精品奖，吸引了众多观众前来参观学习。二是深挖社会资源。高度重视史料征集工作，长期与周恩来的亲属、身边工作人员保持密切联系，通过捐赠、借展、购买等多种途径广泛征集有意义、有价值的文物、文献和影像资料。发起成立“全国周恩来纪念地联盟”，让全国 21 个省市的 36 家周恩来纪念场所联合起来。联合社会各界，举行江苏省高校红色文化协同育人暨爱国主义“行走的大思政课”等活动。联合江苏省周恩来研会围绕业界焦点举办主题学术研讨会。联合《人民日报》出版社出版《周恩来的青少年时代》

[1] 沈小芳：《文旅融合视域下智慧博物馆建设路径》，《文物鉴定与鉴赏》2024 年第 4 期。

《为中华之崛起而读书——周恩来励志故事》，探索新时代思政课的内涵与价值。主动与南京师范大学马克思主义学院、淮阴师范学院马克思主义学院等高校合作，建立战略合作关系，共同研究探讨周恩来精神弘扬、传承以及淮安红色资源的挖掘保护等课题，助推淮安文旅事业高质量发展。

（三）以打造文旅精品的广度来助推文旅融合

一是充分展示内涵，用丰富史料展现伟人风采。推出“周恩来与民盟”“周恩来与人民防空”“周恩来廉政风范图片展”“周恩来与法治”等一系列思想性、政治性、艺术性相统一的临时专题展览，让游客充分了解周恩来在各个历史时期的重要贡献和丰功伟绩。二是统筹保护与开发，探索开展沉浸式体验。例如，借助 VR 技术打造 VR 展厅，推出线上微党课、云直播等，让文物“活”起来。三是拓展文化功能，为社会大众提供高品质的精神食粮。编排《风范》《不朽的旗帜》《周恩来家风》等周恩来情景故事会，排演话剧《我认的主义一定是不变了》，推出“海棠花前——周恩来邓颖超引领新时代青年婚恋观”等沉浸式党课。以“红色基因代代传”为主题，以讲好“四个故事”为载体，全力打造研学、阅读、文艺、宣讲青少年思政“四大课堂”。

（四）以不断创新活动载体的力度来助推文旅融合

周恩来纪念馆和故居是全国爱国主义教育示范基地、国家国防教育示范基地、国家 5A 级旅游景区、全国首批“大思政课”实践教学基地、国家一级博物馆，先后获得全国文博系统先进集体、全国旅游工作先进集体、全国红色旅游先进集体、全国文明单位等荣誉。为充分发挥资源优势，周恩来纪念馆和故居围绕周恩来同志生平事迹和精神内涵，依托馆区建筑原有的丰富内涵，对五亭苑文化休闲广场进行升级改造，新建周恩来旅欧入党时期铜像和展示周恩来坚定理想信念的诗墙，打造“周恩来家风讲堂”，形成红色文化矩阵，为淮安文旅融合发展注入强劲动力。一是深化红色研学之旅，丰富游客体验感[1]。依托馆内丰富的馆

---

［1］ 韩庆圆：《人物类博物馆公共教育问题研究》，东华大学 2022 年硕士论文。

藏资源，通过专题讲解、实景还原、互动体验等多种方式，将红色教育与沉浸式参观完美结合，让广大党员干部汲取信仰力量，不断增强爱党爱国情怀。同时，积极引导各类企业单位、学校团体来馆开展革命传统教育，用好用活周恩来等老一辈无产阶级革命家留下的宝贵财富，推动红色研学活动持续升温。二是强化宣传推介之举，提升知名度影响力。坚持线上线下同步发力，利用微博、微信公众号等自媒体平台，实时发布重要信息、动态，解读红色文化内涵；开通“周恩来纪念馆”学习强国号，这也是淮安市开通的首个学习强国号，上线后阅读量已突破400万人次；同时，加强与省内外主流媒体合作，通过拍摄专题片、制作微视频、开设专栏等，全方位、多角度、立体化展现周恩来崇高精神和光辉业绩，扩大红色品牌的社会影响。三是探索文创产业发展，释放市场消费潜力[1]。充分挖掘伟人故里这张城市名片，加大文创产品开发力度，丰富产品种类，形成具有地方特色的文创产品体系，深受各年龄段游客的喜爱。周恩来故居依托展陈内容和红色文化元素，组建“驸马巷7号文创设计中心”工作组，先后推出“大鸾腾飞的地方”“周恩来家风”“天长地久”等主题文创产品20余种；周恩来纪念馆配合“人民总理周恩来”展览，开发了四大系列34种文创产品，主要有水晶内雕像、铜像、丝巾、瓷器、邮册、金银纪念章、雕盘、镇纸、书签、福寿织锦、购物袋、食品、矿泉水等。

（五）以提高文旅品牌的知名度来助推文旅融合

一是主动对接当地文旅部门，借助本地红色旅游资源，发挥自身优势。如在场馆预约、门票销售等方面与淮安楚韵文旅集团建立合作关系，形成优势互补共赢的良好局面。二是加强与当地教育部门的合作，整合现有红色资源，将场馆变教室。如开展“周恩来班精英学子修学团”等研学活动，让学生近距离感受红色文化；策划“红色基因代代传——纪念馆里的思政课”观摩活动，大中小学生走进陈列馆讲述“为

---

[1]《利用红色资源发扬红色传统传承红色基因——天津市周恩来邓颖超纪念馆红色旅游发展典型案例》，《中国经贸导刊》2021年第14期。

中华之崛起而读书”、南开岁月的“五个不虚度”等红色故事，让青少年从听众转为讲述者，将红色基因的强大凝聚力内化于心，将“为中华之崛起而读书”的志向外化于行。三是加强与媒体合作，扩大宣传效果。与《新华日报》社联合举办“学习楷模周恩来　践行嘱托再出发——老报纸里的光辉足迹展”仪式活动，与淮安市广电台联合开展“思念与前行——江苏省百名主播走进周恩来纪念馆”活动；邀请媒体参加周恩来纪念馆和故居开展的教育活动，对活动进行现场直播或在媒体平台转载刊发等，从而吸引更多人走进周恩来纪念馆和故居。

文化和旅游融合是时代的必然趋势，也是文化产业发展到一定阶段的客观要求。淮安市正致力打造“文旅之城”，加强文旅资源整合，培育一批有影响力、有竞争力的文旅品牌，创建更多有特色的国家级旅游休闲度假区、国家 A 级景区，让广大游客在领略淮安市独特自然风光的同时，能感受到浓厚的人文底蕴，进一步增强淮安市作为旅游目的地的吸引力。作为淮安旅游和文化品牌的周恩来纪念馆和故居，将继续以党的二十大精神为指引，进一步挖掘伟人精神的时代价值，做好文旅融合文章，助力地方文化传承和文旅事业高质量发展。

结论

人物类场馆旅游已成为文旅融合发展的前沿阵地和重要领域。从江苏淮安市周恩来纪念馆、周恩来故居助推文旅融合的契合点、切入点、发力点来看，人物类场馆有效利用文物文化资源，融入城市文化产业化的发展进程，是回应公共文化诉求、拓展城市文化新空间的重要突破口。人物类场馆不论规模大小、层级高低、体制内外，均应主动谋划助推文旅融合，将其作为新时期人物类场馆高质量发展的方向，在文旅融合实践中探索人物类场馆资源转化利用的新路径。

（王健，周恩来纪念馆馆员）

文旅视域下红色名人故居高质量发展的实现路径

——以武汉毛泽东旧居纪念馆为例

刘宇洁

习近平总书记在二十大报告中提出，推进文化自信自强，铸就社会主义文化新辉煌。随着生活水平的提高，人们对精神消费的需求不断提升。新时代红色名人故居作为重要的文化和旅游资源，在弘扬革命精神，传承红色基因方面有着重要作用，因此要大力推进红色名人故居实现高质量发展。本文以武汉毛泽东旧居纪念馆为例，尝试探讨文旅视域下红色名人故居实现高质量发展的路径。

一、文化旅游与红色名人故居

文化旅游简称文旅，指通过旅游体验各地传统文化、民俗风情，追寻文化名人遗踪，实现感知、了解、体察人类文化具体内容之目的的行为过程。文化旅游是一个包含地方产业、生态建设和文化建设等诸多领域的综合课题，其着眼点是经济，而文化则是文化旅游发展的持久动力。

名人故居作为各类杰出领袖、革命先烈、英雄模范、文化名家、历史人物等曾经生活过的居所，是一座城市引以为傲的文化资本，更是珍贵的文化旅游资源。红色名人故居，指在中国共产党领导广大人民群众反抗内外压迫、追求民族解放、进行革命战争的年代里作出过重要贡献或壮烈牺牲的共产党员、先进分子、革命先辈等曾经生活过的地方，是以故居建筑为重要载体、以红色人物为主要依托、以红色文化为核心吸引、以红色旅游为开发导向的一种特殊的文化和旅游资源。

红色名人故居作为独特的红色文化资源，是中华民族宝贵的精神财富，在弘扬民族精神、加强革命传统教育和爱国主义教育中发挥着重要的作用。深入挖掘红色名人故居的历史文化价值，不断推进红色名人故居实现高质量发展有着重要意义：一方面，可以促进红色名人故居成为开展爱国主义和理想信念教育的重要基地；另一方面，还可以推动红色文旅成为地方经济可持续发展的内生力量。从长远来看，更是推进文化自信自强，铸就社会主义文化新辉煌的重要举措。

二、武汉毛泽东旧居纪念馆的可持续发展实践

武汉毛泽东旧居纪念馆位于武昌都府堤 41 号，是毛泽东 1927 年主持农讲所工作并在武汉从事革命活动时的办公地兼居所，是当时中共中央农委所在地，也是毛泽东与杨开慧最后团聚的地方。毛泽东在这里完成了著名的《湖南农民运动考察报告》。当年在这里先后居住过的还有蔡和森、彭湃、郭亮、夏明翰、毛泽民、毛泽覃、罗哲等共产党人。

1967 年 10 月，武汉市复原武昌毛泽东旧居，隶属武昌农民运动讲习所旧址纪念馆管理。1977 年，在旧居南侧按原貌复建了当年的门面，内辟陈列馆。旧居复原重建后，曾于 1983 年和 2003 年进行保护性修缮，2001 年 6 月被国务院公布为第五批全国重点文物保护单位，现隶属武汉革命博物馆管理。党的十八大以来，为贯彻落实习近平总书记“把红色资源利用好、革命传统发扬好、红色基因传承好”的指示精神，纪念馆积极创新工作思路，探索工作方法，持续发挥红色名人故居作为红色文旅资源的独特作用。

（一）加强文物藏品征集研究

文物藏品是红色名人故居的核心要素，是举办陈列展览和开展各种社教活动的基础。自建馆以来，文物藏品征集工作被列为各项工作的重中之重。纪念馆的文物藏品种类繁多，涵盖文稿书信、图书报刊、文件宣传品、证章、生活用品、武器装备、艺术品等文物，以及题字留言、

采访资料等；藏品时代特征分明，集中体现 1927 年大革命中心的武汉的重大历史事件和重要历史人物。在做好文物征集保护的同时，专业人员加强对馆藏文物的研究，深入挖掘文物历史价值和时代价值，解读文物背后的故事。这些穿越历史时空的革命文物，坚定的理想信念，为开展研究奠定坚实的基础。

（二）精心打造精品陈列展览

展览是吸引观众、传播知识的有效手段。武汉毛泽东旧居纪念馆现展出的有毛泽东和杨开慧住过的房间，蔡和森、郭亮、毛泽民先后住过的房间等复原陈列和“毛泽东在武汉”“光辉永存——武昌毛泽东旧居人物展”辅助陈列。“毛泽东在武汉——毛泽东旧居基本陈列”运用历史照片、实物展品以及声光电等现代科技、艺术手段，以专题形式全面反映毛泽东在武汉从事革命实践，进行理论探索，深入调查研究，指导经济建设的活动，突出毛泽东对湖北乃至全国革命与建设的重要作用。“光辉永存——武昌毛泽东旧居人物展”通过历史照片、实物展品，再现 1927 年毛泽东、蔡和森、夏明翰、彭湃等革命先辈在武昌都府堤 41 号工作和生活过的情形。辅助陈列与复原陈列的完美结合，达到氛围烘托的良好效果。

（三）创新探索社教活动形式

纪念馆打造了“我在红巷讲党史”红色品牌，秉承内容、形式、宣讲者、受众、传播“五个全覆盖”理念，打破传统单一理论宣讲模式，融入音乐、舞蹈、影视、舞台剧等文艺形式，以博物馆社教人员、文艺院团专业演员和志愿者为宣讲主力，同时不断吸纳公众参与，把党的故事讲给大家听，又让大家来讲党的故事。武汉毛泽东旧居纪念馆推出的“武汉 1927——最后的团聚”沉浸式思政课，一改传统的“讲解 + 参观”模式，采用互动沉浸的方式，通过实景表演的形式，真实再现历史瞬间，将思政课这种特殊的信息传播活动变得更具吸引力，使更多游客在潜移默化中接受教育。

（四）打造全民共享服务体系

纪念馆形成以“红巷苗苗”“红巷青马”“红巷爷爷”为代表，覆盖全年龄层次的庞大志愿服务团队，广泛参与到讲解、活动、宣传等工作中，成为一道亮丽风景线。此外，精心设计的红巷书屋作为武汉首家红色书店，主要服务观众和周边市民群众。除提供图书阅览、旅游咨询等服务外，还开发有文化创意产品，将图书文创与红色旅游相结合，探索实体书店发展新模式。纪念馆相继实施绿化提升、旧址保护性修缮、“星级厕所”建设、渍水点改造等工程，并配备急救用品、轮椅、婴儿车等便民设施，为观众提供贴心舒适的旅游服务。

三、红色名人故居实现高质量发展的路径建议

党的二十大报告指出，“坚持以文塑旅、以旅彰文，推进文化和旅游深度融合发展”。在此背景下，武汉毛泽东旧居纪念馆应推动红色名人故居实现高质量发展，将红色名人故居打造成红色旅游胜地，打造成以中国共产党人精神谱系为主题的红色旅游经典景区，吸引越来越多的游客来到这里，了解革命历史、增长革命知识、学习革命斗争精神，重温那段艰苦而光辉的岁月。

（一）做好顶层设计和规划

政府部门需要制定完善的政策，加强制度保障，为红色名人故居的高质量发展提供有力的政策支持。以武汉毛泽东旧居纪念馆为例，一方面需要政府部门结合本地区的实际情况加强统筹规划，明确故居保护利用的方向和标准，部署好故居的整体设计和规划，提供执行性强的指导；另一方面，需要文化和旅游管理部门做好协调、组织工作，不断拓展故居保护利用的途径，积极推动红色旅游业发展，带动当地经济的快速发展。

（二）“以文塑旅”提升内涵

1. 深化红色文化资源的研究

不少红色名人故居在保护利用的过程中，缺乏对自身历史文化的深度挖掘，导致缺乏特色和独特魅力，在建设规划、建筑设计、产品开发上出现同质化现象，甚至在内容讲解、叙事方式上“人云亦云”。以武汉毛泽东旧居为例，除东湖外，都府堤是毛泽东在武汉居住时间最长的地方，也是毛泽东与杨开慧最后团聚的地方。因此，需要深入挖掘毛泽东

钟爱武汉的原因，展示这位伟人在江城留下的红色足迹和革命情怀，反映英雄城市在党的百年历史上的地位，与其他地方的毛泽东同志旧居区别开来，形成地域特色和品牌效应，从而推动武汉成为中部经典红色文旅线路上的核心城市。

2. 强化红色旅游产品的开发

随着红色旅游业的不断发展，产生了很多设计精良、具有较高观赏价值的旅游产品，这些产品带有较强的创意性。设计者在进行设计时，不仅注重外表精美、做工精湛，还会考虑其实用性。以武汉毛泽东旧居纪念馆为例，不少游客在游览时，常常会购买一些具有特色的旅游产品作为纪念，包括手工艺品、书籍、水杯、笔记本、雨伞等日常用品，这些产品因使用频率较高，容易对游客产生持久的影响。红色旅游景区的旅游产品以红色文化感染游客，彰显红色文化的特征，使游客获得审美和情感的双重收获。由于红色旅游产品受到群众的广泛喜爱和欢迎，纪念馆在做红色旅游产品的宣传时，可以考虑充分运用新的技术手段不断增强红色旅游产品的影响力，增加推广形式，创新推广内容，运用流行的手段，如短视频和影视作品等加大宣传力度，使红色旅游产品拥有更高的知名度和美誉度。

3. 适当运用数字化技术

数字化技术的运用，使红色名人故居的沉浸式体验感更强。不少红色名人故居存在陈列手段单一、与观众沟通缺乏亲和力的缺点。红色名人故居应顺应“互联网+”的时代趋势，适当运用激光全景复制、HDR融合、多媒体互动、VR虚拟现实等数字化技术手段，以音频、视频、模型等形式，开发全景展馆，集沉浸式漫游、虚拟讲解、文物展示、视频播放等功能于一体，在色彩、光线、声音的渲染与烘托之中，真实立体地展现名人故居的环境和文物，实现展览智慧化。游客在沉浸式体验中潜移默化地接受红色文化的熏陶。

（三）“以旅彰文”提升品质

1. 日常维护和安全检查

日常维护和安全检查是红色名人故居实现高质量发展的基础，不仅有利于故居实现全面管理，也能够带给游客良好的体验。为保护好故居，营造良好的安全环境，一方面广泛宣传，调动全社会共同参与和支持革命文物保护的积极性，确保文物保护各项工作落到实处；另一方面在经费上足额保障对名人故居的定期检查和维修，采取相应的安全保护措施，如装置避雷针、采用阻燃线、建好消防设施和防盗系统，按照文物安全防范等级标准，建好风险防范体系。在安全方面，做到“以防为主，防治结合”，确保故居文物和各项建筑设施的安全。

2. 重视环境和景观建设

周边环境是观众参观名人故居前，首先接触的是场景，它直接影响到观众对名人故居的第一印象和对名人故居的情感。对于故居的保护，绝对不能停留在故居本身的维修和保护上，尤其如武汉毛泽东旧居纪念馆这类已经开发成红色旅游景区的名人故居，要从合理利用、依法保护、加强管理的角度出发，注重名人故居本体及其人文和自然环境的可持续性整体保护与展示，从抓名人故居周边环境的整治和良好氛围的营造入手，制定专门的保护规划和管理办法，使整个名人故居周围形成一个绿树浓荫、宁静幽雅、令人赏心悦目的参观环境，以增强观众对名人故居的兴趣。

红色名人故居要吸引更多游客，就要加强红色景观建设。景观建设是红色景区的核心内容。因此，要充分挖掘文化和历史脉络，紧紧围绕主题，从软件和硬件两个方面着手，将文化融入景观设计中，建设高质量的文化景观，使红色景观历史氛围更加厚重。以武汉毛泽东旧居纪念馆为例，旧居除了 1967 年复原的建筑本体，另有毛泽东与杨开慧一家人团聚的雕塑，以及毛泽东、蔡和森和来自湖南基层工农群众探索革命去向问题的雕塑场景，将红色文化元素融入现代设计理念，改变传统单一的设计风格，新颖别致，历史氛围浓厚，成为吸引游客的热门打卡地。

3. 强化以人为本服务意识

红色名人故居要变被动服务为主动服务、单一服务为多方位服务；形成工作人员人人关注服务质量，处处提供细微服务的浓厚氛围。从人文关怀的角度入手，增加一些人性化的服务设施，如及时提供童车、拐杖、轮椅、茶水、防暑药品等。讲解上做到有求必应，力求生动形象、通俗易懂、激发观众兴趣，达到教育作用；接待上做到细致周到，实行首问责任制，耐心细致帮助观众解决各种问题。

红色名人故居需要利用地理区位优势，复刻时代的印迹，以人文情怀传承红色精神。红色名人故居在发展上多数依托红色旅游线路，这一类型的旅游需要保证其教育、纪念等活动的平衡，不能单方面重视经济效益。在线路的开发中要想方设法带动地区的发展，形成一种相互促进的良好循环。一方面，可以与学校进行密切联系与合作，为广大师生了解红色文化和革命精神，提供生动、鲜活的教育素材和实践基地，充分发挥红色名人故居作为“大思政课教育基地”的功能，让红色名人故居从过去较为单一的产品推介变为主动提供多元化服务。另一方面，还可以充分利用各类网络新媒体平台如快手、抖音、B站等与广大游客进行在线互动交流，将传统的服务模式和新型服务模式相结合，为游客提供咨询，帮助游客规划好个性化的红色旅游线路。此外，也可推动各地旅游企业与当地学校建立联系、加强合作，举办具有地域特色的红色旅游活动，让红色文化教育与红色旅游紧密结合在一起，使学生能更好地体验红色之旅，感受红色文化，传承红色基因，增强学生的民族自信心与爱国主义情怀。同时，也可积极倡导各大型企业举办红色文化体验活动，以爱国主义为主题，举行丰富多彩的党建活动，让更多的年轻人参与。

总之，红色名人故居实现高质量发展，需要以有保护、可持续、能突破为主要原则，构建多种元素的集合体，互相促进，互相补充，从细节入手，真实还原革命人物的光辉与精神，从而适应文旅深度融合的新形势，充分发挥其作为红色文旅资源的独特作用。

（刘宇洁，武汉革命博物馆馆员）

用好文化创意资源 推动纪念馆事业高质量发展

——以刘少奇同志纪念馆文创产业开发实践为例

丁月香

人物类纪念馆是为纪念杰出历史人物而建立的专题性场馆，肩负着开展爱国主义教育和革命传统教育，讲述革命历史，传承和弘扬革命精神的历史重任。人物类纪念馆有丰富的红色文化资源，蕴含着丰富的革命精神和厚重的历史文化内涵，是文创产业发展的创意来源。人物类纪念馆发展文创产业，能够进一步延伸和扩展纪念馆的教育功能，产生良好的社会效益。因此，纪念馆应深入挖掘文物文化资源，以馆藏特色打造文创主题品牌，大力发展文创产业，促进文旅融合发展，助推纪念馆事业高质量发展。

一、人物类纪念馆文创产业的发展现状

近年来，随着国家在政策上的重视与支持以及社会公众的关注与参与，国内大部分博物馆、纪念馆开始发展文创产品，并逐渐步入正轨，有的博物馆、纪念馆还取得较好的经济效益。比如故宫博物院、南京博物院、苏州博物馆、韶山毛泽东同志纪念馆等，都取得不错的成绩，探索出一条具有自身特色的文创产业发展之路。人物类纪念馆也大多加入了文创产业发展的大军，不同于综合性博物馆品种丰富、种类齐全的文

物文化资源，人物类博物馆、纪念馆发展文创产业的资源更加有限，要求更为严格，产品除了要求审美性、艺术性、实用性等一般特性外，还要求具有政治性、纪念性。从发展状态来看，很多人物类纪念馆文创产品出现创新力不足、同质化严重的问题。

（一）人物类纪念馆文创产品种类

据调查，人物类纪念馆文创产品种类主要有以下四种：一是主题人物形象类。这一类产品主要是选取主题人物的生平肖像、标准像等进行创作，或将主题人物文化元素直接印制在产品上，如全身像摆件、半身像摆件、纪念币、挂件、瓷盘摆件等。这是人物类纪念馆最常见的文创产品。二是馆藏文物复制品、仿制品或者特色建筑仿制品。选取馆藏比较有特色或文化价值的藏品进行创作，如刘少奇同志纪念馆开发的“斛桶杯”，还有模仿文物或建筑原型开发的棒棒糖、冰激凌等。三是素材再创作产品。这主要是指在深入挖掘馆藏文物背后的故事、精心提炼主题人物的思想价值基础上开发而成的产品。如上海龙华烈士纪念馆开发的“龙陵桃花”系列文化产品、毛泽东同志纪念馆开发的“奋斗少年”系列产品、刘少奇同志纪念馆开发的“修养”系列文创产品等。四是影像图书出版类产品。这一类产品主要是指以主题人物思想、生平事迹为宣传的产品。如韶山毛泽东同志纪念馆开发的《毛泽东遗物故事》DVD光碟和《毛泽东家教真迹录》、陈云纪念馆开发的读书笔记套装、刘少奇同志纪念馆开发的《刘少奇文物故事》《〈论共产党员的修养〉碑刻拓片集》等。

（二）人物类纪念馆文创产品销售模式

人物类纪念馆文创产品的销售以线下实体商店为主，设置于纪念馆内部的文创商店和展销柜台是主要的销售渠道，营销方式多为体验营销和文化营销，客户群体相对稳定，年销售额也基本保持稳中有增的发展态势。在以互联网为依托的线上销售方面相对比较薄弱，虽然部分纪念馆通过门户网站或者微信公众号建立了微商城来销售文创产品，如孙中山故居纪念馆、彭德怀纪念馆、刘少奇同志纪念馆等，但线上平台的产品种类不多、销售业绩也不乐观。还有少数纪念馆在淘宝网等第三方平台开设网店进行销售，如韶山毛泽东同志纪念馆。

（三）人物类纪念馆文创产品存在的主要问题

一是特色不明显。从纪念馆在售的文创产品来看，真正有创新力和馆藏特色的产品不多，几乎都可以看到本子、杯子、笔、胶带、冰箱贴、手提袋、T 恤类的文创产品。这些产品设计雷同，同质化比较严重，红色文化内涵挖掘不充分，没有真正体现本馆的馆藏特色与主题人物思想内涵。

二是实用性不足。有些纪念馆的文创产品是对人物形象的展示或者馆藏文物的简单复制，没有考虑到产品的实用价值，做工不够精细，收藏价值不明显，不能满足参观者的消费需求。

三是价格区间不合理。相较于综合性博物馆丰富的价格区间，人物类纪念馆 30 元以内和 30 元以上 100 元以内的低价文创产品种类不多，低价位产品体系不完善，普遍都是 300 元以上的文创产品，价格相对较高，性价比不高，降低了消费者的购买欲望。

四是品牌意识不强。很多纪念馆的文创产品虽然种类繁多，但是品种杂乱，没有进行系统的开发与宣传，甚至有一点经费就开发几款产品，或者看到同行的产品后进行同类产品的开发，没有立足纪念馆的红色文化，品牌意识薄弱。

总体来看，人物类纪念馆文创产业的发展还比较落后，不能满足公众对红色文创产品日益丰富的需求，也制约了纪念馆红色文化的宣传与旅游业的发展。为此，刘少奇同志纪念馆加强人物研究、深挖文物资源，积极探索文创产业发展模式，积累了一定实践经验。

二、案例分析：刘少奇同志纪念馆文创产业开发与实践

刘少奇同志纪念馆作为国家一级博物馆、全国爱国主义教育示范基地、全国中小学生研学实践基地，又是全国博物馆文化创意产品开发试点单位与湖南省博物馆学会文化创意产品专业委员会主任委员单位，一直高度重视文化创意产品的开发工作，特别是 2016 年以来，通过加强人物研究提炼思想、深度挖掘文物资源与阵地资源，结合地域特色、建

筑风格、纪念活动、展览主题等方式，逐渐塑造了“修养”主题 IP，开发了 100 余款展现红色文化特色与湖湘文化特色的原创文创产品，又通过文创 + 党建、文创 + 研学、文创 + 乡村振兴等多渠道的运营，促进文旅融合，推动文创产业较快发展。

（一）找准主题树立“修养”文创品牌

刘少奇是党内公认的党建理论家。他撰写的《论共产党员的修养》是中国共产党建设理论中最早、最系统阐述党员个人修养的光辉著作，丰富了马克思主义政党思想理论建设的内涵。2011 年，习近平总书记在参观刘少奇同志纪念馆时指出，刘少奇同志的《论共产党员的修养》是保持共产党员先进性的教科书，应该好好学习、研究和宣传。2018 年，习近平总书记在纪念刘少奇同志诞辰 120 周年座谈会上的讲话中指出，刘少奇同志撰写的《论共产党员的修养》《论党内斗争》等著作丰富了党的建设理论，教育了一代又一代共产党人。为了更好地宣传少奇思想，传承红色基因，刘少奇同志纪念馆以刘少奇的著作《论共产党员的修养》为创作来源，以“修养”为主题，从纪念用品、学习用品及生活用品方面，开发出不同类型及功能的产品，如刘少奇水晶像、“修养”笔记本套装、“修养”T 恤、“修养”帆布包、“修养”羊毛围巾、“修养”雨伞等百余件产品，形成“修养”文创品牌。2021 年“修养”系列产品入选博物馆文创产品优秀成果，被纳入《全国博物馆文化创意产品目录汇编》，进驻国家博物馆。

为了让来馆参观的游客都能学修养、悟修养、践修养，不断扩大修养文化的影响力，2021 年纪念馆将全国书法名家书写的 232 幅《论共产党员的修养》书法作品镌成碑刻，在刘少奇文物保护中心建成碑刻长廊对外开放，作为一项永久性的文化资源共享工程，供游客参观学习。2023 年，纪念馆邀请名师拓印《论共产党员的修养》书法碑刻作品，并以拓印作品为基础，编辑出版《〈论共产党员的修养〉书法碑刻拓片集》，既实现修养文化与书法艺术、碑刻艺术的有机融合，又让更多社会公众受到修养文化的洗礼，进一步扩大公众对“修养”文创品牌的认知。

（二）发挥阵地资源打造文创“民俗小院”

刘少奇同志纪念馆地处农村，与周边居民、商户联系紧密。近年来，纪念馆积极发挥阵地作用促进农文旅融合，助力乡村振兴。炭子冲民俗文化村原为本地居民旧址，内有中华传统农耕文化专题陈列，陈设有反映当时农家生产生活的相关器物，包括典型的生产农具风车、石磨、犁以及特色生活用具竹种筒、梭筒钩等，是游客体验当地民居民俗特色和风情的重要场所。2023 年，将“文创 + ”思维注入三农，以炭子冲民俗文化村为驻点，构建大文创品牌，把手作真味作为核心卖点，引用源自乡村的老味道、老手艺，用文创语言和现代语言进行重构以改造民俗小院。其中“花明集”系列文创产品以“米、酒、茶”三大民俗为基础作产品延伸，推出“刘家老屋老味道”系列产品，并引入“烙画”等非遗体验，形成带有文创基因的“民俗小院”，并逐步引入民间艺术展及活动，丰富游客及周边群众的生活，打造具有景区特色与品牌特征的文旅“微度假”特色小院。在民俗文化村，游客可以品尝手工擂茶、刘家老酒，还可以亲自体验非遗烙画，这里已经成为游客体验非遗文化、民俗文化的重要打卡点。

（三）以更多结合丰富文创产品种类

一是结合馆藏文物开发红色文创。刘少奇同志纪念馆作为全国刘少奇文物资料收藏研究中心、思想宣传阵地，文物藏品丰富、种类较多。在文创开发过程中，将比较精美和有开发价值的文物进行整理归类，同时搜集大量的有关刘少奇的语录、故事、照片和手迹选等，深入挖掘有文化内涵、有历史背景、有传承价值的文物资源，提炼可用于文创产品开发的设计元素。近年来，先后推出了刘少奇相册、刘少奇邮册、刘少奇书法书签、刘少奇纪念款围巾、刘少奇纪念币、玉兰馨香国风丝巾等产品。同时，从征集的文化艺术作品中提取文化元素进行再设计，开发了镇纸、音乐杯等产品。

二是结合景区建筑开发特色文创。景区内的刘少奇同志故居、花明楼、双狮岭、芙蓉寨、朱家祠堂等都有深厚的历史文化底蕴。这些建筑本体风格突出、内涵丰富，而且景区风景优美，亭台楼阁、一步一景都让人赏心悦目。结合景区建筑、风景，开发出花明楼小夜灯、故居风景画、花明楼雪糕、景区建筑冰箱贴、明信片、钥匙扣、小瓷杯等产品，其中文创雪糕，以景区内花明楼为模型，造型精美考究，搭配牛奶或草莓口味，一口吃出美食文创新体验，成为游客夏日打卡“新宠”。

三是结合湖湘文化开发系列文创产品。与传统文化企业合作开发文创产品，是丰富文创产品种类的另一条路径。近年来，与湖南湘绣行业深入合作，共同研发具有深厚湖湘文化特色的红色湘绣艺术珍品，比如刘少奇同志纪念摆件、毛线花、手帕、书签等产品；与长沙大红陶瓷发展有限责任公司合作，开发“中国红”刘少奇瓷盘像和瓷像章等产品；与茶业企业合作，将红色文化与茶文化结合起来，开发茶文化创意产品。这款产品采用绿色线装书外观设计，内装 8 个小铁盒方块黑茶，组成刘少奇故里八景，既宣传景区，又精致实用。

三、人物类纪念馆文创产业的发展路径

可以看到，国家近年来对人物类纪念馆发展文创产业提供了极大的政策支持，但纪念馆作为公益性质的单位，要发展文创产业，相较于其他文博单位存在一定的特殊性。因此，人物类纪念馆要善于发挥优势与特点，找准定位，探索符合自身馆藏特色的文创产业发展道路。

（一）主动对接，争取更多政策支持

2016 年，国家文物局发出贯彻国办发〔2016〕36 号文件精神的通知，要求各级文物主管部门加强对属地内文博单位文创产品开发的指导和支持，并明确要求，稳步推进试点。借此机遇，刘少奇同志纪念馆成功申报全国博物馆文化创意产品开发试点单位，为后期申请相关政策支持与资金支持奠定基础。人物类纪念馆要抓住机遇，积极融入市级、省级、国家级文创开发试点单位，获得更多发展与实践的机会。同时，很多省市已经明确试点单位可从文创开发取得的净收入中提取 70%及以上奖励开发工作人员。纪念馆也要积极响应，逐步完善本单位文创政策与财务政策，让文创产品取得的收益反哺文创开发设计，形成良性循环。

（二）深挖馆藏特色，形成系列主题文创

人物类纪念馆所展示的人物不同、精神内涵不同，景区地域文化不同，各个馆都有不同的文化特色，比如馆藏精品文物、地区文化资源、展览资源、景观环境等，以这些特色文化资源为主题，开发系列文化创意产品。如故宫博物院的故宫日历、故宫彩妆，陕西历史博物馆唐妞系列、花舞大唐系列文创产品，湖南省博物馆马王堆系列文创产品，广东省博物馆的新年礼盒、文创蛋糕，苏州博物馆文徵明紫藤系列等，都是先找准特色主题，再进行系列化开发，不断丰富此类主题的产品，从而打造文创品牌，更好地传播博物馆文化。纪念馆可以向综合性博物馆学习，树立品牌意识，立足自身馆藏特色与人物精神内涵，精心打造一批具有自身文化符号特点的、兼具实用性与趣味性的文创产品，让这些文创产品成为场馆的重量级 IP 资源和特色品牌，并在后续的开发中不断丰富产品种类与表现形式，如中共一大纪念馆开发的“树德里”系列文创产品。

（三）多业务融合，助力文创品牌成长

纪念馆收藏着众多文物，承载着丰富的文化信息，其文化资源的转化有多种方式，如藏品研究、展览策划、教育活动、文物保护、数字资源、文创开发等。纪念馆文创产品开发与纪念馆各业务工作都有关联，且联系日益密切，纪念馆主题文创的塑造需要多业务部门的努力，实现文创 + 产品、文创 + 藏品、文创 + 展览、文创 + 教育、文创 + 活动等融合发展，形成品牌效应。近年来，为打造“修养”文创品牌，在开发系列文创产品之外，我馆推出了“修养大讲堂”“修养志愿服务队”“修养宣讲队”等品牌，推出了原创展览“道之以礼观之以心——《论共产党员的修养》专题展”，通过更多业务活动来助力“修养”文创品牌的成长。

（四）多平台交流，扩大文创产品的知名度

对于人物类纪念馆来说，走出去是极为重要的一步。发展文创产品，必须积极参加文博界的交流会议、会展，开拓新的平台，在交流展示中提升自身形象。以自身的优势资源为依托，不断学习和吸收先进的文创开发经验与文创运营模式，有效规避文创开发过程中遇到的思维误区与实践困境，找到符合自身实际情况的发展道路。2018 年，纪念馆深入考察故宫博物院、上海博物馆、南京博物院、苏州博物馆、毛泽东同志纪念馆等各大博物馆、纪念馆，系统学习了各馆在文创开发运营上的先进做法和经验。经过多方调研与考察，与社会力量开展深度合作，强强联合打造文创开发运营新品牌，文创工作取得较快发展。此后，每年组织工作人员定期外出考察学习，既学习先进经验，又密切关注纪念馆文创产业的发展趋势，借鉴同行馆文创产品发展模式，结合自身不断完善，逐渐形成合作研发与艺术授权相结合的文创开发模式。

同时，作为新时代人物类纪念馆，要学会借助全国博物馆界文化产品的展览、展示与交流平台，向公众展示、宣传、推介本馆文创产品。近年来，参加了全国文化创意产品推介活动、全国红色博览会、湖南红色文化旅游节、湖南省旅游发展大会等，组织举办了“刘少奇故里·花明楼景区文化旅游纪念品设计大赛”“花明楼杯”百年湖南红色文创大赛等，让文创产品品质与种类进一步提升与丰富，知名度不断提升。

（五）全方位宣传，构建线上线下传播体系

酒香也怕巷子深，好产品同样需要大力宣传推广。我们要树立一种传播意识，就是关注纪念馆的人群在哪里，纪念馆的宣传推广活动就应该做到哪里，能与公众建立起联系的方式都要纳入传播体系。面对新媒体时代的传播速度与年轻一代成为文创消费主力军的群体特点，纪念馆不仅要在产品展示、外形包装、商店装饰上下功夫，还要在微信宣传、微博推广、网店营销上做文章，积极完善线上销售展示平台，开辟直播、微商城、旗舰店、快闪店等，让公众体验“足不出户就能网购到家”的消费快感。同时，纪念馆要着力培养专业、全方位的产品销售人才，转变、创新营销思维，让产品展示好、宣传好、推介好，让富有纪念馆文化价值的文创产品成为越来越多公众追捧、购买的对象。如故宫博物院，就构建有线上营销与线下经营并行，充分利用新媒体手段开展品牌和产品联动的传播体系。

（丁月香，刘少奇同志纪念馆馆员）

藏品与利用

高质量发展语境下革命文物利用路径探析

罗超群

随着“高质量发展理念”的提出与发展，文物工作越来越受关注和重视。近几年，习近平总书记在不同场合多次对革命文物工作作出重要指示。2021 年 3 月 30 日，习近平在全国革命文物工作会议上强调，革命文物承载党和人民英勇奋斗的光荣历史，记载中国革命的伟大历程和感人事迹，是党和国家的宝贵财富。要切实把革命文物保护好管理好运用好，激发广大干部群众的精神力量。2021 年 12 月 24 日，国家文物局印发的《革命文物保护利用“十四五”专项规划》指出，全国普查登记的不可移动革命文物 3.6 万多处、可移动革命文物 100 多万件/套、革命博物馆纪念馆 1 600 多家。如何做好革命文物的对外传播，利用好革命文物服务党史学习教育和“四史”宣传教育，广泛弘扬以伟大建党精神为源头的中国共产党人精神谱系，是广大博物馆人一直在探索的。

一、深化研究，丰富理论成果

研究文物生命的活化具有重要的意义，也是让革命文物蕴含的历史价值和红色精神进行对外传播的第一步。研究让文物不仅仅是一件物品，让文物产生了与现代人进行交流的语言，让其历史价值得到更好的阐释与传承。对于革命文物来说，将其利用好，让其在新时代焕发出更绚烂的光彩，基础研究和深化系统研究是必不可少的。

但是，许多革命文物都只是被收藏在博物馆。博物馆仅仅做了一些基本信息的登记，如总账号、分类号、尺寸、重量、质地、来源等，基础研究还十分薄弱。博物馆要加强对文物的研究，将文物的内涵、精神价值、艺术价值等方面研究透彻。

加强革命文物的基础研究，博物馆需从自身实际出发，建立专门的研究团队，集中精力研究革命文物。制定革命文物研究计划和课题，明确研究的目标和方向，根据革命文物的种类、时期、地域等进行分类研究，深入挖掘其历史背景、制作工艺、文化内涵等方面的内容。同时利用好现代科技手段，如数字化技术、三维重建技术等，对革命文物进行非接触式的研究。利用高分辨率影像、虚拟现实等技术手段，更好地还原革命文物的原貌，提供更多的研究数据和信息。此外，加强交流与合作，与从事革命文物研究的国内外同行进行交流，借鉴和吸收相关的研究成果和经验，提高革命文物的研究水平和国际影响力。

如何深化系统研究?《专项规划》中“主要任务”的第二点，对如何深化系统研究进行了可行性的说明，如整合文物、党史、军史、档案、地方志方面的研究力量，加强革命文物分类分级管理制度研究，支持文物博物馆机构与高等院校、科研机构合作开展革命文物领域课题研究，建设革命文物协同研究中心等。其中，革命文物协同研究中心培育工程在教育部、国家文物局的有力推进下，取得明显的进展，一批革命文物协同研究中心挂牌成立。据报道，2022 年 10 月，中共一大纪念馆与上海大学共建革命文物协同研究中心揭牌。2023 年 5 月 15 日，江西师范大学与井冈山革命博物馆共建的国家革命文物协同研究中心在井冈山博物馆揭牌。2023 年 6 月 28 日下午，北京大学—中国共产党历史展览馆“国家革命文物协同研究中心”揭牌仪式在北京大学举行。

二、利用各种平台，丰富宣传形式

通过加强革命文物的研究而产生的丰富理论成果，需要进一步的转化，以便于人们更好地获取相关知识并从精神层面获取力量。在确保内容的质量和准确性的前提下，利用好各种平台，进行革命文物成果的展示与宣传，扩大革命文物的影响力，吸引更多的人关注和了解。

就实际情况而言，基本上各类综合性博物馆、国家一级和二级博物馆都已建立官方网站，用以发布各类信息，进行宣传与展示。但是，在众多省级的综合性博物馆的官方网站中，甚至是一些革命纪念馆、人物类的纪念馆中，并未推出革命文物宣传展示专栏，来用于展示革命文物的相关信息、研究成果和数字化资源。对于未能建立官方网站的博物馆而言，可尽早建立；已建立的，要进一步提升对革命文物这一大类文物的重视度，开辟专栏，发挥官网的效应，打通这一宣传通道。

在互联网时代，社交媒体平台、视频分享平台是强化革命文物宣传展示的重要阵地。充分利用好微博、微信公众号、Facebook、Instagram、YouTube、Bilibili、抖音等平台，发布革命文物的图片、故事、解说视频、专家访谈等可观性、可读性、趣味性强的研究成果，并定期更新，与粉丝互动，吸引更多的关注和分享。当然，这么多平台，并不需要每一个都去运营，可根据实际情况，选择其中最合适的一两个，做精、做强，做成品牌，做出影响力。

在线学习平台，也是对革命文物进行宣传的选择之一。将革命文物的研究成果、学术论文等发布到在线学习平台，如 Coursera、edX 等，通过在线课程、讲座等形式，分享革命文物的知识和研究成果，吸引更多的学习者和爱好者。

除了这些线上平台，线下平台也是需要坚守的阵地。各大博物馆要加强与其他博物馆、学术研究机构等相关机构的合作，共同举办以革命文物为主题的展览、研讨会等活动，提升研究成果的质量，扩大宣传的影响力。同时，积极与媒体进行合作，通过新闻稿、采访等方式，对革命文物的研究成果、展览活动等进行报道，提高曝光度和知名度。另外，也可以开展跨界合作，创新革命文化的传播方式和手段，提升革命文物的曝光度和知晓率，例如加强与公共交通公司的合作等。陕西省文物局发布的全国首套革命文物数字公交卡，让革命文化进一步走进百姓生活。

三、利用数字技术，做好成果展示

利用数字技术，助力文物的研究与展示，是国家支持主推的方式之一。2021 年 11 月，国务院办公厅印发《“十四五”文物保护和科技创新规划》，提出运用科技手段来提升革命文物陈列展览形式与传播路径等相关举措。随后，《专项规划》针对强化教育功能，提出持续推进革命文物数字化展示传播，建设革命纪念馆红色基因传承云平台，推出革命文物云展览、云直播等；针对革命文物保护，提出运用好大数据、云计算以及人工智能等科技手段。2022 年 1 月，国家文物局与财政部印发《关于加强新时代革命文物工作的通知》，这些政策支持的持续推进，表明加强革命文物与数字技术的深度融合，是做好革命文物展示宣传重要而有效的途径。

为了更好地完成时代赋予的红色使命，积极响应国家的政策号召，在互联网时代做好革命文物的数字化，是博物馆的重要工作。2020 年 6 月 30 日，中宣部文化体制改革和发展办公室印发《关于做好中华民族文化基因库（一期）红色基因库试点工作的通知》，遴选 15 家为中华民族文化基因库（一期）红色基因库首批试点单位。其明确提出，中华民族文化基因库（一期）红色基因库建设以中宣部公布的全国爱国主义教育示范基地为目标对象，分批次将各示范基地的陈列品、纪念碑（塔）、出版物、音视频等进行高精度数据采集。全国爱国主义教育示范基地藏有的大部分是革命文物。这一举措增强了博物馆、革命类纪念馆、人物类纪念馆利用数字技术将文物数字化的意识，看到了革命文物数字化的优势，同时也促进了这些单位对如何做好革命文物数字化的思考。如，湖南长沙刘少奇同志纪念馆，作为中华民族文化基因库（一期）红色基因库首批试点单位，在国家支持下完成对一批红色革命文物的数字采集后，便积极推进可移动文物数字化保护项目，以期通过数字化技术保护文物的同时，为以后文物的活化利用、研究、展示打下坚实的基础。2021 年 7 月，为庆祝中国共产党成立一百周年，湖南省的文物保护利用中心应时应势推出“湖南馆藏百件珍贵革命文物数字展”线上展。该展览从湖南全省大量红色资源中精心挑选出 100 件革命文物，借助数字虚拟模式让观众近距离在三维全息展柜等数字触屏服务中搜寻革命文物的数字面貌与信息，描绘出革命文物的数字生命力。

除了充分利用国家的政策红利，利用数字技术做好革命文物本身的数字信息采集、数字化资源的整合外，还要充分利用数字信息技术做好数字化运用，增强观众体验，让红色文化更好地融入百姓生活。每一次移动通信技术的迭代升级，都为社会发展带来实质性的变革体验。中国 5G 通信技术的发展有助于数字技术赋能革命文物，推动革命文物资源的活化利用。在 5G、AR 等创新技术驱动下，文物保护传承传播迎来新场景、新应用。

在数字技术高速发展的新时代，革命文物的数字化，采用大众乐于接受的体验方式，赋能革命文物以崭新面貌再次“活”起来，革命文物与大众之间的联系更加紧密。

四、举办以革命文物为对象的大赛

举办革命文物的故事创作、宣讲、短视频等大赛，可以扩大革命文物的知晓率，激发公众对革命文物的兴趣和活动参与度，也是对革命文物所蕴含的内涵与精神进行传承和弘扬的有效手段。

举办以革命文物为主体的大赛，主办的主体、大赛的级别、参赛的范围等，对革命文物影响力的发挥有着极大的关联。赛事的延续性对革命文物影响力的扩大也有较大的影响。近年来，不同地区以文物为主体而举办的各种赛事，为如何举办好革命文物大赛提供了一些借鉴。2021 年，山东省文化和旅游厅主办、山东海岱传统文化研究发展中心承办了第四届“讲好山东文物故事，守护齐鲁文化根脉”征文、短视频大赛。此次大赛面向全省文旅系统工作者、海内外作家、学者、学生以及文学和历史文化爱好者，收到来自北京、天津、河南、江苏、云南、新疆等近 30 个省份及来自法国、美国、加拿大、澳大利亚等地的华人参赛作品共 5 318 件。其中征文 4 397 篇，短视频 921 段。从大赛的参赛人群、覆盖的省份、收到的参赛作品数量来看，大赛的影响很大。这也说明，举办文物故事大赛是加强革命文物宣传和利用的可行之举。革命博物馆纪念馆可以利用这一宣传方式，做好革命文物的对外传播宣传工作。

革命博物馆纪念馆举办以革命文物为主体的赛事，规模可大可小，参与的对象可以宽泛，也可以限定在一定的范围内。2023 年，湖南长沙刘少奇同志纪念馆举办“感悟少奇故事追寻光辉记忆”长沙红色文物故事创作、宣讲大赛，以刘少奇同志纪念馆的革命文物为主体，参赛的对象是长沙市的中小学生。大赛收到 165 篇故事创作征文、154 个宣讲视频。宣讲视频在网络投票阶段，线上浏览量超 100 万人次。在宣讲大赛决赛中，宣讲员通过不同角度和方式，让他们宣讲的革命文物活灵活现起来，产生意想不到的效果。

除了革命文物的故事创作、宣讲、视频制作大赛以外，还可以将革命文物与动漫、游戏等结合起来，举办革命文物动漫游戏大赛。在陕西地区举办的革命历史文化动漫游戏大赛就是成功的案例。到 2022 年，由陕西省文物局等组织筹办的革命历史文化动漫游戏大赛，已举办三届，旨在加强革命文物的保护意识与资源传播，还专门增设国内首创的“革命文物”比赛类别，让参赛者充分挖掘陕西省的革命文物资源。

五、注重以革命文物为对象的微党课和情景教学、现场教学

《专项规划》“强化教育功能”部分提出，要推动革命旧址、革命博物馆纪念馆建设富有特色的革命传统教育、爱国主义教育、青少年思想道德教育基地，支持馆校共建实践育人共同体，设计符合不同年龄、不同群体认知特点的多样化主题教育活动，开展“党的故事我来讲——争做红领巾讲解员”“纪念馆里的思政课”等系列主题活动。这既为发挥革命文物的教育功能提出了要求，又指出了方向。

革命文物是红色富矿，有着挖掘不尽的红色宝藏。如何在实际的工作中，开发好以革命文物为对象的微党课、情景教学、现场教学？一是革命旧址作为不可移动文物，充分利用其红色文化“课堂”、党史“教室”的功能，让其成为鲜活的红色文化和党史教材。在这一点上，一部

分革命旧址已经在践行，开发了以自身为主体的现场教学课程。这一方式方法，是广大的革命旧址可以复制的。同时，高校也可以充分利用革命旧址，让其成为学生上课的“教室”，让红色资源火起来、红色人物亮起来、红色精神扬起来、红色基因传下来。二是让现场教学走进展厅，让广大的中小学生、志愿者以及讲解员当好展厅现场教学的老师。近年来，陕西省开展“陕西省革命文物开学第一课”“小八路生活体验”等活动，筹建“陕西高校革命文化传承联盟”，组织大学生红色经典诵读比赛。湖南长沙刘少奇同志纪念馆通过举办“小小讲解员培训班”，招募培养多名小小讲解志愿者，让他们成为展厅革命文物的宣讲者。三是讲好革命文物微党课，提高革命文物的曝光率。微党课因其时长的优势，可以通过打好微党课的组合拳，满足不同单位开展主题教育时上党课的不同需求。

革命文物承载党和人民英勇奋斗的光荣历史，记载中国革命的伟大历程和感人事迹，是党和国家的宝贵财富，是弘扬革命传统和革命文化、加强社会主义精神文明建设、激发爱国热情、振奋民族精神的生动教材。每一个博物馆要肩负起时代的使命，编好革命文物生动教材，讲好革命文物这堂课。

（罗超群，刘少奇同志纪念馆副研究馆员）

加强革命文物的保护利用
让红色基因代代相传

张　婧

习近平总书记强调，“加强革命文物保护利用，弘扬革命文化，传承红色基因，是全党全社会的共同责任……要切实把革命文物保护好、管理好、运用好，发挥好革命文物在党史学习教育、革命传统教育、爱国主义教育等方面的重要作用，激发广大干部群众的精神力量，信心百倍为全面建设社会主义现代化国家、实现中华民族伟大复兴中国梦而奋斗”。这就要求我们从革命传统中汲取力量、从革命文化中汲取滋养，充分挖掘革命文物的丰富精神内涵，把革命文物保护好利用好。

一、开展革命文物征集与价值鉴定

革命文物征集是丰富文化遗产、传承历史记忆的重要途径。做好革命文物的收集、整理、修复、展览、研究等保护管理工作，革命文物才能更好发挥作用，红色基因才能更好地代代相传。

（一）确定革命文物征集方向

革命文物征集的确定需要注重收藏品的代表性，确保能够全面展示和反映相关历史事件、时期和人物的重要性。乌兰夫纪念馆利用主流媒体、纪念馆官网、微信公众号、微博等发布征集公告，结合调研、走访等方式，加大革命文物的征集力度，包括与乌兰夫有关的题词、讲话文章、指示批示、手稿、文电、文件、著作、影像、报刊、宣传品等资料，具有纪念意义、教育意义和史料价值，反映革命历史和革命文化的实物遗存等。

（二）发动各方面力量，参与革命文物征集

发动各方力量，参与革命文物征集工作，对于保护和传承文化遗产具有重要意义。政府、以博物馆为代表的文物保护机构、个人收藏者和社会组织等应发挥各自的作用与优势，共同参与革命文物征集工作，通过统筹资源、优化调配，提高征集效率和质量。

1. 在革命文物征集中，政府的角色与责任

政府应制定征集政策和法规，明确征集的目标、范围和程序。政策和法规的制定可以为革命文物征集提供指导和保障，确保征集工作的顺利进行。同时，可提供必要的资金和技术支持，鼓励和引导各方参与革命文物征集工作。资金和技术支持可以帮助改善文物保护条件和征集能力，推动文物征集的顺利进行。

2. 充分发挥博物馆、纪念馆和其他文物保护机构的作用

一是博物馆、纪念馆和其他文物保护机构等应收集和整理革命文物信息，建立革命文物数据库和档案资料，为革命文物征集提供参考和依据，提高革命文物征集的准确性和可行性。二是文物保护机构可以通过举办展览、开展宣传活动，提高公众对革命文物征集工作的认知和参与度。三是这些机构可以提供专业的支持与指导，包括革命文物鉴定、修复和保护技术等。

3. 个人收藏者和社会组织的参与

一是加大对散落在民间的红色档案资料的征集力度，加强对纸质资料、纪录片、实物等多种类型红色档案的收集。个人收藏者可以积极参与革命文物征集工作，通过征集和捐赠文物，将私人收藏纳入公共领域，丰富革命文物收藏和展示的内容。个人收藏者的参与可以提供具有多样性和独特性的文物资源。二是社会组织可以与政府、博物馆和其他文物保护机构建立合作与交流机制，共同参与革命文物征集工作，通过联合行动和资源共享，实现协同发展和优势互补。三是社会组织可以通过文化教育和宣传活动，提高公众对革命文物征集工作的认知和重视程度。加强文化教育和宣传工作可以激发公众的文化意识，增强社会公众的文物保护意识，提高参与度。

（三）组织专家，科学鉴定革命文物的价值

革命文物的鉴定是文物保护与传承工作的重要环节之一。组织专家进行科学的鉴定，可以准确评估文物的历史、艺术和文化价值，了解文物的背后故事和文化意义，为文物保护和利用提供参考依据，还可以指导文物的保护与修复工作，确保文物的保护措施和修复方法符合科学标准。在组织专家鉴定时，需要明确鉴定的目标和范围，组建专业的鉴定团队，制定科学的鉴定标准和流程。根据文物的种类和特点，确定鉴定的重点和关注点。应用先进的鉴定技术和设备，确保鉴定工作的准确性和可靠性。根据拟征集文物的类别，组织不少于三名相应研究方向的专家，对拟征集物的现状、真伪、合法来源证明、历史艺术价值、流传经历、估价（独立给出）等出具专家意见，对真伪鉴定实行“一票否决”；由谈判小组，与拟征集物所有者进行价格商谈，择优确定征集意向；争取财政支持，按照国家有关规定，给予提供文物的收藏单位或个人合理补偿金，向其颁发捐赠或收藏证书；及时把新征集的革命文物纳入保护范畴，做好革命文物的定级、建账、建档等工作。根据有关文件要求，推荐可移动革命文物纳入名录。同时，加强鉴定工作的管理与合作，建立鉴定结果的归档和管理系统，加强与相关机构的合作与交流，加强专业培训与人才培养。这些措施能够提高专家鉴定工作的质量和水平，推动文物保护与传承工作的不断发展。

二、加强革命文物的保护利用

贯彻落实“保护第一、加强管理、挖掘价值、有效利用、让文物活起来”的新时代文物工作方针，加大革命文物遗产的全面保护、系统保护和整体保护力度，力求还原历史细节，再现历史事件，做到“见人见物见精神”。统筹做好保护、管理各项工作，推动革命文物工作开创新局面。

一是加强文物保护队伍专业化建设。保护是文物工作的主线，要在

“保护第一”的前提下实现对文物资源的“有效利用”。可探索与文博场馆、有关高校、科研院所的长期合作，推动教学研结合，从政策法规、理论研讨和实践操作入手，组织纪念馆有关员工开展文物修复、摄影、档案管理等继续教育培训，提高专业知识和技能，持续履行好文物保护职责。

二是加强文物保护基础设施建设和安全管理。保护革命文物，守护精神家园。始终把保护放在第一位，是文物资源不可再生性的客观要求，是文物事业得以存在和发展的基础。完善文物保护管理制度，健全应急管理机制，按照“在具备客观条件的基础上，统筹好抢救性保护和预防性保护、本体保护和周边保护、单点保护和集群保护等”的要求，对藏品进行分库保存，并为藏品提供符合要求的装具（载具、护具）；建立专门的修复场所，购置专业设施，统筹好抢救性保护和预防性保护；加强对革命文物存放、展示场所的环境监测和常规保护，确保文物处于适宜的环境条件中。

三是完善革命文物数字化、信息化的管理体系。采用专业的鉴定技术和修复方法，保护革命文物的完整性和可视性，对立体实物进行平面数码照片采集、三维扫描建模。对平面实物档案、图书、期刊等进行平面扫描，实现红色文化见证物的数字化保存、研究和展示，让红色记忆永不褪色。提供便捷的检索和分享功能，推进信息资源社会共享。

三、充分挖掘革命文物的历史信息

以习近平同志为核心的党中央高度重视革命文物的保护利用。2021 年 3 月，习近平总书记对革命文物工作作出指示：“革命文物承载党和人民英勇奋斗的历史，记载中国革命的伟大历程和感人事迹，是党和国家的宝贵财富，是弘扬革命传统和革命文化、加强社会主义精神文明建设、激发爱国热情、振奋民族精神的生动教材”。

革命文物故事可以揭示革命文物的历史背景，帮助了解革命文物的使用背景和传承轨迹。讲述革命文物的故事，有助于传递革命文物的文化价值和精神内涵，增强文化自信，释放强大的精神力量。

（一）文献研究与资料搜集

通过查阅历史文献、史书、考古报告等，搜集与革命文物相关的资料和文献，为后代了解红色历史提供可靠的依据，实现“见人、见物、见精神”的目标，让更多人了解和感受红色文化的伟大意义，更好地传承和弘扬红色文化。

（二）实地调研与考古发掘

进行实地调研和考古发掘，了解革命文物所在地的地理环境和文化背景，获取与文物相关的实证材料，丰富革命文物故事的内涵。

（三）专家访谈与口述历史记录

与相关专家、研究人员和知识传承者进行访谈，记录他们的口述历史和亲身经历，获取革命文物相关的背景信息，增加革命文物故事的呈现角度。

（四）社会调查与民间传说搜集

进行社会调查和民间传说的搜集，了解革命文物在当地人民口中的故事，将革命文物与当地社会文化相融合，丰富革命文物故事的内容。

四、利用现代技术，创新与拓展宣教方式

革命文物是珍贵的历史遗产，对丰富展陈和宣传红色文化，对开展党史学习教育、传承红色基因、赓续红色血脉具有重要意义。习近平总书记多次到革命老区、红色旧址、革命历史场馆进行考察，并对革命文物工作作出重要指示：红色资源是我们党艰辛而辉煌奋斗历程的见证，是最宝贵的精神财富。要用心用情用力保护好、管理好、运用好红色资源。加强革命文物保护利用，弘扬革命文化，传承红色基因，是全党全社会的共同责任。为了实现革命文物的有效保护和利用，我们需要制定科学的保护措施和管理机制，确保革命文物能够“有物可看、有事可说、有史可依”。充分挖掘革命文物丰富的精神内涵，让革命文物“活”起来。创新方法手段，适应分众化、差异化传播趋势，使爱国主义宣传报道接地气、有生气、聚人气，有情感、有深度、有温度。

一是统筹推进理论研究阐释与社会宣教。吸纳本科及以上学历学位

的历史、播音与主持艺术、旅游管理、现代汉语、外语等各类专业技术人才，完善讲解员长期培养、定期考核、工作业绩、职称评聘待遇兑现机制，实现党史理论研究、讲解词编撰、展陈宣讲工作一体推进，为弘扬红色文化提供思想保证和智力支持；与相关学术机构、研究团队开展联合研究，撰写相关著作和专题文章，系统总结和阐述红色档案的历史意义和文化价值，传递红色文化正能量，助力社会发展和文明进步；对相关专家、研究人员和知识传承者进行访谈，记录他们的口述历史和亲身经历，获取革命文物相关的背景信息，丰富革命文物故事的内涵；通过社会调查和民间传说搜集，丰富革命文物故事内容。

二是借助现代科技与艺术相融合的制作手段，利用大数据、AR、VR和MR虚拟现实、3D影像、5G、直播等技术，将红色档案资源转化为投影沙盘、多点触摸、全息成像、主题动漫等多媒体作品。设置情景再现、智慧闯关等互动环节，在园区打造红色文化景观小品、设计宣传公益广告。打破红色基因传承的时空壁垒，拓展红色档案寄存场域和展示空间。实现沉浸式体验，满足线上研学移动化需求，让场景“动”起来，让故事“活”起来。把握重大纪念日等宣传契机，通过在网站、微博、微信公众号等开辟红色档案专栏、邀请专家学者解读、进行红色主题展览虚拟讲解等，讲出革命先辈的感人事迹，说出百年大党的厚重历史，呈现中华民族的精神品质。

三是开发红色旅游文创产品。深入挖掘红色旅游资源，提取红色元素，通过有形元素传播“坚持真理、坚守理想，践行初心、担当使命，不怕牺牲、英勇斗争，对党忠诚、不负人民”的伟大建党精神，将人文思想进行外化，开发承载革命精神、有利于加强文化价值传播的红色旅游文创产品。可结合地域特色、风土文化，与品牌联名，加强对产品设计款式、表达效果、文化寓意等的创新，凸显产品特色，传承红色精神。运用盲盒模式，兼顾美观性和实用性、时尚元素与不同群体需求，开发一系列有特色的红色文创产品，增强产品体验。

四是着力推进革命文物遗产的活化利用，坚持创造性转化、创新性发展，丰富展陈手段，探索文旅融合，进一步发展红色旅游，做好精品展陈工作。用好革命文物资源，配合打造“重点红色旅游经典景区”，推出革命文化主题研学旅行、体验感悟、休闲旅游项目和红色精品旅游线路。生动形象地讲好红色故事，用好红色资源，传承好红色基因。

结语

充分挖掘革命文物承载的革命史实、体现的思想内涵与时代精神，可以更好地传承红色基因，增强社会凝聚力和向心力。加强革命文物的保护利用，传承好红色基因，意义重大、影响深远。始终坚持“保护第一、加强管理、挖掘价值、有效利用、让文物活起来”的新时代文物工作方针，将政治性、思想性、艺术性相统一，深入研究革命文物的历史价值、科学价值，切实加大革命文物保护力度，不断创新宣传方式、拓展宣传渠道，着力提升代入感、沉浸感、真实感，有效增强表现力、传播力、影响力。

（张婧，乌兰夫纪念馆馆员）

图书在版编目(CIP)数据

名人故居的时代印记与文化新辉煌 ：中国博物馆协会名人故居专业委员会 2023 年年会论文集 / 黎洪伟主编. 上海 ：上海人民出版社，2024. -- ISBN 978-7-208-19052-8

Ⅰ. K878. 2-53

中国国家版本馆 CIP 数据核字第 202481JY66 号

责任编辑 刘华鱼
封面设计 王 蓓

名人故居的时代印记与文化新辉煌
——中国博物馆协会名人故居专业委员会 2023 年年会论文集
黎洪伟 主编

出　　版 上海人民出版社
（201101　上海市闵行区号景路 159 弄 C 座）
发　　行 上海人民出版社发行中心
印　　刷 上海新华印刷有限公司
开　　本 635×965　1/16
印　　张 18.75
插　　页 2
字　　数 263,000
版　　次 2024 年 7 月第 1 版
印　　次 2024 年 7 月第 1 次印刷
ISBN 978-7-208-19052-8/K·3402
定　　价 88.00 元